桂林靖江王陵
考古发掘清理报告集

广西文物保护与考古研究所
桂林市靖江王陵文物管理处　编著

科学出版社

北　京

内 容 简 介

本书为全国重点文物保护单位——桂林靖江王陵中包括悼僖王陵、怀顺王陵、安肃王陵、温裕王陵、宪定王陵和荣穆王陵六座王陵陵园遗址的考古发掘清理报告集，同时收录一直未发表的1972年广西壮族自治区博物馆和桂林市文物管理小组撰写的《安肃王墓和宪定王墓发掘工作报告》。本报告集主要介绍了各座王陵陵园的考古发掘清理情况、陵园建筑布局及构筑方式、石像生、发掘出土的文物标本以及考古发现与收获等，客观揭示了整个靖江王陵陵园遗址的基本情况，读者从中可以对桂林靖江王陵有个全面的了解。

本书可供从事考古学、历史学等相关专业的师生和专家、学者参考、阅读。

图书在版编目（CIP）数据

桂林靖江王陵考古发掘清理报告集 / 广西文物保护与考古研究所，桂林市靖江王陵文物管理处编著. —北京：科学出版社，2017.12
　　ISBN 978-7-03-055883-1

Ⅰ.①桂⋯　Ⅱ.①广⋯②桂⋯　Ⅲ.①陵墓 - 考古发掘 - 发掘报告 - 桂林　Ⅳ.①K878.85

中国版本图书馆CIP数据核字（2017）第305776号

责任编辑：柴丽丽 / 责任校对：邹慧卿
责任印制：肖　兴 / 封面设计：美光制版

科 学 出 版 社 出版
北京东黄城根北街16号
邮政编码：100717
http://www.sciencep.com
中国科学院印刷厂 印刷
科学出版社发行　各地新华书店经销

*

2017年12月第 一 版　　开本：889×1194　1/16
2017年12月第一次印刷　　印张：11 3/4　插页：39
字数：360 000
定价：**258.00元**
（如有印装质量问题，我社负责调换）

目　　录

概　述

　　靖江王是明太祖朱元璋首批分封的十个藩王之一，也是明朝唯一一脉非帝系的朱姓藩王，《明史》卷一百十八《诸王列传》有传。

　　洪武三年（1370年）四月七日靖江王与秦、晋、周、燕等九王同时受封，藩国桂林。

　　首膺靖江王封号的朱守谦是明太祖朱元璋从孙，大都督朱文正之子，南昌王朱兴隆之孙。他与太祖在血缘关系上一脉同宗，因此得与太祖诸子同列受封，"一切恩数与夫官属规制，概与秦、晋、楚、蜀诸藩等"（《大明靖江安肃王神道碑》）。

　　洪武九年（1376年），朱守谦奉其祖南昌王木主之国桂林，开创了靖江王国的历史。三年后，朱守谦"以淫虐废为庶人，使田凤阳。阅七年，复其王，使居云南，赐玺书戒谕。比至云南，益贪暴。召还，安置凤阳。又横恣不法。召至京，挞而锢之。二十五年卒。"（《明太祖实录》卷二百十五）。

　　建文二年（1400年），朱守谦嫡长子朱赞仪继封为靖江王，永乐元年（1403年）复之国桂林，其后靖江王便在藩国桂林落籍，按"赞、佐、相、规、约、经、邦、任、履、亨"的字辈世袭相传。直到清顺治七年（1650年）十一月，降清明将孔有德领兵攻桂林，末代靖江王朱亨歅殉国止。靖江王国存世二百八十年，传十一世，历十四任王。成为明代藩王中延续时间最长、传位人数最多的一脉王系。

　　在靖江王国的历史中，除庶人朱守谦、废王朱亨嘉和末王朱亨歅外，其余十一位靖江王均在藩国桂林建有陵寝，分别为第二任靖江王朱赞仪悼僖王陵、第三任靖江王朱佐敬庄简王陵、追封为第四任靖江王的朱相承怀顺王陵、第五任靖江王朱规裕昭和王陵、第六任靖江王朱约麒端懿王陵、第七任靖江王朱经扶安肃王陵、第八任靖江王朱邦苧恭惠王陵、第九任靖江王朱任昌康僖王陵、第十任靖江王朱履焘温裕王陵、第十一任靖江王朱任晟宪定王陵和第十二任靖江王朱履祐荣穆王陵，俗称"靖江王十一陵"。

　　靖江王陵的基本情况在2014年出版的《桂林靖江昭和王陵考古发掘清理报告》中已有全面介绍，本书不再赘述。

2010年桂林靖江王陵被国家文物局列入第一批国家考古遗址公园立项名单后，为配合考古遗址公园的遗址保护工程项目的实施，国家文物局安排资金，由广西文物保护与考古研究所与桂林市靖江王陵文物管理处组成考古队，于2012年10月至2015年1月对靖江王陵中的昭和王陵、温裕王陵、安肃王陵、悼僖王陵、怀顺王陵、宪定王陵和荣穆王陵七座王陵陵园建筑遗址进行了考古发掘清理（图一、图二）。

本次考古清理发掘的靖江王陵陵园建筑遗址，涵盖了明代早期的悼僖王陵和怀顺王陵、明代中期的昭和王陵、安肃王陵及明代晚期的温裕王陵、宪定王陵和荣穆王陵，发掘清理和考古记录的重点是诸陵的陵园建筑基址和石像生，通过发掘清理基本上揭露和展现了靖江王陵的整体状况。早期王陵规制尚未健全，陵园整体规划和布局草率，除主体陵寝建筑外还存在生活气息很浓的院落式附属建筑群，甚至有明显叠压打破关系的后期增建建筑，显然未能体现出王陵营建的规范，应该是还处于一个较大的变动时期；但早期王陵的陵园占地宽、规模大，建筑用材质量好、规格高的特征十分显著。中期王陵陵园建筑布局端正规矩，无论是建筑单体的体量做法还是整体的陵园选址、布局或是建筑用材的质量、规格都显得成熟和规范，程式化明显。晚期王陵陵园面积狭小、建筑布局局促，建筑材料的质量与规格下降，并且时代越往后越明显，甚至到最晚的荣穆王陵，已经连常规的琉璃瓦都不再使用，表现出逐渐没落的趋势。

靖江王陵中各陵均独立有一套神道石像生，无论是数量、题材还是雕刻工艺，石像生的变化也很明显。在数量和题材上，从早期的望柱、羊、虎、马、控马官、文臣，逐渐增加了守门狮，之后再增加瑞狮、麒麟、象、内侍石人，最终形成了列置十一对之数的神道石像生制度，确立了靖江王的等级标准，并贯穿及终；晚期王陵则取消了列于石像生队列中的瑞狮，代之以神兽獬豸。在工艺上，早期石像生大多质朴厚重、简约古拙，中期端庄大气、规矩成熟，晚期则石质疏松、纤巧瘦弱。很显然，靖江王陵的石像生制度是在明初异姓功臣王规制的基础上形成并逐步完善的，有着完整的时间延续性，脉络清晰，变化规律明显，使我们清楚地看到了制度化的过程。

本次考古发掘清理工作是靖江王陵历史上首次大规模的陵园建筑遗址考古，发掘清理的王陵陵园数量多，发掘的总体面积庞大，清理的建筑遗址类型丰富，也收获了较多的考古成果。除2014年已单独出版《桂林靖江昭和王陵考古发掘清理报告》外，本书将悼僖王陵、怀顺王陵、安肃王陵、温裕王陵、宪定王陵和荣穆王陵六座陵墓的发掘清理报告结集出版，作为阶段性工作成果汇报，尽可能客观、全面地将考古资料公之于众，以便后续进一步的研究，并期望得到专家指正。

1972年广西壮族自治区博物馆和桂林市文物管理小组，曾清理发掘安肃王陵和宪定王陵地

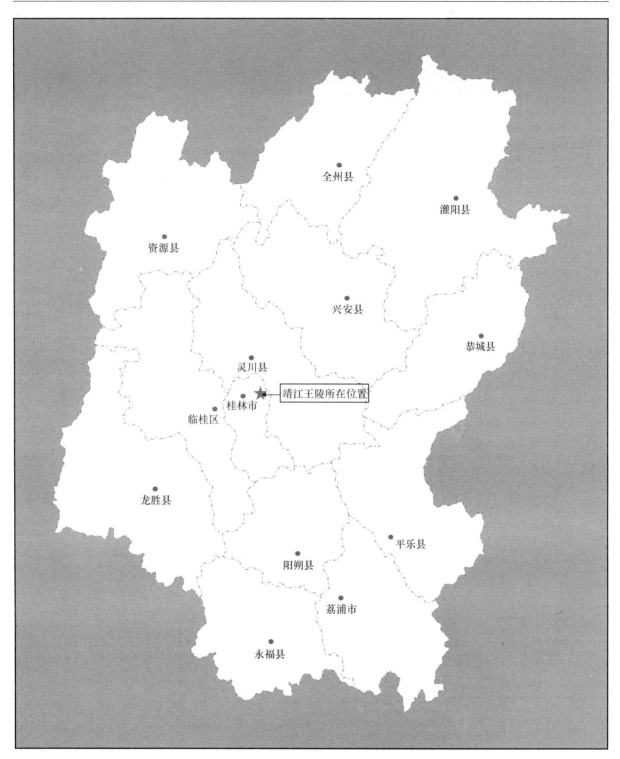

图一　靖江王陵位置示意图

宫，撰写有《安肃王墓和宪定王墓发掘工作报告》一直未发表，本报告集作为资料全文录入。文中一些描述和数据与本次发掘清理的结论有出入，仅作为参考。

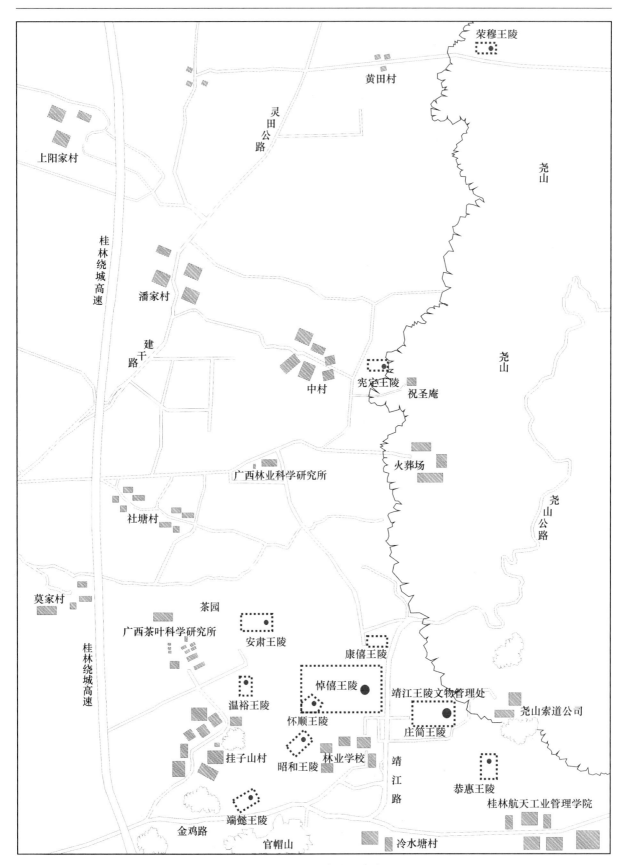

图二　靖江王陵分布位置示意图

悼僖王陵陵园遗址考古清理报告

2014年7～8月，为配合桂林靖江王陵遗址保护工程的实施，广西文物保护与考古研究所与桂林市靖江王陵文物管理处组成联合考古队对靖江悼僖王陵陵园遗址进行了考古清理，广西文物保护与考古研究所韦革担任考古领队，桂林市靖江王陵文物管理处曾祥忠、张阳江、阳灵、许彬彬、盘立、符荣兴、安泉州、焦磊、覃顺顺、钟嘉瑞等参与考古发掘清理工作全程。现将考古清理情况报告如下。

一、地理位置及环境

悼僖王陵是第二任靖江王朱赞仪及王妃张氏合葬墓。朱赞仪，首膺靖江王朱守谦嫡长子，明洪武十五年（1382年）十月生，建文二年（1400年）封爵，永乐元年（1403年）复藩桂林，永乐六年（1408年）五月薨，谥悼僖。

悼僖王陵遗址位于桂林市叠彩区大河乡莫家村，广西林业科学研究所油茶实验林地内，营建于明永乐六年（1408年），是第一座在桂林修建的靖江王陵。陵园建造于尧山西麓的山前缓坡上，前低后高，遗址范围为高0.3～0.6米的芒草和高2～3米的各种灌木所覆盖，坡地西南面为一处约3000平方米的苗圃，东北为约2000平方米的茶树林（图一）。

二、遗址现状及发掘清理情况

1. 遗址分布及保存情况

清理揭露前，悼僖王陵遗址的中门、享堂、封土堆等依稀可辨，但内外陵墙、神道、散水等大多被自然沉积土或倒塌倾覆层所埋没。神道正前方充斥着各种杂草和村民种植的小型灌木，神道东侧、中门东南的位置高出0.8～1米，为杂乱的砖石堆积。因为早年桂林市文物管理委员会曾对中门和享堂进行了简单的清理，中门至封土的遗存保存较完整，但中门所在的内陵

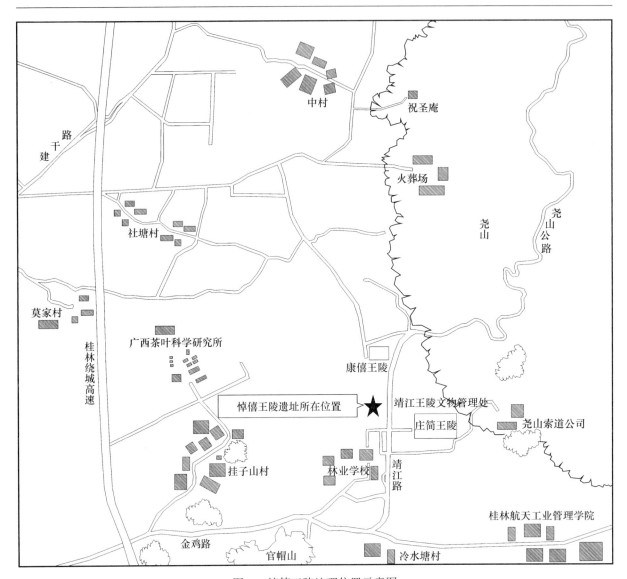

图一 悼僖王陵地理位置示意图

墙内外的部分腐殖层下堆积了较厚的残碎青砖、琉璃瓦件、素烧青瓦等。封土外围及内陵部分基本保持了陵园的原有状态，地势向西南延伸。因为原有的调查资料对悼僖王陵外陵墙的范围没有详细的标识，仅记载面积达315亩。目前外陵墙大致范围内分别被广西茶叶科学研究所和广西林业科学研究所开辟成生产用地，我们将通过此次清理尽量找到外陵墙遗存的线索，对其进行局部的清理揭露。

2. 工作方法

悼僖王陵遗址的清理发掘工作按照《田野考古工作规程》的要求进行，清理地表之后使用全站仪进行工地布方，同时做好遗址地形图、总平面图，遗迹平、剖面图的测绘工作，工地总记录、探方记录等文字工作，以及照相、录像等影像采集工作。

布方以陵园内陵墙西南转角往西约20米处为基点，往北、东方向按照正南北向进行布方，基点所在探方编号为T0301，往北的探方编号分别为T0401、T0501、T0601等，往东的探方编号分别为T0302、T0303、T0304等。因T0301未能将遗址内陵墙西南角全部框下，为更好地完成清理工作，故基点探方往南又布方20米，探方编号分别为T0201、T0202、T0101等。此次清理工作布方总共117个，探方规格为10米×10米，内陵墙北侧茶树林未布方。这117个探方覆盖整个悼僖王陵内陵园和中门前约1500平方米的地域（图二）。

在清理发掘过程中，根据探方在陵园位置的不同和遗址堆积的具体情况，我们分别进行考古揭露、清理、发掘和勘探，重点寻找可能存在的原有陵园附属建筑设施。同时，为了配合国家考古遗址公园建设和展示的需要，在陵园内建筑瓦砾堆积较厚的中门两侧，只对其中右边一侧进行发掘；左侧则只做简单的揭露，各种原有的建筑材料保存于原地。对于被倒塌倾覆层埋没的内外陵墙，分段对墙体的倒塌部分进行解剖，了解墙体的结构、构筑方法以及墙角的具体位置，同时将墙体固有部分完整地保留下来，以备展示之用。

在清理发掘中，平、剖面结合，由上而下逐层揭露。出土小件器物全部以整个陵园清理发掘区为单位进行编号，同时对出土地点进行登记；对于一般的建筑构件，则进行采样，采样以探方为单位进行编号。本次考古清理发掘所采集和出土的器物绝大部分是各种琉璃滴水、勾头、吻兽、脊兽、花砖以及素烧青砖、板瓦，清理中重点对各类琉璃瓦件和琉璃脊兽进行采集和登记。

3. 地层堆积情况

悼僖王陵遗址的主体暴露于地表之上，清理发掘区的地层堆积比较简单。由于遗址中门前至石像生区域和中门至享堂前大致保持了原有的风貌，没有受到多少扰乱，地层极为简单。中门两侧和封土前区域受到早期倒塌围墙和建筑遗迹倒塌堆积的影响，地层比较厚并稍显复杂。中门外至基点一带，村民种植经济作物的时间较长，大部分有扰乱。清理发掘区的主要文化堆积分布在中门两侧围墙之间。

清理发掘区的地层经统一后可分为3层：

第1层：表土和现代扰乱层，为近现代自然沉积和人类耕作形成。该层在全部发掘区均有分布，在中门两侧陵墙和享堂周围分布最厚，在中门至享堂之间的大部分地段则分布较浅。

第2层：明清时期文化堆积层，为陵园建造和倒塌形成的文化堆积。该层在中门地段和享堂两侧堆积最厚，中门前面至神道、享堂以后局部缺失。

第3层：原有腐殖质层。除了被各种建筑基础打破外，在整个内陵园均有分布。该层之上是原有陵园构筑时的建筑面。

第3层以下为生土。

三、陵园布局

悼僖王陵是尧山西麓入葬的第一座王陵，陵园坐东朝西，墓向276°。由内、外两重陵墙分成两重院落，平面呈不规则"回"字形，除内外陵墙外，地表遗存有神道石像生、中门基址、享堂基址、圆丘形墓冢（图三）。

悼僖王陵陵园主要建筑及陈设依次为望柱、神道两侧石像生、中门、享堂、墓冢。望柱以东两侧石像生分别为羊、虎、控马官、马、文臣。神道连接中门，中门为面阔三间、进深两间的建筑，从中门两侧山墙向外构筑内陵墙形成内宫，墙基由石灰岩条石包砌，内夹杂砖瓦。进入中门后沿神道向东可至享堂，享堂面阔五间、进深三间。享堂后有3.3米宽的青砖散水面，后接封土挡土墙。

根据上述陵园布局，我们以墓的朝向为主方向区分左右，分别对陵园地上的石像生、石刻及各附属建筑进行编号。

1. 神道

中门前对称置放的两列石像生间的通道以及中门至享堂间的通道即为神道，由于多年耕作，被毁坏得很严重，无法界定其宽度及长度。"墓前开道，建石柱以为标，谓之神道"，悼僖王陵现存望柱柱础是石像生序列中的第一座，因此神道起点应在望柱柱础之前。按常规，神道应该是陵园的中轴线，与中门、享堂等陵园主体建筑对应，两侧对称摆放石像生。但悼僖王陵的神道不是陵园的中轴线，两侧石像生的摆放很独特，它们虽然也是相向对称，但排列并不整齐，其中排列在最后的文臣相距21.35米，与中门、享堂的中轴线是对应的，而最前端的望柱相距仅约10米，以至于悼僖王陵神道呈现出前段窄、后段宽，且走向呈弧形的倒喇叭形，为靖江王陵诸陵中所独有。

2. 外陵墙

外陵墙基本已坍塌，除南侧局部可见墙基上有倒塌呈梯形的夯土墙体外，其他部位多已遭破坏，掩埋在杂草、灌木、松林或多年耕种的茶园当中不见痕迹，局部位置还被现代建筑物占据，经勘探仍能发现墙基遗存。据以前普查资料记载，悼僖王陵占地315亩，为十一座靖江

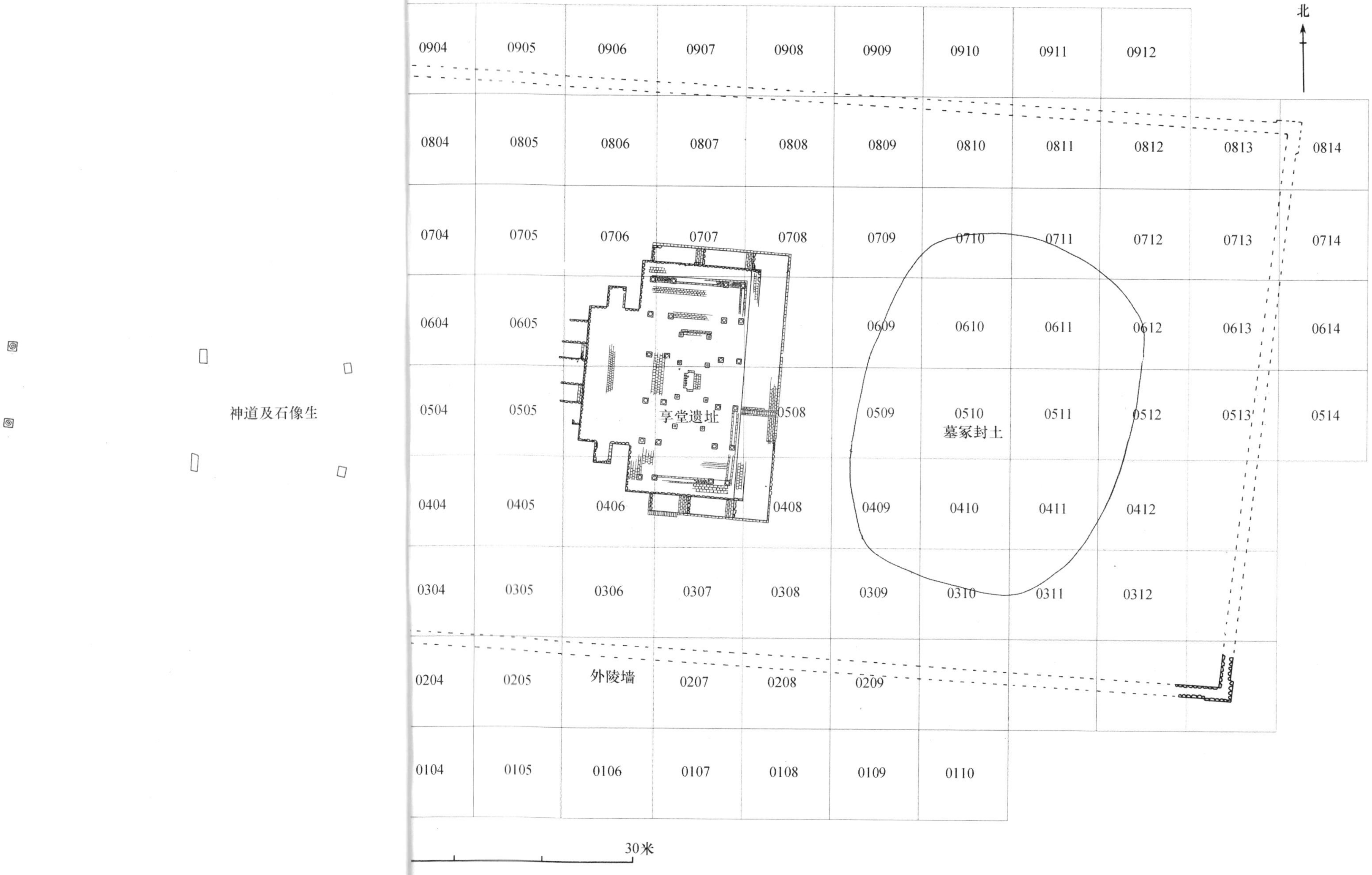

北

0904 0905 0906 0907 0908 0909 0910 0911 0912

0804 0805 0806 0807 0808 0809 0810 0811 0812 0813 0814

0704 0705 0706 0707 0708 0709 0710 0711 0712 0713 0714

0604 0605 0609 0610 0611 0612 0613 0614

神道及石像生

0504 0505 享堂遗址 0508 0509 0510 0511 0512 0513 0514
墓冢封土

0404 0405 0406 0408 0409 0410 0411 0412

0304 0305 0306 0307 0308 0309 0310 0311 0312

外陵墙
0204 0205 0207 0208 0209

0104 0105 0106 0107 0108 0109 0110

30米

图二　悼僖王陵布方图

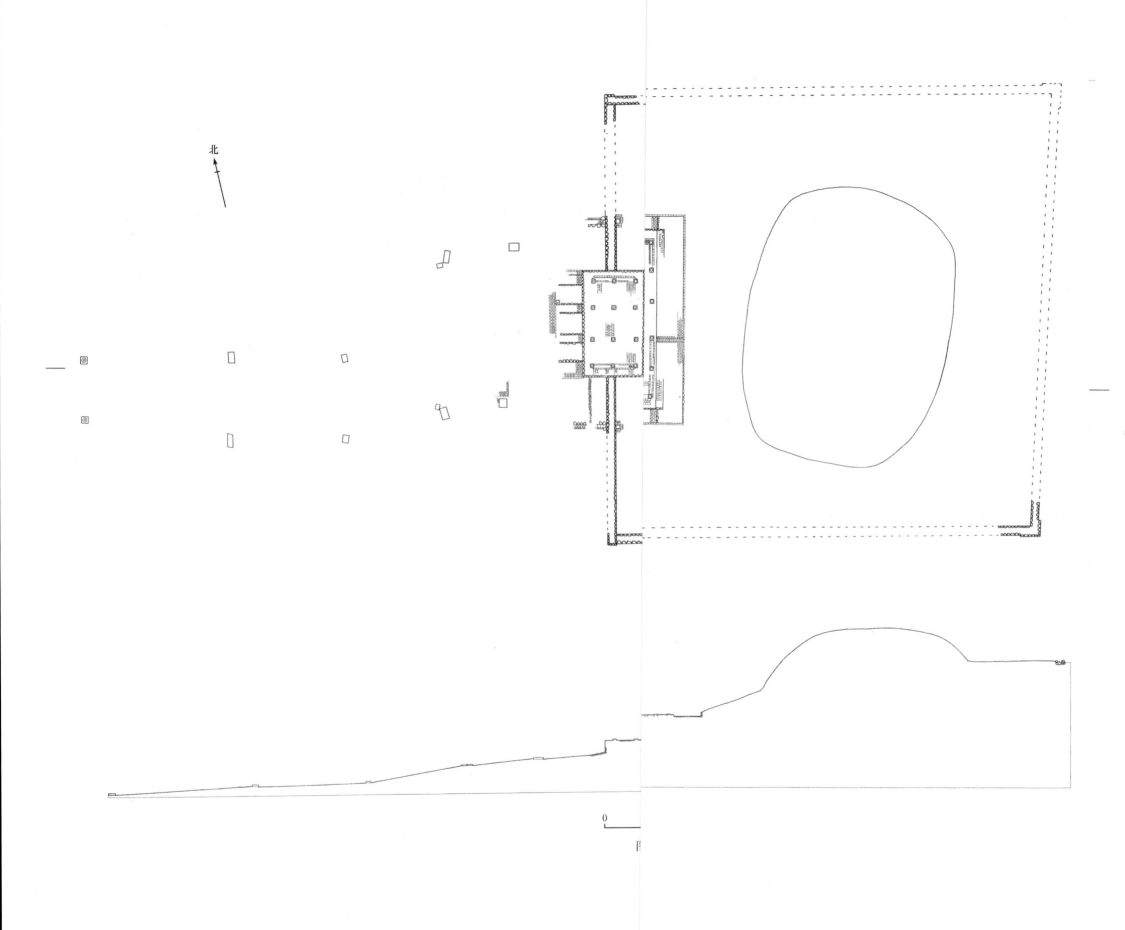

北

0

王陵陵园中占地面积最大的。经过勘探试掘，找出了悼僖王陵外陵墙东北、西南、西北三个墙基转角遗存，基本确定了外陵墙的规模，经测量北侧外陵墙长578.6米，西侧外陵墙（含外陵门）长418.7米，外陵墙一周基本呈长方形，圈围面积约为363.4亩，纠正了原来315亩的说法。从断面解剖分析，外陵墙墙基的做法有两种，一是西南、西北墙基转角先挖好沟槽，然后用大块的石灰岩料石砌一层高约0.4米的墙基基础，在此基础上还有一层石灰岩料石，高约0.3米，基础部分外侧平直，内部黄土夯实，宽约0.9米，基础上即为墙体，墙体较基础部分略有收分，宽0.8米；二是东北墙基转角先以夯土夯实，再在上面铺垫小片料石为边，高约0.09米，于其中夯土（图版一，1、2）。

3. 外门

根据资料记载和当地老者描述，悼僖王陵原有外门位于其西侧外陵墙中部，当地地名称"三券门"处，因耕作破坏严重，经勘探和试掘，未发现悼僖王陵外门遗址。

4. 中门

中门由台明、台阶、中门建筑组成。中门建筑地上部分全部倒塌，仅存墁砖地面、柱础石、门枕石、台阶等遗存。中门基址保存较为完整，从现存的柱础来看，中门为面阔三间、进深两间的建筑。台基前出垂带踏跺三列，分别与明次间相对应。三列垂带踏跺间散水面还残留有局部长条形砖墁地面，砖的规格基本为34厘米×16厘米×7.8厘米。垂带踏跺用黏土掺杂碎石和建材残渣堆积填心，踏跺阶条石、垂带石全部缺失，仅存部分象眼石、砚窝石，中间的主阶踏跺宽3.05米，两侧的垂带踏跺宽2.7米，长度皆为3.6米。踏跺往上即为中门台明，台明总面阔15.35、进深9.68米。台明基座填心用黏土夹杂大块卵石填充，外围陡板石、阶条石，地面用方砖墁地，布置柱网。其中台明正面阶条石和陡板石大多缺失，仅在前端两侧保存有几块宽为0.3米的阶条石。从遗存柱础看，中门的柱础皆为方石鼓镜式，柱础底座露明部分为边长0.6米的正方形，镜面直径0.4米。明间面阔4米，次间面阔3.3米，进深均为2.6米。地面残存的墁地方砖规格为29厘米×29厘米。中门左右山墙皆保存有部分青砖墙脚，顺砖错缝平砌，墙包柱，留八字柱门。左侧山墙宽0.82米，檐出0.61米；右侧山墙宽0.89米，檐出0.47米（图四；图版二，1）。

5. 内陵墙

内陵墙基本呈长方形，内陵墙西墙49.7米+中门15.35米，东墙65.8米，南墙106.3米，北墙106.6米，周长343.75米。内陵墙与中门相连接的西面围墙残存露出地表的料石墙基。墙体坍塌形成长条形土堆覆盖在墙基上，土堆呈龟背状隆起，墙厚1.28米。墙基以规整的料石砌作基

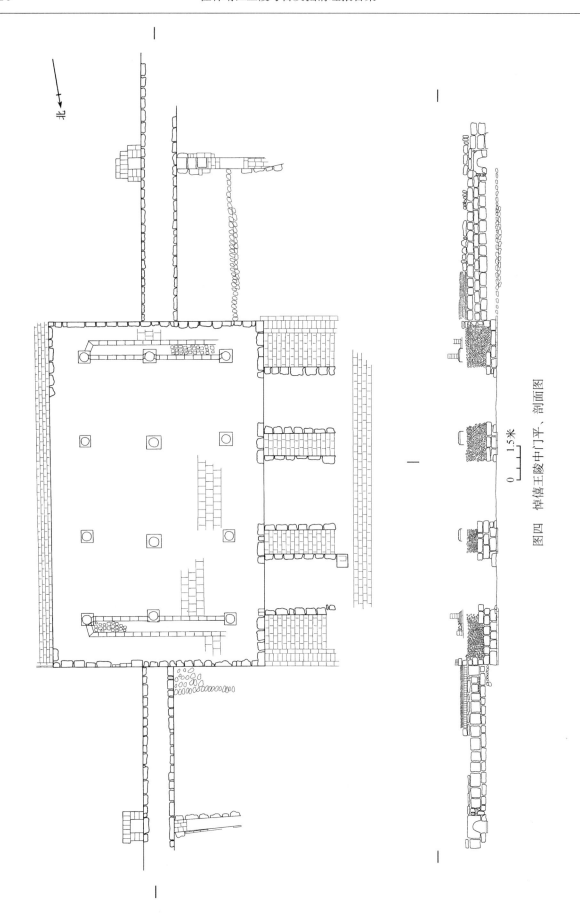

图四 悼僖王陵中门平、剖面图

0　　　　1.5米

北

础，料石露明部分三层整料石，高0.85米，每层料石之间用琉璃瓦填塞刹缝外抹白灰，三层料石之上从中门台阶处开始，墙体中有两层琉璃板瓦呈"人"字形铺放，长2.2、高0.45米，琉璃瓦上为土墙，墙体收分0.08米左右（图版一，3）。

西内陵墙在中门两侧的6.8米处皆清理出排水口，左侧排水口底部为大块方正、光滑的石板铺底，石板上凿有圆形小浅口，墙外出水口处地面清理出排水沟，靠墙基一端为大块料石铺筑，排水沟现存长5.42、宽0.5、深0.12～0.2米。排水沟底部用青砖铺底，北侧沟壁用方整料石铺筑，南侧沟壁靠墙基处为方整料石，其余为青砖砌筑。排水口孔槽宽0.55、高0.53米。

内陵墙墙基、墙体的砌法与外陵墙相似，先挖好沟槽，然后用大块的石灰岩料石砌一层墙基基础，基础部分外侧平直，内部用石灰岩毛片石、碎砖瓦等填塞或垫平，墙体采用版筑夯土，内部为夯土，土内夹杂砖瓦。从坍塌的土堆里清理出的遗物来看，有大量琉璃瓦构件，推测其顶部是修屋脊式墙帽。

6. 享堂

享堂为五间三进带月台的殿式建筑，地上建筑均已损毁，但基址大体保存完整。台基由台阶、月台、台明组成，台基随地势在坡地上开槽后，用夯实素土垫高填平而建，前部高出地表约1.2米，后部高出周围散水沟底约0.5米（图五；图版二，2）。

台基前部长方形月台面阔14.6、进深5.4米，陡板石、阶条石及月台地面铺装全部缺失，情况不明。月台前设三路台阶，左右两侧对称各设一路抄手台阶，均为垂带踏跺，基本损毁，仅存部分填心土和土衬石。月台前正中主阶宽3.2米，左右两侧台阶宽2.5米，长皆为3.7米。月台两侧的抄手台阶长2.6、宽2.1米。

享堂台明总面阔25.9、进深13.5米，地面与已遭扰乱的月台地面基本平齐，不辨高差。外围陡板石和阶条石均已缺失，残存墁砖地面、局部墙基、柱础石等遗存。柱础基本保存，没有位移，测得享堂明间面阔4.7米，次间面阔3.87米，梢间面阔3.4米，一进深1.5米，二进深5.5米，三进深1.5米。柱础皆为方石鼓镜式，础石露明部分基本为正方形，长、宽皆为0.6米，镜面直径0.4米。享堂室内地面用边长32厘米的方形青砖十字缝铺墁。

左右山墙及前后檐皆保存有部分青砖墙脚，顺砖错缝平砌，墙包柱，留八字柱门。其中左右山墙外侧距台明外沿均为1.6米，前后檐墙外侧距台明外沿均为0.8米。

台基周围墁砖散水地面基本保存完好，其中南北面散水长10.1、宽1.95米，东面散水长32.5、宽（也即是享堂与挡土墙距离）3.3米。散水用长34、宽17厘米的青砖错缝平铺。散水呈"U"字形包围享堂台基（图版三）。

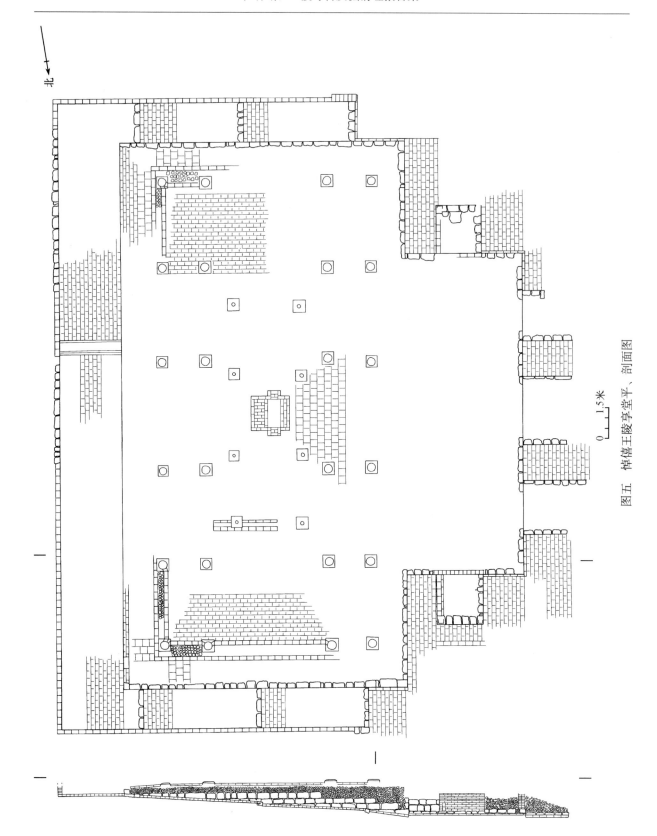

图五　悼僖王陵享堂平、剖面图

四、石　像　生

　　悼僖王陵有石像生六对，依次为望柱（只余柱础）、羊、虎、控马官、马、文臣。石像生均用整块石灰岩巨石雕刻而成，除望柱外均有足托，但未另配基座。以墓葬的朝向区分其左右（表一、表二；图版四，1）。

表一　悼僖王陵石像生基本信息登记表　　　　　　　　　　单位：厘米

编号	名称	尺寸		残损情况
左1	望柱	柱础	方座边长96	柱身缺失
右1	望柱	柱础	方座边长95	柱身缺失
左2	羊	兽身	长190、宽85、高105	基本完整
		足托	长115、宽70、高20	
右2	羊	兽身	长175、宽75、高105	基本完整
		足托	长162、宽70、高25	
左3	虎	兽身	长145、宽65、高120	基本完整
		足托	长115、宽70、高25	
右3	虎	兽身	长120、宽58、高117	基本完整
		足托	长105、宽72、高18	
左4	控马官	造像	高190、宽110、厚60	鼻、手部有残损
		足托	长85、宽95、高15	
右4	控马官	造像	高185、宽100、厚65	基本完整
		足托	长70、宽98、高15	
左5	马	兽身	长250、宽85、高158	基本完整
		足托	长175、宽86、高20	
右5	马	兽身	长200、宽70、高148	基本完整
		足托	长180、宽75、高18	
左6	文臣	造像	高285、宽110、厚90	基本完整
		足托	长120、宽95、高23	
右6	文臣	造像	高285、宽130、厚90	基本完整
		足托	长115、宽118、高20	

表二　悼僖王陵石像生间距一览表　　　　　　　　　　单位：米

测点	横向间距	测点	纵向间距	测点	纵向间距
左1—右1	10	左1—左2	20	右1—右2	19.8
左2—右2	10.15	左2—左3	17	右2—右3	16.8
左3—右3	10.5	左3—左4	13.8	右3—右4	19
左4—右4	19.8	左4—左5	0.1	右4—右5	0.1
左5—右5	19.8	左5—左6	9.1	右5—右6	9.1
左6—右6	21.35				

1. 望柱柱础

自外而内顺位第一对，柱身已缺失不见，残存柱础石。础石用石灰岩整体雕琢成方座榫窝带圆形柱脚箍的半琮式造型，柱脚箍高约8厘米。左侧柱脚箍外径85、内径44厘米，榫窝深45厘米；右侧柱脚箍外径86、内径62厘米，榫窝深40厘米。

2. 羊

大体保存完整，左侧羊尾部有轻微残损，右侧羊身体有四道裂纹，中部裂纹较深。

体态匀称，神情温顺，外形似绵羊，跪卧状。头部圆润微微上扬，嘴、鼻、眼、耳雕刻简洁，位置准确，刻线清晰，角围着耳朵呈卷曲状，尾肥大低垂，腿前跪后卧于平板足托上，羊连同足托一起雕刻而成，通体无装饰花纹（图版四，2）。

3. 虎

大体保存完整，呈前立后坐状，左侧虎尾向左摆，左前足有较深裂纹；右侧虎尾向右摆，双前足均有裂纹。

虎头圆、微昂，双眼外凸，鼻孔翕张，嘴巴紧闭，唇部方平；头身直接相连无明显颈部，身略小，背外弧，身下连平板足托，整体雕刻而成，通体无装饰花纹（图版五，1）。

4. 控马官

头戴无展角乌纱帽，帽顶有纹饰，已模糊不清；头部圆胖，五官雕刻清晰，面部表情和蔼，两耳宽厚肥长；身着盘领窄袖衫，腰围袍肚，系带锛，衫长及踝，外罩腿裙，足着靴，立于平板足托上。

右侧控马官右手曲臂贴身执马鞭，左手侧伸执马缰（图版五，2）。左侧控马官则相反，左手执马鞭，右手执马缰，左臂前部断裂缺失残损，鼻子微缺，乌纱帽的曲角略残缺。

5. 马

马站立于平板足托上，首低垂，五官清晰，腿短粗如柱，身的比例不太协调。身矮壮，身上络头、衔、镳、缰绳、鞍、胸带和鞦带等马具齐全，鞍下垫鞍褥，下有障泥，马镫上部呈圆弧形，踏脚处微有弧曲。左侧马尾向左侧摆贴于左后腿部，右侧马则相反（图版五，2）。

6. 文臣

执笏翁仲立像，表情严肃凝重，神态恭敬端庄。头戴梁冠，因风化已无明显梁线。身着盘领右衽长袍，腰束大带，宽袖，双手执笏板于胸前，袍长及地仅露足履，履头上翘无装饰，翁仲下连足托整体雕刻而成。左侧翁仲鼻翼微缺，朝笏上端残损，耳朵缺失。右侧翁仲保存完好（图版五，3）。

五、出土遗物及标本

清理出土遗物（包括采集）以建筑构件为主，建筑构件又以各种琉璃瓦件为大宗，包括筒瓦、板瓦、勾头、滴水、当沟、压带条、平口条、灵霄盘子、正脊筒以及各种脊兽残件等，简要介绍如下。

1. 筒瓦

根据釉面区分为三种类型：绿釉琉璃筒瓦、黑釉琉璃筒瓦、素烧筒瓦。绿釉和黑釉筒瓦形制基本相同，瓦呈弧筒形，前窄后宽，后端带有扣接的雄头。出土的素烧筒瓦，瓦胎形制与带釉筒瓦一致（表三）。

表三　悼僖王陵出土筒瓦登记表　　　　　　　　　单位：厘米

序号	釉色	编号	长	宽	矢高	雄头长	备注
1	绿釉	2014GJDT0603：采1	28.4（残）	14	7	3	
2	绿釉	2014GJDT0704：采1	35.5	15.6	6.3	5.8	
3	绿釉	2014GJD：采54	24.5	14	8.7	3	
4	绿釉	2014GJD：采55	27.8（残）	14	6.3	4	
5	黑釉	2014GJD：采56	26	16	7.3	2.8	
6	绿釉	2014GJD：采57	28.6	16	8	5	
7	黑釉	2014GJD：采58	27.6	15	7.5		瓦面有方孔
8	绿釉	2014GJD：采59	31	17	6.8	4	图版六，2
9	绿釉	2014GJD：采60	29.5	15.5	7.5	3	
10	黑釉	2014GJD：采61	24.7	15	7	3	
11	黑釉	2014GJD：采62	25.5	15.5	9	4.8	
12	素烧	2014GJD：采63	31	17	8.8	6	
13	绿釉	2014GJD：采65	13.5（残）	18	8	6	
14	绿釉	2014GJD：采66	25（残）	18	8	5	
15	绿釉	2014GJD：采67	29.3	14.5	8	4	
16	素烧	2014GJD：采68	29.3	14.5	8	4	
17	素烧	2014GJD：采69	30	16	8	3	
18	素烧	2014GJD：采70	25	14	7	4	
19	绿釉	2014GJD：采71	24（残）	16.7	7	5	
20	素烧	2014GJD：采72	23.5（残）	15	6.5	4	
21	素烧	2014GJD：采73	23（残）	15	6.6	5	

续表

序号	釉色	编号	长	宽	矢高	雄头长	备注
22	素烧	2014GJD：采74	23（残）	15.5	7	4	
23	绿釉	2014GJD：采75	10（残）	16.6	8	6.5	
24	绿釉	2014GJD：采76	25（残）	16	7	7	瓦面有方孔
25	绿釉	2014GJD：采77	18.5（残）	15	7.5	6	
26	素烧	2014GJD：采78	25	16.3	8	3.5	
27	素烧	2014GJD：采79	18（残）	15.8	7	4	
28	绿釉	2014GJD：采80	19（残）	15.6	7	6	
29	绿釉	2014GJD：采81	8（残）	15.7	7	5	
30	素烧	2014GJD：采82	28.3	12	3.8	5	
31	素烧	2014GJD：采83	25（残）	15	6	5	
32	绿釉	2014GJD：采84	20（残）	16	7	4	
33	素烧	2014GJD：采85	19（残）	17	7	5.5	
34	素烧	2014GJD：采86	30	16	7		
35	素烧	2014GJD：采87	29	15	8		
36	绿釉	2014GJD：采88	18（残）	14.6	7.7	6	
37	黑釉	2014GJDT0503：标1	26.1	15.1	6.9	3.3	露明处黑釉

2014GJDT0704：采1，大体完好，雄头及瓦面、瓦尾部部分残缺。红胎，瓦背上满挂绿釉，釉彩部分剥落。瓦长35.5、宽15.6、最厚处3厘米，矢高6.3厘米，雄头长5.8厘米。

2014GJDT0503：标1，大体完整。红胎，黑釉。瓦长26.1、宽15.1、最厚处2厘米，矢高6.9厘米，雄头长3.3厘米（图版六，1）。

2. 板瓦

采集到的完整板瓦标本有无釉和绿釉两种。两种板瓦的形制基本相同，瓦面呈弧形，前部较宽，后部略窄（表四）。

表四　悼僖王陵出土板瓦登记表　　　　　　　　单位：厘米

序号	釉色	编号	长	前宽	后宽	最厚	最薄	备注
1	素烧	2014GJDT0507：标16	29	24	26.5	2	1.5	图版六，3
2	绿釉	2014GJDT0403：采1	24（残）	26	26	1.7	1.7	凹面施釉
3	绿釉	2014GJDT0507：采1-1、采1-2	28	24	22.5	1.5	1	露明处施釉
4	素烧	2014GJDT0503：采12	10.5（残）	12（残）		1	1	
5	绿釉	2014GJD：采123	27.5（残）	30		2	2	露明处施釉
6	素烧	2014GJD：采124	26	19（残）		1	0.8	
7	绿釉	2014GJD：采125	32	25		2	1.4	露明处施釉
8	绿釉	2014GJD：采126	38.5	25		1.6		露明处施釉；图版六，4
9	绿釉	2014GJD：采127	32	缺失		2	1.6	露明处施釉
10	素烧	2014GJD：采128	27	23		2	1.6	
11	绿釉	2014GJD：采129	28	22		1.8		露明处施釉

3. 勾头

有绿釉龙纹圆形勾头、素烧龙纹圆形勾头、素烧花卉纹勾头三种类型。

绿釉龙纹圆形勾头　当面为圆形，绿釉，模印五爪奔龙纹，有多种规格（表五）。

表五　悼僖王陵出土绿釉龙纹勾头登记表　　　　　　　　　单位：厘米

序号	编号	当面直径	边郭宽	当面厚	瓦长
1	2014GJDT0503：采13	16	2	1.2	残
2	2014GJD：采5	16	2	1.5	21（残）
3	2014GJD：采6	13	2	2	12.5（残）
4	2014GJD：采19	16	2	2	8.5（残）
5	2014GJD：采9	13	2	1.5	2.5（残）
6	2014GJD：采7	15.5	2	1.5	残
7	2014GJD：采8	15.5	2	1.5	残
8	2014GJD：采10	12.5	1.5	1.5	残
9	2014GJDT0503：采8	16	2	1.5	残
10	2014GJD：采集	15	2	1.5	残
11	2014GJD：采集	15.5	2	1.5	残
12	2014GJD：采集	15.5	2	1.5	残
13	2014GJD：采集	9.5	2	1.5	7（残）
14	2014GJD：采集	15.5	2	1	残
15	2014GJD：采集	15	2	1.5	5（残）
16	2014GJD：采集	15	2	1	残
17	2014GJD：采集	15	2	1.5	残
18	2014GJD：采集	16	2.5	1.5	残
19	2014GJD：采集	12.5	2.5	1	残
20	2014GJD：采集	16	2	1.5	残
21	2014GJD：采集	15.5	2.5	1	残
22	2014GJDT0503：标2	16	1.6	1	残

2014GJDT0503：标2，仅存当面，当面完整。黄偏白胎，满挂绿釉。中央模印五爪奔龙纹，龙呈奔走状，龙头居中朝右上方昂首，龙尾卷曲至龙头上方，龙须飘扬，身披鳞甲，四只龙爪分别置于上下前后四个方向，均五爪劲张，弯曲如钩。当面直径16、边郭宽1.6、厚1厘米（图六；图版六，5）。

2014GJD：采19，当面完整，连残瓦。黄偏红胎，满挂绿釉。中央模印五爪奔龙纹，龙呈奔走状，龙头居中朝左上方昂首，龙尾卷曲至龙头上方，龙须飘扬，身披鳞甲，四只龙爪分别置于上下前后四个方向，均五爪劲张，弯曲如钩。当面直径16、边郭宽2、厚2厘米，瓦残长8.5厘米（图七；图版六，6）。

0 ___ 2厘米

0 ___ 2厘米

图六　悼僖王陵出土绿釉龙纹圆形勾头
（2014GJDT0503：标2）

图七　悼僖王陵出土绿釉龙纹圆形勾头
（2014GJD：采19）

　　素烧龙纹圆形勾头　当面为圆形，素烧，模印五爪奔龙纹。仅出土1件完整件，2件当面完整连残瓦件，3件瓦身较完整件，其余残碎。

　　2014GJDT0704：标10，器形完整。灰胎。中央模印五爪奔龙纹，龙身呈"S"形，龙头位于当面中央偏右，长尾盘曲至头上方，龙头朝右边昂起，双角上翘，眼睛圆睁视前，曲颈折腰，身披鳞甲，瓦面只现三只龙爪，龙头下方两只、上方一只，均五爪劲张，弯曲如钩，龙身下方两足一前一后作奔跑状。当面直径15.5、边郭宽3厘米，瓦长33、最厚处约2厘米，矢高7厘米，雄头长6厘米（图八；图版七，1）。

　　2014GJD：采90，当面完整，连残瓦。灰黑胎。中央模印龙纹，龙身呈"S"形，龙头于左下中部向左望，龙尾盘于龙头之上，龙鳞甲纹饰模糊。当面直径14.6、边郭宽2、厚0.7厘米，瓦残长7厘米（图版七，2）。

　　2014GJD：采95，当面完整，连残瓦。灰胎。当面纹饰与2014GJD：采90一致。当面直径15、边郭宽2、厚1厘米，瓦残长13厘米。

　　2014GJD：采96，当面仅余上部，连完整瓦身。灰黑胎。瓦长27.9厘米，雄头残损。

　　2014GJD：采97，当面仅余上部，连完整瓦身。灰胎。瓦长28厘米，雄头残损。

　　2014GJD：采98，当面仅余上部，连残瓦。灰胎。瓦残长24厘米。

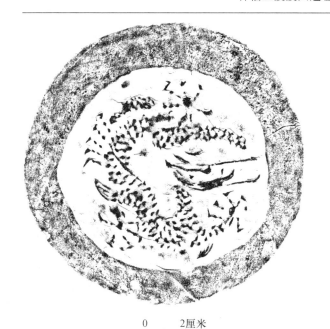

图八　悼僖王陵出土素烧龙纹圆形勾头
（2014GJDT0704：标10）

0　　2厘米

图九　悼僖王陵出土素烧花卉纹如意形勾头
（2014GJD：采107）

素烧花卉纹勾头　2件。一件为如意形，一件为圆形。

2014GJD：采107，灰白胎。当面为如意形，中央模印一朵立体花卉纹，花卉左右各有一缠枝纹。当面宽18、高12.8、边郭宽1、厚0.8厘米，瓦残长9厘米（图九；图版七，3）。

2014GJD：采89，仅余当面，当面上部缺损。灰黑胎。当面中央模印一朵花卉纹，花卉纹右侧有缠枝纹。当面直径15、边郭宽1.5、厚1.4厘米（图一〇；图版七，4）。

0　　2厘米

图一〇　悼僖王陵出土素烧花卉纹圆形勾头
（2014GJD：采89）

4. 滴水

滴水有三种类型：绿釉龙纹滴水、素烧龙纹滴水、素烧花卉纹滴水（表六）。

绿釉龙纹滴水　绿釉，当面的正面和背面、瓦身的前半部仰面和背面皆挂釉色，皆模印五爪行龙纹。

2014GJDT0403：标15，器物完整。黄偏白胎。当面中央模印五爪龙纹，龙头位于左上中部向右上回望，龙身呈"S"形伸展，龙尾于右上角，左上角有祥云纹，龙身中部上端有火球纹，四足五爪劲张做行走状。当面宽26.5、高13、边郭宽1.8、厚1.2厘米，瓦长35、前宽25.7、后宽25、厚2厘米（图一一；图版七，5）。

表六　悼僖王陵出土滴水登记表　　　　　　　　　　单位：厘米

序号	釉色/纹饰	编号	当面宽	当面高	边郭宽	瓦长	厚
1	绿釉龙纹	2014GJDT0403：采2	26	14	3	28（残）	滴头1.5、瓦1.5
2	绿釉龙纹	2014GJDT0403：采3	26	13	2.5	28（残）	滴头1.5、瓦1.8
3	绿釉龙纹	2014GJDT0403：采4	26	13	1.7	35.2	滴头1.3、瓦1.6
4	绿釉龙纹	2014GJDT0704：标8	25.8	12.6	1.5	10.8（残）	滴头0.8、瓦1.7
5	绿釉龙纹	2014GJDT0403：标15	26.5	13	1.8	35	滴头1.2、瓦2
6	绿釉龙纹	2014GJD：采1	26	13	2	8（残）	滴头1.4、瓦2
7	绿釉龙纹	2014GJD：采2	26.4	12.5	1.7	13（残）	滴头1.5、瓦2
8	绿釉龙纹	2014GJD：采102	21（残）	12（残）	2	17（残）	滴头1.5、瓦1.7
9	绿釉龙纹	2014GJD：采101	26.8	11.5（残）	1.8	6.9（残）	滴头1、瓦1.4
10	绿釉龙纹	2014GJD：采103	23.5（残）	12.8	1.8	12（残）	滴头1.7、瓦2.1
11	绿釉龙纹	2014GJDT0503：标4	29	13	2	8（残）	滴头1.4、瓦1.7
12	素烧龙纹	2014GJD：采3	23.1	10.2	2	10.8（残）	滴头1、瓦1
13	素烧龙纹	2014GJD：采4	23.1	10.6	2	17（残）	滴头0.9、瓦1.7
14	素烧龙纹	2014GJD：采106	22（残）	10.5	3	6.4（残）	滴头1.8、瓦1.1
15	素烧龙纹	2014GJD：采105	22	10（残）	2	21（残）	滴头0.7、瓦1.3
16	素烧花卉纹	2014GJD：采104	18.4（残）	13.6（残）	1	6.6	滴头1.7、瓦1
17	素烧花卉纹	2014GJD：采107	17	13	1.5	9（残）	滴头1.4、瓦1.4

2014GJDT0403：采4，当面完整，连残瓦。黄偏白胎。当面中央模印五爪行龙纹，龙头位于右上中部向左回望，龙身呈"S"形伸展，龙尾于左上角，右上角有祥云纹，龙身中部上端有火球纹，四足五爪劲张做行走状。当面宽26、高13、边郭宽1.7、厚1.3厘米，瓦残长35.2、前宽26、厚1.6厘米（图一二）。

2014GJDT0704：标8，当面完整，连残瓦。黄胎。当面中央模印五爪行龙纹，龙头位于右上中部向左回望，龙身呈"S"形伸展，龙尾于左上角，右上角有祥云纹，龙身中部上端有火球纹，四足五爪劲张做行走状。当面宽25.8、高12.6、边郭宽1.5、厚0.8厘米，瓦残长10.8、厚1.7厘米（图一三；图版七，6）。

2014GJD：采2，当面底部略残，连残瓦。黄胎。当面中央模印五爪行龙纹，龙头位于左上中部向右回望，龙身呈"S"形伸展，龙尾于右上角，左上角有祥云纹，龙身中部上端有火球纹，四足五爪劲张做行走状。当面宽26.4、高12.5、边郭宽1.7、厚1.5厘米，瓦残长13、厚2厘米（图一四）。

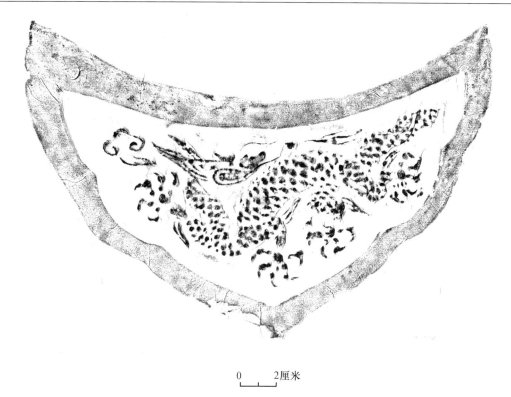

0 ⊢—⊣ 2厘米

图一一　悼僖王陵出土绿釉龙纹滴水
（2014GJDT0403：标15）

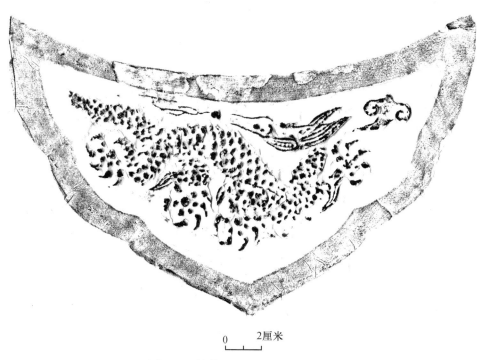

0 ⊢—⊣ 2厘米

图一二　悼僖王陵出土绿釉龙纹滴水
（2014GJDT0403：采4）

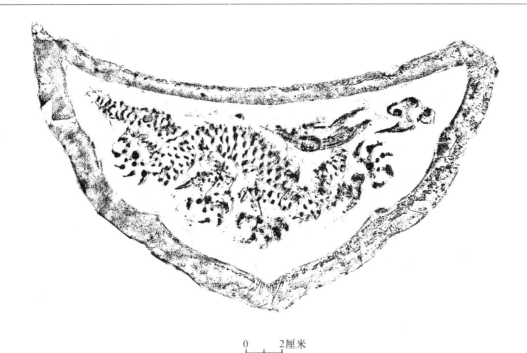

0 ⊢——⊣ 2厘米

图一三　悼僖王陵出土绿釉龙纹滴水

（2014GJDT0704：标8）

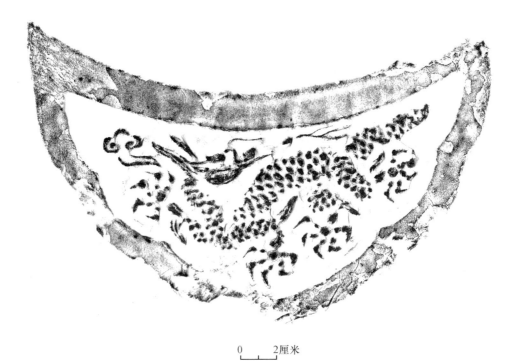

0 ⊢——⊣ 2厘米

图一四　悼僖王陵出土绿釉龙纹滴水

（2014GJD：采2）

2014GJDT0503：标4，当面完整，连残瓦。黄胎，釉色鲜亮。当面纹饰与2014GJD：采2一致。当面宽29、高13、边郭宽2、厚1.4厘米，瓦残长8、厚1.7厘米（图版八，1）。

素烧龙纹滴水　4件。较为完整。灰胎，素烧，中央模印五爪行龙纹。

2014GJD：采4，当面基本完整，连残瓦。当面中央模印五爪龙纹，龙头位于右上中部向左回望，龙身呈"S"形伸展，龙尾于左上角，右上角有祥云纹，龙身中部上端有火球纹，龙鳞甲纹饰模糊，龙身细小。当面宽23.1、高10.6、边郭宽2、厚0.9厘米，瓦残长17、厚1.7厘米（图一五；图版八，2）。

2014GJD：采3，当面基本完整，连残瓦。当面中央模印五爪龙纹，龙头位于左上中部向右回望，龙身呈"S"形伸展，龙尾于右上角，左上角有祥云纹，龙身中部上端有火球纹，龙鳞甲纹饰模糊，龙身细小。当面宽23.1、高10.2、边郭宽2、厚1厘米，瓦残长10.8、厚1厘米（图一六）。

2014GJD：采105，纹饰同2014GJD：采3。当面宽22、残高10、边郭宽2、厚0.7厘米，瓦残长21、厚1.3厘米。

2014GJD：采106，纹饰同2014GJD：采4。当面残宽22、高10.5、边郭宽3、厚1.8厘米，瓦残长6.4、厚1.1厘米。

素烧花卉纹滴水　1件。灰胎，素烧，中央模印花卉纹。

2014GJD：采104，仅余当面，当面左上部残损。灰胎。中央模印一朵莲花纹，缠枝由底

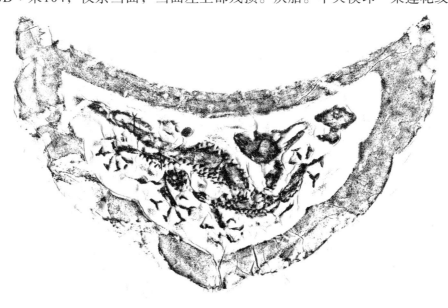

0　　　2厘米

图一五　悼僖王陵出土素烧龙纹滴水

（2014GJD：采4）

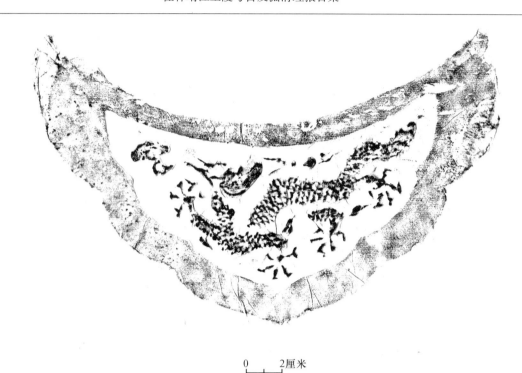

0   2厘米

图一六 悼僖王陵出土素烧龙纹滴水

（2014GJD：采3）

部从右至左缠绕中部花卉纹。残宽18.4、高13.6、边郭宽1、厚1.7厘米，瓦残长6.6、厚1厘米（图版八，3）。

5. 正当沟

正当沟是衔接正脊与屋面瓦垄的构件，本次清理出土的正当沟基本完整，规格不一（表七）。

2014GJDT0503：标5，基本完好。黄偏白胎，绿釉，略有剥落。剖面呈弧形，中部呈半圆形凸出，瓦头有插榫，尾部在瓦内侧挖有榫窝。通长28.9、宽19.9、高8、厚2厘米（图版八，4）。

2014GJDT0503：标12，基本完好。黄偏红胎，绿釉，略有剥落。剖面呈弧形，中部呈半圆形凸出，瓦头有插榫，尾部在瓦内侧挖有榫槽。通长20.2、宽13、高7.2、厚1.6厘米（图版八，5）。

表七　悼僖王陵出土正当沟登记表　　　　　　　　　　　　　　　　单位：厘米

序号	釉色	出土地点	通长	舌面最宽	高	厚
1	绿釉	2014GJDT0503：标12	20.2	13	7.2	1.6
2	绿釉	2014GJDT0503：标5	28.9	19.9	8	2
3	绿釉	2014GJDT0503：标11	27.7	18	5.5	1
4	绿釉	2014GJD：采108	17	11	5.8	1.3

续表

序号	釉色	出土地点	通长	舌面最宽	高	厚
5	绿釉	2014GJD：采109	17	12	17	1
6	绿釉	2014GJD：采113	18	11.2	5.6	1.4
7	绿釉	2014GJD：采114	20	13	7	0.7
8	绿釉	2014GJD：采117	29	17	9	1
9	绿釉	2014GJD：采118	26	18	10	0.7
10	素烧	2014GJD：采111	20（残）	16	9	0.9
11	素烧	2014GJD：采112	10（残）	15	9	0.9

6. 斜当沟

安装于庑殿顶的垂脊、歇山顶的岔脊或重檐建筑下层檐的戗脊下部两垄筒瓦之间，是用以覆盖脊根部的防水构件。这些部位使用正当沟是覆盖不住的，需将正当沟的舌面部分改为倾斜的舌形，就成了斜当沟，本次清理仅出土1件完整斜当沟。

2014GJDT0503：标11，基本完好。黄偏红胎，绿釉，略有剥落。剖面呈弧形，一侧呈半圆形凸出，瓦头有插榫，尾部则在瓦内侧挖有榫窝。通长27.7、宽18、高5.5、厚1厘米（图版八，6）。

7. 灵霄盘子

又叫三仙盘子，安装在歇山顶岔脊的最前端，用来封护脊端两坡瓦垄交汇点，并使兽前兽后高度协调一致的构件。

2014GJDT0704：标9，断裂成两部分，黏合后基本完好。黄偏白胎，绿釉。器物通长29、高6.6厘米，外形看似三层错位烧结在一起的空心砖，上层长22.4、宽15厘米，中层长21.7、宽15厘米，下层长21.6、宽15.3厘米。中间空心部分为长方形斜槽，槽长5.3、宽2.3厘米；最上面的斜槽周边有一长条形凸起的槽座；盘子外底稍内陷，露明处皆挂釉色（图版九，1）。

8. 正脊筒残件

2件。

2014GJDT0607：标17，红胎，立面施绿釉。残长26、中间束腰处高9、通高23厘米，构件表面的上下各有一组外凸的对称装饰线脚（图版九，2）。

2014GJDT0403：标13，红胎，单面施绿釉。内侧断口显示构件仅为单面残件。残长36、中间束腰处高9、高23厘米，构件表面的上下各有一组外凸的对称装饰线脚。

9. 压带条

安放在正脊两坡瓦垄交汇处，压住正当沟不让其下滑，形似长条形砖，纵向外露部分边缘略向下弯曲，断面呈弧形，露明处施釉。本次共出土5件。

2014GJDT0503：采5-1，完好。黄偏白胎，绿釉。右侧带榫头。通长26、宽9.4、厚1.4（图版九，4）。

2014GJDT0503：采5-2，完好。黄偏白胎，绿釉。通长26、宽9.7、厚1.4～1.9厘米。

2014GJD：采110，完好。黄偏白胎，绿釉。通长29、宽11.5、厚1～1.4厘米。

2014GJD：采121，残损。黄偏白胎，绿釉。残长14.8、宽10.8、厚0.7～1.4厘米。

2014GJD：采122，残损。黄胎，绿釉。残长10.5、宽10.5、厚0.7～1.4厘米。

10. 平口条

安装在垂脊内侧压带条之下，是用以与排山正当沟上口找平的构件，形如长条形薄砖。采集较多，基本完好，有露明面施釉和素烧两种，形制基本相同，但尺寸规格不一（表八）。

表八　悼僖王陵出土平口条登记表　　　　　　单位：厘米

序号	施釉／素烧	编号	长	宽	厚	备注
1	施釉	2014GJDT0704：采2-1	27	10.2	2.5	
2	施釉	2014GTDT0503：采6-3	27.4	10.4	2.5	
3	施釉	2014GJDT0704：采2-2	26.7	11.3	2.5	
4	施釉	2014GJDT0503：采4	24.5	10.7	2.5	
5	施釉	2014GJDT0503：采2	27.5	10.4	3.5	
6	施釉	2014GJDT0503：采3	26.2	9.8	2.8	
7	施釉	2014GJD：采21	28	11.5	2.5	
8	施釉	2014GJD：采22	25.3	9.5	2.5	
9	施釉	2014GJD：采23	24	10	3	
10	施釉	2014GJD：采24	27	10.2	3.6	
11	施釉	2014GJD：采25	25	11.2	2.5	
12	施釉	2014GJD：采26	26.5	10	2.5	
13	施釉	2014GJD：采27	27	11.2	2.3	
14	施釉	2014GJD：采28	28	11.3	3	
15	施釉	2014GJD：采29	27	10.7	2.5	
16	施釉	2014GJD：采30	26.8	10.3	3.5	
17	施釉	2014GJD：采31	24	11	2.8	
18	施釉	2014GJD：采32	26	10	2.8	
19	施釉	2014GJD：采33	23	8	2.5	图版九，3下
20	施釉	2014GJD：采34	27.8	11.5	2.5	

续表

序号	施釉／素烧	编号	长	宽	厚	备注
21	施釉	2014GJD：采35	24.5	10.5	2.5	
22	施釉	2014GJD：采36	27	10	2.5	图版九，3上
23	施釉	2014GJD：采37	27	10.3	2.5	
24	施釉	2014GJD：采38	29.5	11.8	3	
25	施釉	2014GJD：采39	27.5	11.2	2.5	
26	施釉	2014GJDT0503：采10	22	10	2.8	
27	施釉	2014GJDT0503：采9	19（残）	10.2	2.8	
28	施釉	2014GJDT0503：采6-1	27.7	10.4	2.6	
29	施釉	2014GJDT0503：采6-2	26.5	10.5	2.7	
30	施釉	2014GJD：采集	27	10	3	
31	施釉	2014GJD：采集	25	11.5	2.7	
32	施釉	2014GJD：采集	28	10	2.6	
33	施釉	2014GJD：采集	23	8	2.7	
34	施釉	2014GJD：采集	27.5	11	2.4	
35	施釉	2014GJD：采集	25.4	11.8	2.7	
36	施釉	2014GJD：采集	26.4	10	2.4	
37	施釉	2014GJD：采集	24.8	11.3	2.9	
38	施釉	2014GJD：采集	27.2	11.5	2.5	
39	施釉	2014GJD：采集	24.5	11.3	2.6	
40	施釉	2014GJD：采集	25	11.3	2.5	
41	施釉	2014GJD：采集	26.7	10	2.8	
42	素烧	2014GJD：采集	23.8	8	2.7	9件

11. 脊兽

大部分为残件（图版一〇，2），仅一件较完整。

2014GJDT0704：标7，垂兽。大体完整，兽身右侧有残损、左侧完整。灰白偏黄胎，中空，满挂绿釉。兽头双眼激凸，目视前方，炯炯有神，双耳斜竖，鼻孔翕张，嘴唇紧闭，颚下有胡须呈卷曲状，两颊有卷曲的鬃毛，耳后的鬃毛向后披散，身披鳞甲，兽首鬃毛盖顶，有两个呈∞状排列的不规则圆形角孔，内残留少许灰浆。垂兽通长41、前部高30、尾部高37.3、最厚处13厘米；角孔单孔孔径约3厘米；兽底座呈长方形，长15.5、宽11厘米；兽身尾部有一圆形小孔，孔径3厘米（图版一〇，1）。

12. 卷草纹花砖

大部分为残件，仅2件完整，一件施釉，一件为素烧。砖为长方形，正面有模印的凸起卷草纹饰。

2014GJDT0503：标6，黄胎，绿釉，釉色基本剥落殆尽。长27.8、宽11、厚2.9厘米（图版九，5）。

2014GJD：采40，灰胎，素烧。长22.5、宽11.1、厚2.6厘米（图版九，6）。

13. 青砖

青砖器形较大，规格不一，出土几件异形砖，另出土一件铺地金砖。

（1）青砖

2014GJDT0403：标14，青灰色。长33、宽9.7、厚7.8厘米。

（2）异形砖

2014GJD：采11，完整。混砖。青灰色。长38、宽17、厚7厘米（图版一〇，3）。

2014GJD：采12，完整。青灰色。刀把形。通长38、通宽17、厚7厘米，窄边长22、宽9.8厘米（图版一〇，4）。

2014GJDT0503：标3，青灰色。圆形。直径16、厚7.5厘米（图版一〇，5）。

（3）铺地金砖

2014GJD：采14，正方形青砖。边长39、厚7厘米（图版一〇，6）。

六、结　　语

靖江悼僖王陵是靖江王府中第一座营葬于桂林尧山的靖江王陵。从所发现的陵园外陵墙来看，其圈围的范围极大，占地面积达到363.4亩，而悼僖王陵的主体建筑包括内陵墙（含中门）、享堂、墓冢以及中门前的石像生却位于外陵园的东部一隅，这样的陵园布局显然是极不协调的。两侧对置石像生的陵前神道呈现前窄后宽的弯曲倒喇叭形，也显得草率和不规矩。而在外陵墙圈围的外陵园西南角，建有怀顺王陵的陵园。怀顺王陵的陵园建制自成体系，地表遗存现有外门遗址、外陵墙一周、神道石像生、中门基址、内陵墙一周、享堂基址、圆丘形墓冢，与悼僖王陵基本相同，唯外门、中门前各增置守门狮一对，多出神道碑亭一座。陵园原本与悼僖王陵一样坐东朝西，但其并未在悼僖王陵西侧外陵墙上开口造门，神道前出至悼僖王陵西侧外陵墙时，沿着外陵墙朝南折向后，将外门开辟在悼僖王陵西、南侧外陵墙交接处的南侧外陵墙上，形成与悼僖王陵共用一段外陵墙的园中园的布局。

与怀顺王陵相呼应，在悼僖王陵外陵园的西北侧还建有一座将军墓，除了占地规模外，其建筑内容神道石像生、中门、内陵墙一周、享堂、圆丘形墓冢等与悼僖王陵完全相同，应是与悼僖王陵同一时期的早期高等级将军墓。从这些材料分析，悼僖王陵修建时，藩王陵寝制度尚未完善，靖江王和王府的高等级将军还是参照明初的功臣殁后封王规制来营葬，此时，"王府造坟"的规定尚未出台，其陵墓的营建规制远远低于永乐八年（1410年）的规定。因此悼僖王陵只是靖江王府陵寝制度发展演变的初始阶段，不能作为靖江王陵陵寝制度的典型代表。这时期的王陵应该没有外陵墙建制，其外陵墙应该是后期增建的，陵园整体规划和布局草率，显然未能体现出王陵营建的规范。但早期王陵的陵园占地宽、规模大，建筑用材质量好、规格高，各种建筑构件器形大件的特征十分显著。

怀顺王陵陵园遗址考古清理报告

2014年7月底至10月，为配合桂林靖江王陵遗址保护工程的实施，广西文物保护与考古研究所与桂林市靖江王陵文物管理处组成联合考古队对靖江怀顺王陵陵园遗址进行了考古清理，广西文物保护与考古研究所韦革担任考古领队，桂林市靖江王陵文物管理处曾祥忠、张阳江、阳灵、盘立、符荣兴、安泉州、焦磊、钟嘉瑞、胡宪国、阳荣桂、覃顺顺等参与考古发掘清理工作全程。现将考古清理情况报告如下。

一、地理位置及环境

怀顺王陵为追封靖江王朱相承与王妃谷氏合葬之陵寝。朱相承，靖江庄简王朱佐敬嫡长子，宣德二年（1427年）生，正统元年（1436年）册封为靖江长子，赐一品冠服，天顺二年（1458年）未袭而卒。成化七年（1471年）其子规裕袭爵册封为靖江王后，"以其父相承为长子时卒，奏乞封谥。诏追封相承为靖江王，谥怀顺；谷氏进封为靖江王妃"。妃谷氏，广西护卫百户谷真之女，生于宣德年间，殁于弘治十八年（1505年），享年七十余岁。子朱规裕承袭王位。女二，俱封县郡。

怀顺王陵陵园位于七星区朝阳乡挂子山村东北一处坡地上，陵园四角及封土中心的GPS坐标分别为：东北角：北纬25°17′38.4″，东经110°21′9.4″；东南角：北纬25°17′35.6″，东经110°21′11.9″；西南角：北纬25°17′31.9″，东经110°21′7.7″；西北角：北纬25°17′33.7″，东经110°21′5.2″。陵园东靠尧山，东面和南面地势较高，北面和西面地势较低，遗址外是广西林业科学研究所的油茶实验林；陵园南侧坡地上有一片村民种植的面积约6000平方米的桂花树苗林，遗址外是杂草丛生的松林；遗址北侧间隔一条季节性水溪与广西茶叶科学研究所茶园相连；遗址西侧地势低洼，有附近村民种植的杂乱苗木。整个遗址范围被高0.5~1米的杂草和各类灌木所覆盖（图一）。

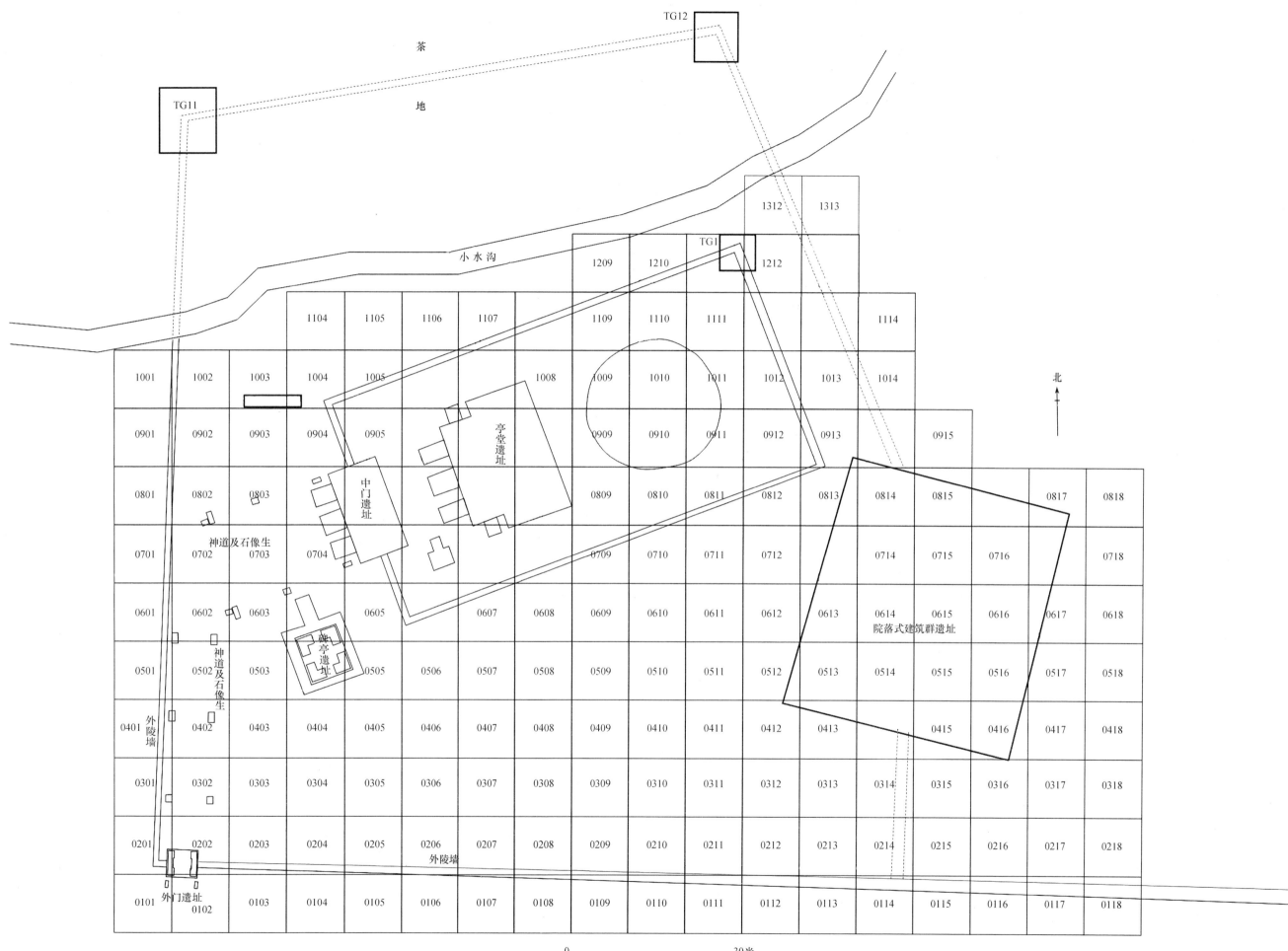

图二　怀顺王陵布方图

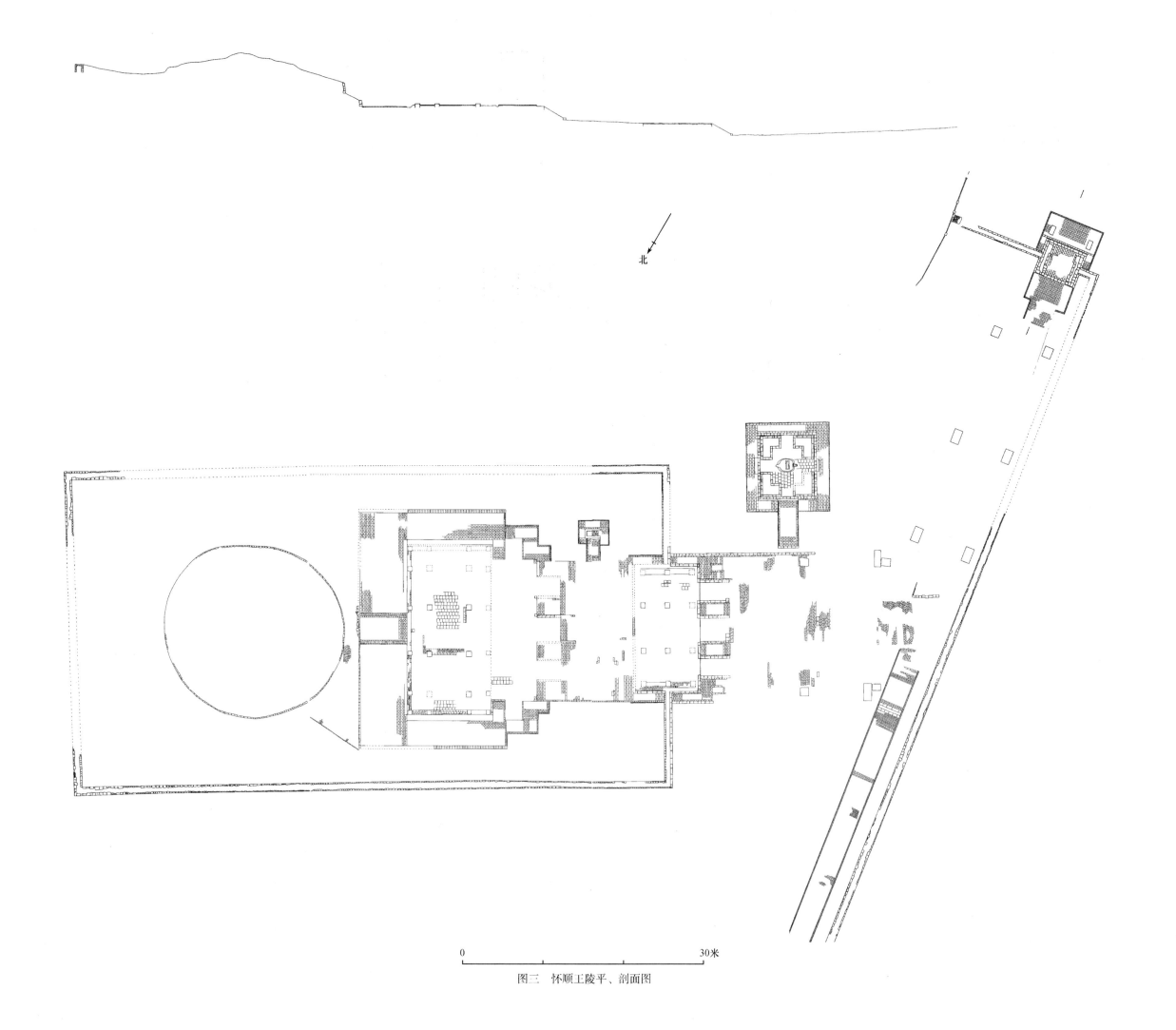

北

0   30米

图三　怀顺王陵平、剖面图

有保存，后段神道铺地已损毁缺失。

除常规陵园建筑外，此处清理发掘发现怀顺王陵南、西外陵墙共用悼僖王陵的外陵墙；在外陵墙内东南角处发现一处院落式建筑遗址将东侧外陵墙分隔成东北、东南两段，使得怀顺王陵外陵墙呈不规则五边形；在陵园西侧外陵墙内发现一条墁砖道路，南端与外门内南北向神道相接，往北跨过一条常年流水的小水沟后延伸约100米至怀顺王陵西、北外陵墙交接处，在此处又发现一座南北向开门的方形石座拱门台基遗址。

怀顺王陵中除琉璃建筑构件外，还出土大量素烧建筑构件，基本集中在内陵墙和左侧碑亭的堆积层。

4. 地层堆积情况

遗址的主体暴露于地表之上，因此遗址区的地层堆积比较简单。地层经统一后可分为3层：

第1层：表土和现代扰乱层，为近现代自然沉积和人类耕作形成。该层在全部发掘区均有分布。

第2层：明清时期文化堆积层，为陵园建造和倒塌形成的文化堆积。该层在内陵墙、中门、享堂两侧、碑亭堆积最厚。

第3层：原有腐殖质层。除了被各种建筑基础打破外，在整个陵园均有分布。该层之上是原有陵园构筑时的建筑面。

第3层以下为生土。

在中门前神道北侧石像生后，与神道左侧碑亭对称的位置，地面堆积有许多大块条石，散落两个方石鼓镜式柱础。清理地表后，发现表土层下有大量的瓦砾堆积，因此在此处开一个2米×10米探沟探查堆积情况，探沟清理深度1.4米，至生土。此处地层分3层：第1层为表土，厚0.2米；第2层为瓦砾堆积，厚0.8米；第3层为碎毛石，厚0.4米。第3层以下为生土，未发现建筑遗迹。经采访调查，当地村民说这里原本地势低洼，20世纪70年代搞生产耕作时，曾将从悼僖王陵平整地面时清理出来的瓦砾倾倒于此形成（图版一一，2）。

三、陵 园 布 局

怀顺王陵内陵园坐东北朝西南，墓向250°，神道轴线在石虎与控马官间向南转折，陵门朝向185°。陵园由内外两重陵墙分成两重院落，外陵墙为版筑夯土墙，平面呈不规则五边形，内陵墙毛石基础青砖包砌杂土填心，平面呈长方形。以神道为中轴线由外而内主要建筑及陈设有守门狮、外陵门、石像生、碑亭、中门、焚帛炉、享堂、石供台、墓冢封土等（图三；图版一一，1）。

外陵门为单孔拱券门式建筑，从外陵门两侧山墙向外构筑外陵墙形成外陵园，外陵门外有守门狮一对，外陵门前后用青砖铺筑散水。进入陵门后，自南向北顺着神道两侧立望柱、羊、虎各一对，之后神道向东折向中门，序列控马官、马、文臣各一对，中门前置守门狮一对。在南侧文臣后有神道碑亭一座，碑亭内安放圆首龟趺神道碑一通，由赑屃碑座和碑身组成。中门为面阔三间、进深两间的建筑，从中门两侧山墙向外构筑内陵墙形成内陵园。中门后为享堂，享堂为面阔五间、进深三间的建筑；内陵园神道及享堂台基外围散水用青砖墁铺；享堂左侧残存有焚帛炉的砖砌基座一处。享堂后部的墁砖散水道与地宫封土之间有毛石挡土墙，挡土墙前残存供台遗迹。陵园范围内没有发现神厨、配殿、厢房等建筑遗迹。

1. 神道

神道分为两段，前段自外陵门沿西侧外陵墙内侧顺地势用青砖十字缝顺铺，竖砖砌有路沿，南北走向，外高内低呈斜坡状，近陵门处的青砖地面保存较为完整，神道转折处有一段横跨路面的条石路沿，以此为界，前段神道长约43.7、宽3.3米。后段神道折向112°后，呈东西走向，连接中门，长约29米，铺地青砖碎裂，墁砖面毁损较为严重，路宽不能确定。

2. 外陵墙

外陵墙平面呈不规则五边形，其中南、西外陵墙共用悼僖王陵的外陵墙，南外陵墙长138.5米，西外陵墙长146.7米，北外陵墙长113.65米（含方形石座拱门台基），东外陵墙长173.7米（含打破其墙体的院落式建筑），周长约572.55米。外陵门两侧、西外陵墙还残留有局部墙体外，其余的外陵墙皆已坍塌，北外陵墙后期扰乱太多，现种植有竹林、茶园，地面基本不见痕迹，南外陵墙倒塌后形成长条形的土堆覆盖在墙基上，土堆呈龟背状隆起，把外陵墙的轮廓凸显出来。南外陵墙内至南内陵墙间为一较陡的土坡，由外陵墙向内陵墙倾斜，坡度达60°左右，坡上有村民种植的桂花树苗林。

从清理出来的外陵门东西侧外墙断面看，墙基的砌法是用大块的料石砌一层基础，基础部分外侧平直，内部用石灰岩毛片石、碎砖瓦等填塞或垫平，宽1.1米；基础以上即为墙体，墙体较基础略有收分，墙体为青砖包砌杂土填心，宽0.95、残高0.3~1米。从残迹来看，包砖采用三顺一丁的砌法。墙体砌好后，在其外立面先是抹一层厚约1厘米的白色灰浆，再在灰浆上漆一层厚0.4~0.5厘米的红色颜料，形成红墙，现外陵墙的原高度不明。

西外陵墙共用悼僖王陵的一段西外陵墙，西外陵墙的南段顺陵门南侧的坡势修筑，在距外陵墙西南转角约45米处开有两个并列排水孔，南侧排水孔宽0.36、高0.37米，北侧排水孔宽0.34、高0.33米，两孔间距0.28米（图版一二，1）。在西外陵墙与北外陵墙相接转角处发现方形石座拱门台基遗址。台基西侧与怀顺王陵以及悼僖王陵西外陵墙基相距约0.45米，用青砖墙衔接，青砖墙东西两端分别搭建于西外陵墙与拱门台基上，青砖墙残长0.98、宽0.8、高0.5米，砖墙底部中间位置开有一方形排水孔，孔宽0.13、高0.17米。青砖墙既为闭合拱门与外陵墙的间距，也是怀顺王陵外陵墙的西北转角，怀顺王陵的北外陵墙紧接拱门东侧修筑，陵墙基嵌入拱门东侧台基（图版一二，2、3；图版一三，1）。

在清理勘探东外陵墙的过程中，新发现一处庭院式建筑遗址，将怀顺王陵的东外陵墙分隔成南北两段，此处庭院式建筑建于被分隔开的南北两段陵墙中的一块洼地内，与两段陵墙的断口处略有分离，因此怀顺王陵的外陵墙略呈五边形。东外陵墙和庭院式建筑之间没有叠压打破关系，该建筑群应该早于东侧外陵墙建造。东外陵墙南段往南延伸与悼僖王陵的南外陵墙中段处相接，清理发现东外陵墙的南端直接叠压建在悼僖王陵的南外陵墙墙基上，共用悼僖王陵的一段南外陵墙（图版一三，2）。怀顺王陵东外陵墙北段往西北方向延伸与北外陵墙相接。北外陵墙位于一条自然水沟边，后期耕作破坏很大，又被广西茶叶科学研究所所建的围墙叠压打破，基本破坏殆尽，在探查清理东外陵墙东北转角时仅发现了转角处墙基的底层土衬石和中间填垫的毛石，大块的基石已被后期茶叶科学研究所建筑围墙取用，在转角处出土了几件完整筒瓦。北外陵墙西端延伸至新发现的方形石座拱门台基与西侧外陵墙相接。

3. 外门

外门为单间拱券式建筑，墙垛均已塌毁无存。总面阔5.25、进深4.46米。陵门建筑底座保存较为完整，不像常规台明高出地面，而是四沿以阶条石包边，前与周围地面基本持平，后与神道地面高差0.1米。外陵门门垛无存，仅存平地面石基础；外门左右两侧连接的外陵墙遗存清晰，东侧陵墙残高0.85、厚0.95米，外存10层包砖、内存7层包砖，西侧陵墙残高0.8、厚0.95米，外存6层包砖、内存7层包砖，在距外陵墙2.6米处向北折角为西外陵墙。外门是打破原外陵墙而建，门座两侧阶条石在外陵墙墙体处未封口，从而形成两个左右对称的凹口，外陵墙嵌入凹口内0.3米。券门门道痕迹清晰，宽2.6、深3.8米，门道地面为30厘米×16厘米×7厘米的青砖错缝墁铺，青砖有碎裂，大部分残损。门座中部残存左侧门臼石及门槛石（图四；图版一四，1）。

外陵门内外前皆有墁砖散水，保存较为完整，门外墁砖散水长6.7、宽4.68米，以两排青砖

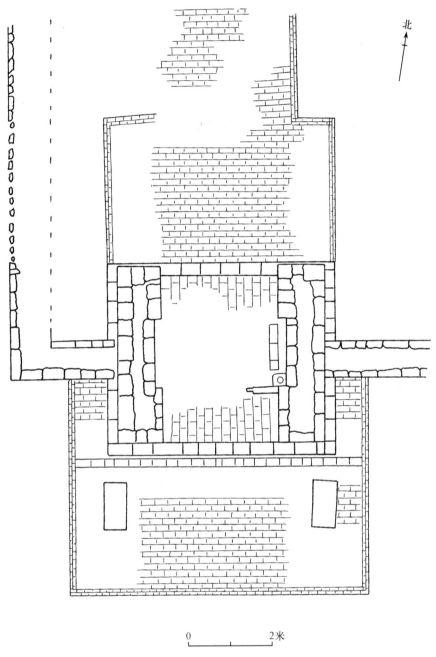

北

0　　　　　2米

图四　怀顺王陵外门平面图

竖铺围边，中间用青砖十字错缝墁铺，门内的墁砖散水长5.35、宽3.45米，与神道相接。

外门前置守门狮一对，石狮的底座是用青砖围砌的两层砖台，左侧底座长1.1、宽0.6、高0.06米，右侧底座长1.15、宽0.63、高0.06米，石狮已残缺，分别倒卧在台座旁。

4. 碑亭

神道左侧有碑亭一座。碑亭平面为长方形，面阔7.9、进深8.58米，四面各辟券门，顶部已坍塌，台明、四角石砌垛墙及墁砖地面残存。碑亭台明高约0.25米，四面阶条石保存完整，台明四角砌四个曲尺形石砌垛墙，其中右侧石砌垛墙基本损毁无存，左侧石砌垛墙残高0.15～0.5米。碑亭内用方砖铺地，保存较好，方砖规格为40厘米×40厘米×7厘米。券门门宽1.6米，高度不详，除背门（南面）外，其余三门门前均有一级条石踏步。碑亭的正门（北面）前有一条墁砖道路与中门前神道的路边石相接，道路长6.05、宽2.8米，道路两旁分别砌两排竖砖作为路沿，碑亭外四周地面保存有完整的墁砖散水，散水面阔10.9、进深11.6米，两排条砖竖砌围边，中央用条形青砖十字错缝顺铺（图五；图版一四，2）。

亭内居中安放圆首龟趺神道碑一通，坐东朝西，碑座、碑身保存较好，龟趺通长2.7、最宽1.65、最高0.75米。龟趺双目圆睁，双唇紧闭，獠牙外露，四足及尾部布满鳞甲，足爪锋利；龟背外沿一周刻八卦符号，内铺海棠形锦地巾，背巾四角分别雕刻有铜钱纹装饰。龟趺有连体椭圆形基座，基座埋入地下，高出墁砖地面0.03米（图版一四，3）。

碑身立于龟趺背上碑槽内，中嵌有铁楔，用灰浆填入黏合，碑身基本完好，通高2.85、宽0.95、厚0.15米；碑身下部可见有纹饰和文字残迹，但风化严重不可辨识。

5. 中门

中门为面阔三间、进深两间的建筑，地上部分皆已倒塌，仅存台阶、台明残基，基址上有墁砖地面、柱础石、门枕石等遗存（图六）。

台明总面阔16.5、进深8.3、残高1.2米，外围阶条石多已缺失，暴露出内部较大块的毛石填心；台明底部土衬石基本保存完好，局部残存陡板石，均长0.5～1、厚0.3米，立面凿粗米粉条状痕，用白灰黏合。台明西南角因后期人为挖掘崩塌成一长2.7、宽2.5、深0.87米的深坑。

台明前出垂带踏跺三列，分别与明次间相对应，踏跺面上阶条石、垂带石全部缺失，残留部分象眼石、砚窝石和泥土、碎石混杂的踏跺填心；踏跺的土衬石完整，能确定踏跺尺寸，其中中间正阶踏跺宽3.25、进深3.9米，两侧的踏跺均宽3、进深3.9米。踏跺间距均为1.7米。踏跺间及台明周围散水保存较好，台明左右两侧与内陵墙间散水面宽1.07米，左侧散水面外侧有0.25米宽的路条石。散水面是用条砖错缝顺铺。

中门前排檐柱柱础已缺失，其余各部位的柱础基本保留，但略有偏移和倾斜。柱础皆为方石鼓镜式，明间金柱柱础最大，础石方座边长0.69、镜面直径0.68米，两侧山柱柱础规格略小，础石方座边长0.58、镜面直径0.41～0.42米。根据柱础位置测量，中门明间面阔4.7米，次间面阔4.2米。中门局部保存有方砖墁地，方砖规格为42厘米×42厘米×7厘米。残存左侧门槛石长0.82、宽0.28、露出地面高0.15米。

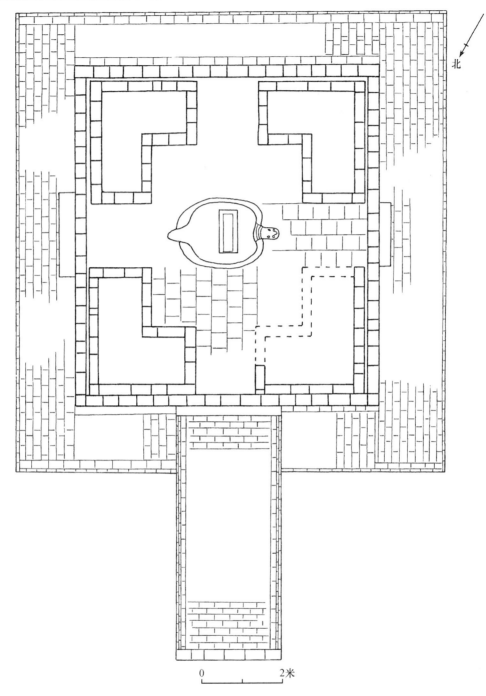

0　　　　2米

图五　怀顺王陵碑亭平面图

6. 内陵墙

内陵墙平面大致呈长方形，西侧正面阔宽41.4米（含中门），东侧后面内陵墙大部分遭破坏，南侧长79.5米，北侧长83.5米，周长约245.8米。

南侧、北侧内陵墙还残存有露出地表的料石墙基，大部分位置为毛石墙基，残高

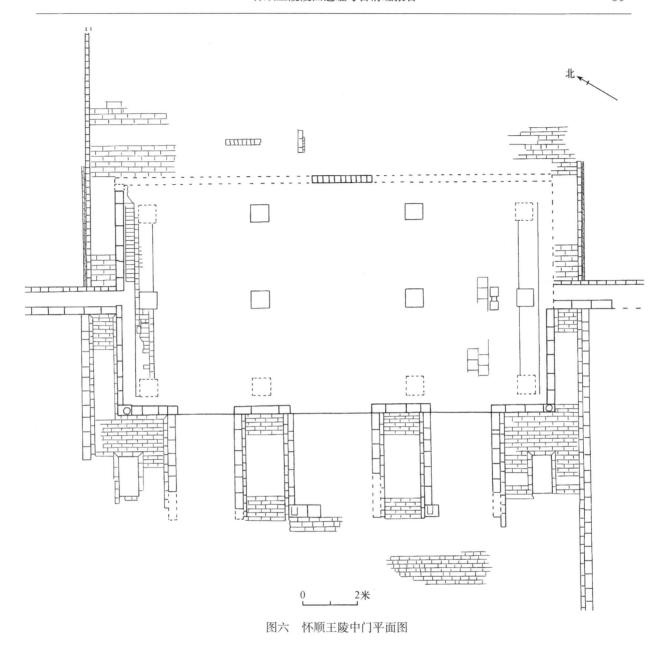

图六　怀顺王陵中门平面图

0.5～0.9、宽1.1米；墙基是先挖好沟槽，然后用大块的石灰岩料石砌成墙基基础，基础部分外侧大致平直，内部用石灰岩毛片石、碎砖瓦等填塞或垫平；西侧内陵墙的墙基构筑比较规整，墙基是以规整的料石砌起作为基础，料石露明面平直规整，料石中间则以石灰岩毛片石、碎砖瓦等填塞，墙基宽约1米。

墙基以上即为墙体，墙体多已坍塌，仅余坍塌后形成的长条形土堆覆盖在墙基上。墙体为青砖包砌，夹杂碎砖瓦的杂土填心结构，墙体较基础略有收分，宽0.8米。

T0606、T1004分别为内陵墙的西南和西北转角所在，探方内倒塌堆积层很厚，出土许多建筑构件，如花卉纹如意形勾头、花卉纹如意形滴水、筒瓦等，皆为素烧且器形较小，说明内陵墙所用皆为素烧件。由于北侧内陵墙东段筑于陡峭的土坡上，我们在内陵墙东北转角处开一探沟（TG1）探查墙基的构造（图版一五，1）。从清理情况看，墙基内转角土衬石较为平整，转角处东墙基宽1.35米，北墙基宽1.3米，转角外侧底层为大块光滑平整的料石，底部用碎石块垫平，最底层料石长0.4、厚0.48米，第二层最大长0.6、宽0.4、厚0.54米，中间用小石块和尖石杀缝。转角内侧堆积层出土4件完整的施釉板瓦，器形大，与怀顺王陵出土的建筑构件完全不同，同时出土2件滴水皆为素烧，器形较小。

中门两侧的内陵墙底部分别建有排水孔一处。两侧排水孔保存基本完好，排水孔的构造先是在内陵墙两侧包砌的方正料石上凿好孔槽，孔为拱券形，然后将内陵墙中间夯土部分掏空，用青砖砌成与券形孔槽对应大小的一条排水沟，右侧排水孔高0.3、宽0.2米，外侧墙基料石上的出水孔槽已毁，仅存排水孔底部铺砖（图版一五，2）；左侧排水孔高0.22、宽0.23米（图版一五，3）。左侧陵墙内排水孔前残存有散水墁砖地面。

7. 焚帛炉

位于享堂左侧，仅存炉基部，但四周地面的墁砖平台保存较为完整。炉基呈长方形，长1.65、宽1.34米，全部用青砖围砌，残存两层砖台，局部三层，四边为双排横向平铺青砖，底部用半砖铺垫。焚帛炉前有砖道通往享堂前神道，砖道宽1.7米，路沿为双排竖砌青砖，路沿砖旁为一排直向平铺砖，中间路面为横向十字错缝平铺。炉基四周的墁砖平台长3.7、宽2.87米，边沿以双排青砖竖砌，中间横向十字错缝平铺，炉基后侧为竖向十字错缝平铺（图七）。

8. 享堂

享堂为五间三进带月台的殿式建筑，地上建筑均已损毁，但台基保存大体完整。基址上有墁砖地面、局部墙基、柱础石、门枕石、台阶等遗存。

台基前部是月台，月台面阔18.5、进深6米。月台外壁陡板石、阶条石均已损毁缺失，暴露出月台内壁叠垒的大块毛石。月台铺地大部分已碎裂缺损，裸露填心黄土，因扰乱严重，基本与台明持平，无法确定月台与台明的高差。月台西北、西南角保存有角柱石下的土衬石底座，方底圆臼，左侧底座规格为0.5米×0.38米，凹臼直径0.18米；右侧角柱石底座规格0.54米×0.39米，凹臼直径0.22米。

月台前出三路台阶，分别与享堂的明、次间对应，均是垂带踏跺，月台两侧各有一列抄手台阶，也是垂带踏跺。五处踏跺的石构件已基本毁损无存，仅存踏跺心填垫的碎石夯土，无法确定踏跺的长宽。

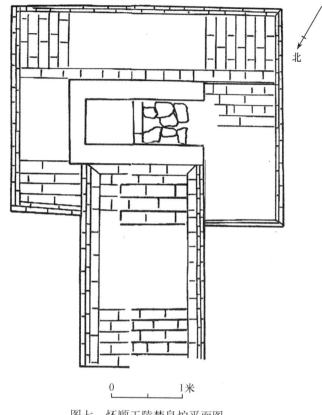

北

0 ___ 1米

图七 怀顺王陵焚帛炉平面图

　　月台后即为台明，总面阔23.5、进深11.8米，依地势而建，台明顶面素土夯实找平。台明四周围砌的陡板石、阶条石大多已被取走缺失，仅局部保存土衬石、阶条石和角柱石。台明墁砖地面，在明间基本保存完整，右侧梢间、次间尚保存局部，均用40厘米×40厘米×7厘米的方砖墁地。享堂柱础基本保存，未明显位移，根据柱网测量明间面阔5.9米，次间面阔5.15米，梢间面阔2.55米；第一进进深2.6米，第二进进深5.4米，第三进进深3.4米。

　　享堂遗存的柱础皆为方石鼓镜式，其中明间内金柱的础石表面为正方形，边长0.68米，镜面直径0.48米，凸起0.05米；次间的外金柱础石表面为正方形，边长0.6米，镜面直径0.41米，凸起0.04米；梢间的外檐柱础石表面近方形，长0.59、宽0.585米，镜面直径0.4米，凸起0.04米。

　　享堂内明间第二进有神龛一间，平面呈正方形，面阔、进深皆为5.2米，残存有部分墙脚，其中南北向墙脚残长2.8米，为两排竖砖中间夹杂泥土、碎砖等砌成的青砖填心墙，墙厚0.49米；东西向墙脚残长3米，为两排竖砖砌成，无填心，墙厚0.42米。根据此间房的位置及残存的迹象，推测该房的功能应为祭祀用的神坛。

　　享堂台基四周，包括月台前三列垂带踏跺间铺有青砖散水，尚保存完好，均是条砖错缝横铺。其中台基右侧青砖散水铺装面长14.5、宽3.2米；左侧青砖散水铺装面长14.2、宽3.2米；台基后青砖散水铺装面长26.7、宽5.88米，中间另铺为连接墓冢封土的墁砖甬道，宽3.3、进深6.3米。后侧散水后部有护坡墙，护坡墙底层铺砌卵石和毛石，其上为青砖，残长2、残高0.9米。由于墓冢封土滑塌压迫，散水的护坡墙被挤压成弧形外凸。散水及护坡墙用青砖为39厘米×19厘米和33.5厘米×19.5厘米两种规格（图八；图版一六）。

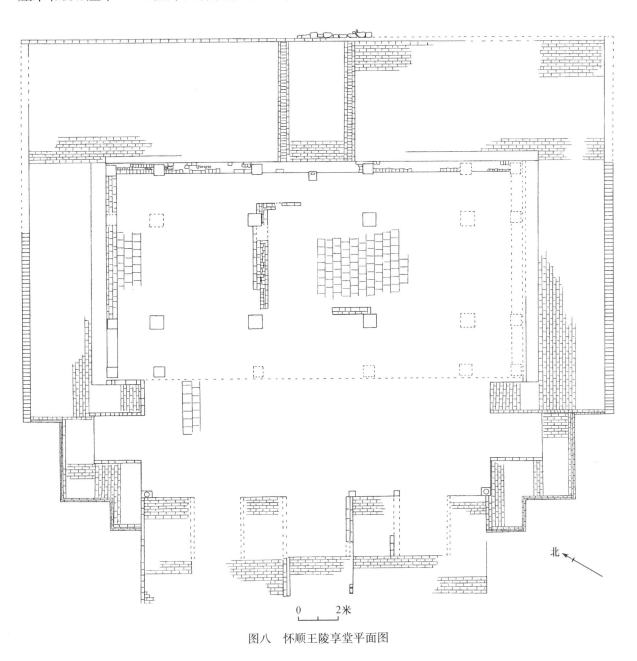

图八　怀顺王陵享堂平面图

9. 墓冢封土

享堂后面即为墓冢封土,墓冢为圆丘形,由黄泥素土堆成,现存高度6、最大直径27米,局部有坍塌。封土外立面用四层叠砌的不规则料石墙围护,墙厚度约0.3米,呈"U"字形将封土堆包围,应属于挡土护土的性质。据以往发掘资料,在已发掘清理的安肃王、康僖王、宪定王墓中,均有在地宫正面墓门入口处堆砌或乱填有大量不规则料石封门的现象,但怀顺王陵墓冢封土围砌的料石墙与这些封门石功能明显不同。由于未对墓冢封土进行解剖,墓冢封土内部状况不明。

据靖江王陵博物馆档案记录,怀顺王陵地宫分别于20世纪20年代、80年代被盗过多次。在墓冢封土上共发现盗洞6个,其中墓冢顶部发现盗洞三个,封土偏中一个长形盗洞,长1.5、宽1.1、深1米;后侧一个长方形盗洞,长1.9、宽1.3米,深未探明;前侧近顶部一个长形盗洞,长2.3、宽0.9米,深未探明。在墓冢封土左前端分别有三个盗洞,尺寸分别是1.5米×1.6米×0.5米、2.3米×1.4米×1米、0.7米×1.3米×0.3米。由于未对墓室进行发掘,墓室状况不明。

四、石 像 生

石像生依神道两侧对称安置,因怀顺王陵神道呈"L"形弯折分为两段,因此其石像生的安置也分成两段。前段南北走向布置,自外而内为外门守门狮、望柱、羊、虎各一对;后段为东西走向,自外而内有控马官、马、文臣、中门守门狮各一对,共计八对。其中外门守门狮、羊、虎、中门守门狮另配有座墩,其余为连体足托直接落地摆放(表一、表二)。

表一 怀顺王陵石像生基本信息一览表 单位:厘米

编号	名称	尺寸		残损情况
左1	外门守门狮	兽身	残长82、宽40、残高59	侧倒于地,头部缺失,长方形座墩,青砖砌筑,已残毁,可见遗迹
		足托	长87、宽48、高22	
		座墩	长110、宽60、高6	
右1	外门守门狮	兽身	残长90、宽30、残高110	侧倒于地面,头部断裂,长方形座墩,青砖砌筑,已残毁,可见遗迹
		足托	长91、宽45、高23	
		座墩	长115、宽63、高6	
左2	望柱	柱身	正八边形,边长24、残高293	柱顶望兽残损,仅存臀部,柱身及柱础多处有裂纹
		柱础	座长106、宽93、高56、覆盆高7、顶面直径60、底边直径90	
右2	望柱	柱身	正八边形,边长25、残高245	柱顶望兽损坏缺失,长方形柱础四面有裂纹
		柱础	座长107、宽104、高57、覆盆高7、顶面直径57、底边直径92	

续表

编号	名称	尺寸		残损情况
左3	羊	兽身	长190、宽69、高88	双耳微残，前腹部及后臀部有裂纹，足托及座墩略有残损
		足托	长176、宽78、高22	
		座墩	长183、宽88、高53	
右3	羊	兽身	长180、宽80、高77	双耳及胡须略有残损，颈部及背部有裂纹，足托及座墩略有残损
		足托	长174、宽84、高20	
		座墩	长180、宽87、高52	
左4	虎	兽身	长143、宽85、高120	表面风化溶蚀，双耳微残，左下颌有裂纹，足托及座墩略有残损
		足托	长158、宽92、高15	
		座墩	长165、宽93、高50	
右4	虎	兽身	长156、宽84、高115	表面风化溶蚀，左前足及臀部有裂纹，足托及座墩略有残损
		足托	长170、宽97、高17	
		座墩	长176、宽98、高57	
左5	控马官	造像	高243、宽98、厚50	表面风化溶蚀，右手臂损毁缺失，鼻、颌微残，面部、右侧革带、两足间有裂纹，足托略有残损
		足托	长125、宽90、高10	
右5	控马官	造像	高228、宽112、厚56	表面风化溶蚀，左臂损毁缺失，鼻、嘴、马鞭略残，右额至鼻及梁冠右后侧至左肩有裂纹
		足托	长123、宽90、高14	
左6	马	兽身	长240、宽95、高138	表面风化溶蚀，尾部损坏缺失，双耳略残，前腿至足托裂开
		足托	长212、宽97、高30	
右6	马	兽身	长240、宽93、高147	表面轻度风化溶蚀，眼部及左肩有裂纹，两耳及足托略有残损
		足托	长238、宽96、高18	
左7	文臣	造像	高310、宽115、厚78	表面风化溶蚀，鼻、嘴微残，左肩及身体右下部有裂纹，足托右后角微残
		足托	长127、宽115、高16	
右7	文臣	造像	高303、宽133、厚76	表面风化溶蚀，鼻、嘴、脸、笏板、官帽微残
		足托	长133、宽110、高10	
左8	中门守门狮	兽身	长140、宽70、高102	表面风化溶蚀，两耳及尾部略残，右臀部有裂纹
		足托	长144、宽71、高20	
		座墩	长153、宽71、高50	
右8	中门守门狮	兽身	长138、宽67、高100	表面风化溶蚀，前足部幼狮损毁缺失，沿头顶、左眼、左嘴角、左爪有裂纹，颈部铃铛损毁，座墩局部残损
		足托	长150、宽73、高22	
		座墩	长150、宽71、高47	

表二 怀顺王陵石像生间距一览表　　　　　　单位：米

测点	横向间距	测点	纵向间距	测点	纵向间距
左1—右1	3.9	左1—左2	17.8	右1—右2	17.4
左2—右2	5.67	左2—左3	12.1	右2—右3	12.1
左3—右3	5.85	左3—左4	11.4	右3—右4	11.05
左4—右4	5.5	左4—左5	4.8	右4—右5	21.2
左5—右5	15.6	左6—左7	8.5	右6—右7	11.4
左6—右6	15.55	左7—左8	11.3	右7—右8	11.7
左7—右7	15.2				
左8—右8	14.7				

1. 外门守门狮

外门守门狮位于外门前左右两侧，座墩为长方形砖座，尚保存有单层青砖砌筑遗迹。狮由灰色石灰岩雕刻而成，呈前立后坐状。两狮均被砸毁伏倒于地，其中左狮头部损毁缺失，右狮身首分离，尚可拼合。外门守门狮身材造型及雕刻风格明显与其他石像生不同，体量极小，雕刻简陋。

2. 望柱

望柱对称立于外门内神道两侧，灰色石灰岩雕刻而成。柱身呈素面正八棱形，左右形制相同，柱顶雕仰覆莲花座及望兽，右侧望柱顶兽连同兽座一起损坏缺失，左侧望柱顶兽残损，仅存臀部及兽座。方形须弥座素覆盆柱础，柱础石雕刻成四角立柱、上下凸出、中间凹入的简化须弥座样式，须弥座上窄下宽，呈梯形，除圭角雕刻成祥云如意纹外没有其他装饰。兽座与柱顶、柱础与望柱均以榫卯结合，结合部缝隙明显，可见黏接处灰浆（图版一七，1）。

3. 羊

羊身连同足托用整块石灰岩巨石雕刻而成，长方形须弥座墩。左、右石羊连须弥座均向右侧倾斜，表面轻微风化溶蚀。羊呈卧跪状，体态肥硕，昂首平视，嘴巴微闭，头有络头，两只大耳紧贴于头部，羊角围着耳朵卷成"C"形，脖下饰一桃形缨穗，背铺褥垫，尾部肥短低垂。须弥座为四角立柱、上下凸出、中间凹入的简化须弥座样式，除圭角雕刻成祥云如意纹外没有其他装饰（图版一七，2）。

4. 虎

虎身连同足托用整块石灰岩巨石雕刻而成，长方形须弥座墩。左、右石虎连须弥座均向右侧倾斜，表面轻微风化溶蚀。虎呈前立后坐状，体态肥壮，头微昂，正视前方，双目暴凸，鼻孔翕张，嘴唇紧闭，露出獠牙，两耳耸立，颈部系铃，肩部肌肉明显隆起。虎尾贴踞于背上，左侧虎尾朝右倾，右侧虎尾朝左倾。须弥座为四角立柱、上下凸出、中间凹入的简化须弥座样式，除圭角雕刻成祥云如意纹外没有其他装饰（图版一七，3）。

5. 控马官

武士连同足托用整块石灰岩巨石雕刻而成。表面风化溶蚀严重，面部已模糊不清，头戴无展角乌纱帽，身着盘领窄袖衫，腰围袍肚，系带銙，衫长及踝，足着靴，立于平板足托上。左侧控马官左手曲臂贴身执马鞭，马鞭呈弧线形，右臂断裂缺失，右膀空有长方形卯槽，膀臂应为榫卯结构连接。右侧控马官则相反，右手曲臂贴身执马鞭，左手牵马缰，左臂断裂缺失，左膀空留有长方形卯槽（图版一七，4；图版一八，1）。

6. 马

马身连同足托用整块石灰岩巨石雕刻而成。表面风化溶蚀。马呈站立式，身的比例不太协调，首低垂，闭唇睁目，双耳直竖，身矮壮，腿短粗如柱。马身上络头、衔、镳、缰绳、鞍、胸带和鞦带等马具齐全，鞍下垫鞍褥，下有障泥，马镫上部呈圆弧形，踏脚处微有弧曲，股后革带交结处刻一桃形装饰，尾自然下垂（图版一七，4；图版一八，1）。

7. 文臣

执笏翁仲立像连同足托用整块石灰岩巨石雕刻而成。面部风化严重，眉目模糊。翁仲身材魁梧高大，头带五梁冠，身着朝服，为上衣下裳制，上衣交领右衽，有领缘，腰间系带，前有蔽膝，后为垂绶，足穿云头履，双手合胸，怀抱笏板，神态恭敬端庄（图版一八，2）。

8. 中门守门狮

狮身连同足托用整块石灰岩巨石雕刻而成，长方形须弥座墩，体量明显比外门守门狮高大，表面风化溶蚀。狮呈前立后坐状，体态肥壮，头微昂，嘴唇紧闭，獠牙外露，双目暴凸，鼻孔翕张，两耳耸立，头披卷鬃，颈部系铃，气势威猛，前腿膝盖雕刻鳞甲状图案，尾上扬翘起紧贴背脊。狮分雄雌，雄狮居左，雌狮居右，雌狮前腿间有幼狮攀附，幼狮头和躯干大部分损坏缺失（图版一八，3）。

五、出土遗物及标本

清理出土遗物（包括采集）以建筑构件为主，大多数都是瓦件及吻兽、脊兽构件等，施釉和素烧件都有，大部分出土于中门、内陵墙西北和东北转角以及碑亭的倒塌堆积处，择要介绍如下。

（一）建筑构件

1. 筒瓦

瓦呈弧筒形，前窄后宽，横断面为半圆形，后端带有排水的雄头。有素烧、酱釉两种类型。两类筒瓦形制基本相同。

2014GJHT0606：采1，大体完好。灰白胎，素烧。雄头上带排水挡，前厚后薄。瓦长28.5、宽16、最厚2厘米，矢高7.6厘米，雄头长5厘米（图版一九，2）。

2014GJH：采集，大体完好。灰白胎，素烧。雄头上带排水挡，前厚后薄。瓦长28.3、宽16、最厚2厘米，矢高7.5厘米，雄头长5厘米。

2014GJH：采5，尾部残损。灰白胎，素烧。雄头上带排水挡，局部残损。近尾部有四方形孔，孔径2厘米。瓦残长22.5、宽16、最厚2厘米，矢高7厘米，雄头长5.3厘米。

2014GJHTG3：标10，大体完好。灰胎，瓦背挂酱釉。前窄后宽。瓦长24.6、前宽13.6、后宽15.8、厚1.5厘米，矢高8厘米，雄头长3.8厘米（图版一九，1）。

2014GJHTG6：标11-1，大体完好，雄头局部残损。灰胎，瓦背挂酱釉。瓦长26、宽16.5、厚2厘米，矢高8.5厘米，雄头长3厘米。

2014GJHTG6：标11-2，大体完好。灰胎，瓦背挂酱釉。前窄后宽。瓦长25.2、前宽14.8、后宽16.8、厚1.2厘米，矢高8厘米，雄头长3厘米。

2014GJHT0717：采10，大体完好。灰胎，瓦背挂酱釉。瓦长25、宽16.5、厚1.9厘米，矢高8厘米，雄头长3厘米。

2. 板瓦

4件。均出土于内陵墙东北转角内侧（TG1），基本完整，器形较大，前宽后窄，仰面挂釉色。规格与怀顺王陵出土的瓦件相差很大，与悼僖王陵出土板瓦规格一致。

2014GJHTG1：标8-1，完整。黄胎，绿釉。长38.5、宽25.5、厚1.7厘米。

2014GJHTG1：标8-2，基本完整，其中一边瓦脊残损。黄胎，绿釉。长37、最宽27、厚1.7厘米（图版一九，4）。

2014GJHTG1：标8-3，仰面有三处破损，其余完整。露黄胎，绿釉，釉色明亮。长38、最宽25、厚1.6厘米。

2014GJHTG1：标8-4，基本完整，其中一边瓦脊残损。黄偏红胎，黑釉。长40.5、最宽28.8、厚1.5厘米（图版一九，3）。

3. 勾头

有两种类型：一种当面为圆形，一种当面为如意形，圆形者当面纹饰皆为龙纹，如意形者当面纹饰有龙纹和花卉纹。两种类型皆有施釉和素烧件。

圆形勾头　4件。当面为圆形，勾头与瓦身之间的夹角大于90°。纹饰为模印五爪奔龙纹。

2014GJHT0314：采1，仅存当面，当面完整。黄胎，绿釉，龙纹绿釉剥落。龙头位于当面中央偏右，向右望，龙身呈"S"形，长尾盘曲至龙头上方，曲颈折腰，身披鳞甲，四只龙爪分别置于上下前后四个方向，均五爪劲张，弯曲如钩，刚劲有力。当面直径16、边郭宽1.7厘米，瓦厚1厘米（图九）。

2014GJH：采18，仅存当面，当面完整。灰胎，素烧。龙头位于当面中部朝左上仰望，龙身呈"S"形，由龙头左下向右盘曲翻翘于龙头之上，曲颈折腰，身披鳞甲，四只龙爪分别置于上下前后四个方向，均五爪劲张，弯曲如钩，刚劲有力。当面直径15.4、边郭宽1.7厘米，瓦残长7、厚1.3厘米（图一○）。

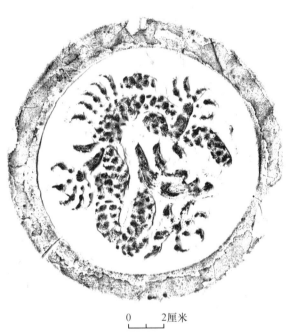

图九　怀顺王陵出土绿釉龙纹圆形勾头
（2014GJHT0314：采1）

图一○　怀顺王陵出土素烧龙纹圆形勾头
（2014GJH：采18）

2014GJH：采28，仅存当面。黄胎，素烧。龙头位于当面中部，向右望，龙目圆睁，龙须飘扬，龙身呈"S"形，由中部向左盘曲向上翻翘至龙头右侧，曲颈折腰，身披鳞甲，四只龙爪分别置于上下前后四个方向，均五爪劲张，弯曲如钩，刚劲有力。当面直径14.9、边郭宽1.8、厚1.5厘米。

如意形勾头　当面为如意形，模印五爪奔龙纹或花卉纹，与滴水相比较，滴水当面顶部为弧形下凹，如意形勾头当面顶部为弧形凸起。有绿釉和素烧两种类型。

2014GJHT0809：标5，瓦身残，仅余当面，当面下部边郭部分有缺损。黄偏红胎，绿釉。龙头位于当面中部向右望，龙身呈"S"形，由左向上盘曲于龙头之上至右上角，左上角、下部及右上有祥云纹，右上角有火球纹。当面宽22、残高15.5、边郭宽1.1、厚1厘米（图一一；图版一九，5）。

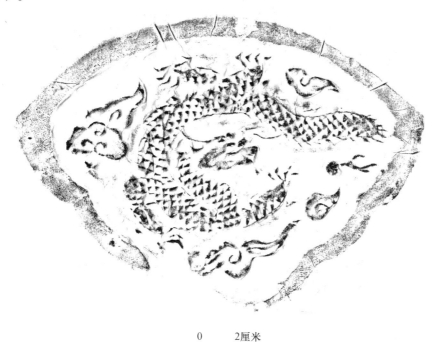

0　　　2厘米

图一一　怀顺王陵出土绿釉龙纹如意形勾头

（2014GJHT0809：标5）

2014GJH：采7，连残瓦。灰白胎，绿釉，釉色鲜亮。龙头位于当面中心，昂头向右望，头生双角，龙须飘扬，龙身呈"S"形顺时针由下向上部盘曲至右上角，身披鳞甲，龙尾下部有火球纹，龙身四周饰有祥云纹，前足一前一后作奔跑状，五爪劲张。当面宽23、高13.8、边郭宽0.8、厚1.1厘米，瓦残长4厘米。

2014GJH：采1，完整。灰胎，素烧。当面中央模印花卉纹，花卉纹饰立体感强。当面宽16.5、高12.5、边郭宽1厘米，瓦长24厘米（图版一九，6）。

2014GJHT0606：采2，当面完整，连残瓦。灰胎，素烧。当面中央模印花卉纹，花卉纹饰立体感强。当面宽16、高12、边郭宽1厘米，瓦身残长3.5、厚1.1厘米（图一二）。

2014GJH：采3，当面完整，连残瓦。灰胎，素烧。当面中央模印花卉纹，花卉纹饰立体感强。当面宽18、高7.5、边郭宽1厘米，瓦残长18厘米。

2014GJH：采27，当面残损，瓦身较完整，雄头局部残损。灰黑胎，素烧。当面仅可见龙身局部，一只龙爪，鳞甲模糊。瓦雄头上有排水挡。当面残宽15、残高10.4、边郭宽2厘米，瓦长33、宽15.5厘米，雄头长5.7厘米，矢高6厘米。

0 —— 2厘米

图一二　怀顺王陵出土素烧花卉纹如意形勾头

（2014GJHT0606：采2）

4. 滴水

当面均呈如意形，有浅边郭，按当面纹饰可分为龙纹、花卉纹两种类型。其中龙纹滴水瓦有绿釉和素烧两种，前者较多，后者仅2件。牡丹纹滴水4件，均为素烧。

龙纹滴水　大部分当面完整，瓦身残。当面为如意形，有绿釉和素烧两种，皆模印五爪行龙戏珠纹。当面与瓦身之间的夹角大于90°。

2014GJHT0809：标4，当面基本完整，仅左上角边郭残损，连残瓦。黄胎，瓦身仰面及背面皆满挂绿釉，当面龙身局部釉色剥落，釉色明亮。龙头位于当面右上方，昂头曲颈朝左回望，头生双角，龙须飘扬，龙身呈"S"形伸展，龙尾直伸于左上角，龙头右边饰有一朵祥云纹，龙身上端饰火球纹，前后四只龙爪作行走状，均五爪劲张，弯曲如钩，身披鳞甲，龙鳞清晰。当面宽21、高11.2、边郭宽1.5、厚1厘米，瓦残长7.8厘米（图版二〇，1）。

2014GJHT0809：标6，当面基本完整，仅右上角边郭残损，连残瓦。黄胎，瓦身仰面及背面皆满挂绿釉，当面龙身局部釉色剥落，釉色明亮。龙头位于当面右上方，昂头曲颈朝左回望，头生双角，龙须飘扬，龙身呈"S"形伸展，龙尾位于左上角，龙头右边饰有一朵祥云纹，龙身上端饰火球纹，前后四只龙爪作行走状，均五爪劲张，弯曲如钩，身披鳞甲，龙鳞清晰。当面宽22、高12、边郭宽1.5、厚1厘米，瓦残长6.2厘米（图一三；图版二〇，2）。

2014GJH：采11，仅存当面右半块。黄偏红胎，绿釉，釉面部分剥落。当面可见龙昂首曲颈朝左回望，龙珠、鳞甲模糊。当面残宽19.5、残高12.5、边郭宽2、厚1.5厘米。

2014GJH：采22，当面完整，连残瓦。黄胎，绿釉，当面绿釉部分剥落。龙头位于当面

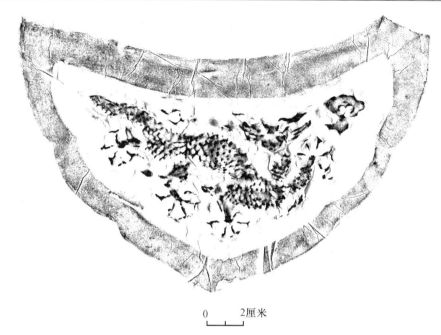

图一三　怀顺王陵出土绿釉龙纹滴水

（2014GJHT0809：标6）

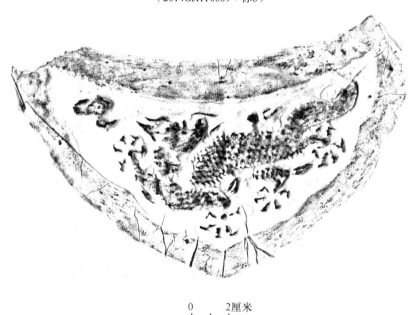

图一四　怀顺王陵出土绿釉龙纹滴水

（2014GJH：采22）

左上角向右回望，龙身呈"S"形伸展，龙尾于右上角，龙首与鳞甲模糊。当面残宽21、高11.3、边郭宽1.4、厚1.2厘米，瓦残长10厘米（图一四）。

2014GJH：采23，仅余当面，当面右上角残损。黄胎，绿釉部分剥落。龙头位于当面左边向右回望，龙目圆睁，龙身呈"S"形伸展，龙尾于右上角，左上角有祥云纹，龙身中部上端有火焰龙珠纹，龙爪刚劲，鳞甲清晰。当面残宽21.7、高12.5、边郭宽1.2、厚1.2厘米（图一五）。

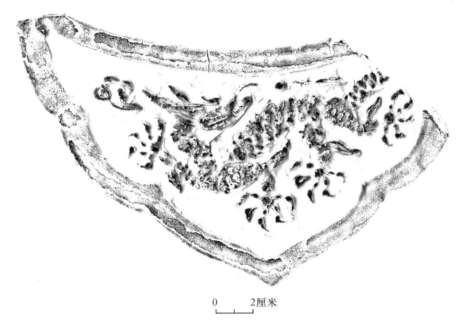

0 ———— 2厘米

图一五　怀顺王陵出土绿釉龙纹滴水

（2014GJH：采23）

2014GJH：采26，当面右上角残损，连残瓦。黄胎，仰、背面皆挂绿釉，釉色深绿饱满。龙头位于当面右上角朝左回望，龙足作行走状，均五爪劲张，弯曲如钩，身披鳞甲，龙鳞清晰。当面残宽18.5、高12.2、边郭宽1.4、厚2.7厘米，瓦残长10厘米（图一六）。

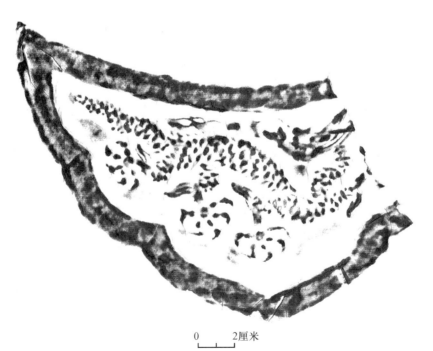

0 ———— 2厘米

图一六　怀顺王陵出土绿釉龙纹滴水

（2014GJH：采26）

2014GJHT0314：采2，残存瓦身部分，当面仅存左下角小部分边郭。红胎，仰、背面皆挂绿釉。当面残宽4.5、边郭宽2.1厘米，瓦残长27、宽27.5、厚1.5厘米。

2014GJHTG1：标9，当面左右上角及下部皆残损，仅余当面中部。黄胎偏白，素烧。残宽20.5、残高11.5、边郭宽1.2、厚1.2厘米（图版二〇，3）。

2014GJH：采20，当面完整，连残瓦。灰胎，素烧。龙头位于当面中部右上向左回望，龙身呈"S"形伸展，龙尾于左上角，四足做奔跑状，右上角有祥云纹，龙身中部上端有火焰龙珠纹，龙甲模糊，鳞甲纹饰较细。当面宽22.5、高10.3、边郭宽1.8、厚1厘米，瓦残长12厘米。

2014GJH：采21，当面底部边郭残损。灰胎，素烧。龙头位于当面左上向右回望，龙身呈"S"形伸展，龙尾于右上角，四足做奔跑状，左上角有祥云纹，龙身中部上端有火焰龙珠纹，龙头模糊，鳞甲纹饰较细。当面宽22、残高10.5、边郭宽2、厚1厘米，瓦残长17.5厘米。

花卉纹滴水　当面为如意形，窄边郭，素烧，中央模印牡丹纹，纹饰布满整个当面。

2014GJHTG1：标7，当面完整，连残瓦。灰白胎。当面中央模印纹饰立体感强。当面宽18、高8.5、边郭宽0.7、厚1厘米，瓦残长7厘米（图一七）。

0　　　2厘米

图一七　怀顺王陵出土素烧花卉纹滴水
（2014GJHTG1：标7）

2014GJH：采2，当面完整，连残瓦。灰白胎。当面中央模印纹饰立体感强。当面宽20、高11.4、边郭宽1.3、厚1.3厘米，瓦残长14厘米。

2014GJH：采3，当面完整，连残瓦。灰白胎。当面中央模印纹饰立体感强。当面宽18、高7.5、边郭宽1、厚1.3厘米，瓦残长18厘米（图一八；图版二〇，4）。

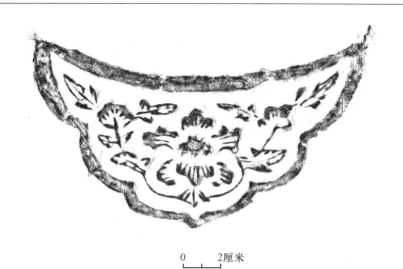

0 ㅡㅡㅡ 2厘米

图一八　怀顺王陵出土素烧花卉纹滴水

（2014GJH：采3）

2014GJH水沟旁：采1，仅余当面，当面右上角缺损，上部边郭部分残。灰胎。当面中央模印花卉纹，一支缠枝从底部逆时针绕花一周，花卉纹饰立体感强。残宽16.5、残高14、边郭宽0.9、厚1.6厘米（图一九）。

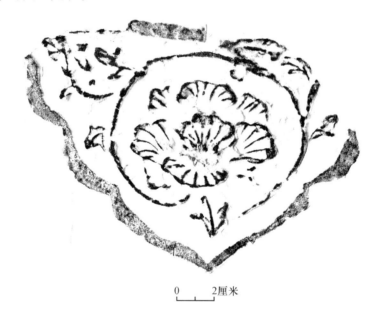

0 ㅡㅡㅡ 2厘米

图一九　怀顺王陵出土素烧花卉纹滴水

（2014GJH水沟旁：采1）

5. 压带条

安放在正脊两坡瓦垄交汇处，压住正当沟不让其下滑。

2014GJHT0708：标1，较完好。黄偏白胎，绿釉，釉面剥落。形似薄长瓦。长26.3、宽9.6、最厚2、最薄0.8厘米（图版二〇，5）。

6. 平口条

安装在垂脊内侧压带条之下，是用以与排山正当沟上口找平的构件，形如长条形薄砖，露明处皆挂绿釉。

2014GJHT0717：采12，黄胎。长27.3、宽10、厚2.8厘米。

2014GJH：采6，黄偏白胎。长26.7、宽11.5、厚2.8厘米（图版二〇，6）。

7. 脊兽残件

基本上为局部残件。有脊兽躯干、翼部、尾部及局部鬃毛纹等。

2014GJHT0809：标3，局部卷曲鬃毛立面残件。黄偏白胎，立面挂绿釉。残长23.5、高14、厚11厘米。

2014GJHT0709：标2，垂兽躯干残件。黄胎，通体挂绿釉。有凸起蚯蚓纹。残长22、残高6.9、厚7.6厘米。

2014GJH：采8，垂兽足部残件。灰胎，素烧。立面图案为兽腿与五爪兽足。残长23.4、残高14、厚2厘米。

2014GJH：采9，垂兽足部残件。灰胎，素烧。立面图案为兽腿与五爪兽足。残长26.5、残高11.2、厚2厘米。

2014GJH：采14，翼部残件。翼部基本完整。黄偏白胎，通体挂绿釉。翼部长19.5、宽8.3、厚1.9厘米。

8. 卷草纹花砖

7件。长方形，6件为施釉件，露明部分满挂酱釉，1件为素烧件，纹饰皆为凸起的卷草纹。

2014GJHT0314：标15，大致完整。素烧。长25、宽10、厚5厘米。

2014GJHT0717：采9，完整。红胎，酱釉。长18.3、宽9.5、厚3.8厘米。

2014GJHT0606：采5，残。黄胎，酱釉。残长21.7、宽11、纹厚5、砖厚4厘米。

2014GJHT0808：采1，残。红胎，酱釉。残长15、宽9、纹厚3.3、砖厚2.3厘米。

2014GJHT0814：采2，残。红胎，酱釉。残长16、宽10、纹厚3、砖厚2厘米。

2014GJHT0314：采3，残。红胎，酱釉。残长23.5、宽9.5、纹厚3.1、砖厚2.1厘米。

2014GJH：采19，大致完整。黄胎，绿釉，釉色基本剥落。长28.3、宽11、厚3.7厘米。

（二）陶、瓷器残件

出土少量陶片和瓷片。

2014GJHT0814：采1，陶罐残件。底径13.8、残高17.3厘米。

六、结　语

怀顺王陵出土遗物基本出土自中门、内陵墙和碑亭的倒塌堆积处，出土器物器形较小，相对早期的第二代悼僖王陵的出土器物相差甚远，且很多为素烧件，其营葬规格要低于悼僖王陵。此次清理发掘还首次发现怀顺王陵外陵墙呈五边形，其中南、西外陵墙直接共用悼僖王陵的一段外陵墙；东外陵墙从悼僖王陵和怀顺王陵共用的西南转角处南外墙上138.5米处修筑，在清理外陵墙东南转角时发现一处院落式建筑群遗址将怀顺王陵东外陵墙分隔成南北两段，东南段南端搭接到悼僖王陵的南外陵墙上，东北段往西北斜与北外陵墙相接，由此怀顺王陵的外陵墙略呈五边形。由清理情况推断怀顺王陵外陵墙与悼僖王陵外陵墙一样，都属于后补建，其时代晚于新发现的院落式建筑群，其外门和外陵墙与悼僖王陵的外陵墙同一时期。整个怀顺王陵的修筑应分两个时期：第一个时期为天顺二年（1458年）十月，怀顺王朱相承未袭王位而薨，以长子身份葬于其祖父悼僖王陵左前方。按当时的建制陵园为单院落式，没有外陵墙。中门前放置守门狮一对，门前神道两侧对称放置石像生六对；其外门增置的一对守门狮，规格比中门前的守门狮和其他石像生小了许多，显然不是同一时期。第二个时期为成化年间，成化七年其长子继位第五代靖江王，朱相承得以追封为怀顺王，按当时的建制增置外门和外陵墙，由于怀顺王陵与悼僖王陵基本同一朝向，在补建的悼僖王陵西外墙上同时开辟祖孙二人陵园的陵门似乎不妥，于是怀顺王陵的神道和石像生紧沿着悼僖王陵的西外墙内侧向南折向，共用悼僖王陵的一段南外陵墙和西外陵墙，将外门开在了外陵墙西南转角处的南外陵墙上。怀顺王陵的分期修筑和同一段陵墙上不辟两座陵门，是形成这一奇特的"园中园"格局和怀顺王陵神道曲尺形折向的陵园布局的原因。

怀顺王陵外陵墙处其他建筑遗址考古清理报告

在清理发掘怀顺王陵外陵墙时，发现三处不属于怀顺王陵陵园建筑体系且早于怀顺王陵外陵墙的建筑遗址：一是怀顺王陵陵园内贴近西侧外陵墙的道路遗址、二是怀顺王陵外陵墙西北转角处的方形单券石座拱门台基遗址、三是怀顺王陵东南角的院落式建筑群遗址（图版二一，1）。现将发掘清理情况报告如下。

一、道路遗址

在清理怀顺王陵前段南北走向的神道时，在陵园西侧外陵墙内发现一条路面铺装完整的墁砖道路，与怀顺王陵前段南北走向的神道相接（图版二二，1）。清理前地面为一处约长14.8、宽9.4、高1.2米的土台。土台土质坚硬，最上一层为红色土夹杂大量的细小卵石和风化石；中间为黄色土夹杂小毛石块；底部近砖面处10～15厘米为黄褐色土，土质较纯无杂物。据村民反映土台为后期广西茶叶科学研究所修建围墙时堆积形成。

道路呈南北向与怀顺王陵西外陵墙平行，距西外陵墙1.62米，宽3.2米，所清理的长度为18.85米。路面青条砖横向十字错缝平铺，两侧有竖砖砌的路沿。道路南端有两道东西向条石铺砌遗迹，现存长度与墁砖道路宽度一致，条石宽度为0.26米，两道条石间距0.28米，下凹呈沟状，疑做排水用道路。至T0902内北侧为一条长年流水的小水沟，从水沟处的断面清理发现砖面之下有砌筑得很厚实的三层料石基础，最底层料石较为平整，第二、三层为较为光滑的毛石，石块较大，料石基础宽度与之上的墁砖路面宽度基本一致。水沟宽1.76米，沟北壁是后期修筑的广西茶叶科学研究所围墙，围墙内堆积有后期倾倒的大量垃圾以及茶叶科学研究所的茶园，在沟北的堆积层下开挖一条1.5米×2米的探沟（TG10），发现后建的广西茶叶科学研究所围墙基石叠压在墁砖道路上，墁砖道路在跨过水沟后一直往北延伸（图版二二，2）。从清理情况看当时应该建有一桥跨过水沟，目前已未见桥的遗迹，桥下的基石仍遗存。

该道路在清理时未有器物出土。

二、方形单券石座拱门台基遗址

（一）地理位置

方形单券石座拱门台基遗址位于怀顺王陵外陵墙西北转角处，台基遗址西侧0.4米处为悼僖王陵和怀顺王陵的西外陵墙，台基东侧基石上叠压修筑怀顺王陵北外陵墙，拱门遗址为坐北朝南（图版二一，2）。

（二）发掘情况

为探查怀顺王陵西外陵墙内的墁砖道路往北的延伸走向，在道路北端越过自然水沟，开探沟（TG10）探查发现仍有墁砖道路遗迹，TG10北侧为广西茶叶科学研究所科研茶园，不能进行大面积清理，继续往北在距TG10约30米处，选点在茶园中一块茶树较为稀疏之地开挖2米×3米探沟（TG11）进行勘探，清理至距地表0.7米深处发现建筑遗址，后扩大勘探面积，将建筑遗址完整揭露。该建筑遗址是一座方形单券石座拱门台基遗址，顺坡势修筑在北高南低的缓坡上。

台基平面呈长方形，面阔4.34、进深5.7米。台基用大块方正料石围砌，南侧台基阶条石缺失，尚存陡板石一层，宽0.23、高0.36米；北侧阶条石直接埋地，宽0.3、高0.23米；台基东西两侧为料石砌就的"凹"字形墙垛，两墙垛间、在距北侧阶条石内沿0.9米处，各遗存有门槛石和门枢石一个，门槛石长0.6、宽0.19、高0.19米，由此确定此建筑为方形单券石座拱门。门道内地面用条砖南北竖向错缝直铺，残存面积约3.7米×2.9米，铺砖规格为38厘米×16.5厘米和37厘米×18厘米两种。台基南侧有两级石阶，阶石略松散，没有垂带。石阶前地面有方形墁砖散水地坪，面阔5.15、进深2.24米，散水地坪北面接台基，其余三面埋砌双排竖砖沿。散水地坪南接宽3.2米的墁砖道路，道路延伸方向与T0802、T0902、TG10所发现的道路一致，应是同一条道路（图版二三，1）。

台基西侧0.45米处为悼僖王陵和怀顺王陵共用的西外陵墙，在台基西侧与外围墙之间加筑了一道长约0.98、宽0.8、高0.5米的砖砌墙体以堵塞缝隙，砖砌墙体搭建叠压在外陵墙基石上。砖墙底部开有排水孔，孔宽13、高17厘米（图版二四，1）。台基东侧中部连接怀顺王陵的北外陵墙，外陵墙墙基宽1.05米，残存两层基石，底层料石较大，宽25~50、高30、厚25~28厘米，露明面平整，墙体填小块毛石夹土夯筑，墙基叠压在台基上，嵌入0.25米与门垛外沿连接，具有明显的后期加筑特征（图版二四，2）。

台基的北侧依坡势往北上坡建蹬道，蹬道与台基间有东西向排水沟分隔，沟长5.4、宽0.25、深0.15米。在清理的范围内发现蹬道连续台阶3级，台阶踏面前端铺阶条石，阶条石后墁砖。第一级台阶踏面前端阶条石与排水沟等宽，为0.35米，后端横向墁砖一排，墁砖踏面长2.85、宽0.2米，铺砖规格为18厘米×19厘米；后二级踏步做法基本相同，踏面长2.85、宽0.6~0.65米，踏面前端铺一排阶条石，宽0.25~0.3米，后端横向墁砖两排，宽0.35~0.37米，铺砖规格有30厘米×17厘米、37厘米×17.5厘米和34厘米×16.5厘米三种（图版二三，2）。三级蹬道往北是广西茶叶科学研究所的科研苗圃，因土地权属问题未再做进一步清理，道路通往何处暂不明了。

（三）出土遗物

方形单券石座拱门台基遗址出土遗物都为建筑构件，介绍如下。

1. 平口条

2014GJHTG11：采31，黄胎，釉色已剥落。长25、宽11.5、厚2.6厘米（图版二五，1）。

2014GJHTG11：采32，局部残损。黄胎，釉色已剥落。长28.2、宽11.1、厚3厘米。

2. 卷草纹花砖

采集12件。纹饰皆为凸起的卷草纹。釉色有两种，一种露明部分满挂绿釉（有的绿釉剥落严重），一种露明部分满挂酱釉。长条形，基本残，宽10厘米左右，其中酱釉花砖略薄（表一）。

表一 方形单券石座拱门台基遗址采集施釉卷草纹花砖登记表　　　单位：厘米

序号	采集地点	残长	宽	厚	备注
1	2014GJHTG11	27.2	9.3	3	绿釉剥落严重；图版二五，2
2	2014GJHTG11	26.5	10.6	3.3	绿釉剥落严重
3	2014GJHTG11	19	10.3	3	绿釉部分剥落
4	2014GJHTG11	22	10.5	3.4	绿釉部分剥落
5	2014GJHTG11	18.5	10.1	2.9	绿釉部分剥落
6	2014GJHTG11	15.2	10.3	3.3	绿釉剥落严重
7	2014GJHTG11	13	10.5	3.2	绿釉剥落严重
8	2014GJHTG11	18	10	3	满挂酱釉

序号	采集地点	残长	宽	厚	备注
9	2014GJHTG11	17.5	10.2	2.4	满挂酱釉
10	2014GJHTG11	14.5	9.8	2.5	满挂酱釉
11	2014GJHTG11	17	10.2	2.4	满挂酱釉
12	2014GJHTG11	18	9.9	2.5	满挂酱釉

3. 脊兽残件

皆为素烧，可辨识的不多。有垂兽头部（图版二五，3）、翼部（图版二五，4）、尾部残件，吻兽残件（图版二五，5），仙人身躯残件（图版二五，6）等。

（四）结论

从发掘情况推测怀顺王陵陵园西外陵墙内墁砖道路与怀顺王陵外陵墙西北转角处的方形单券石座拱门台基遗址相连通，应是同一时期同一体系的遗存，道路南端与怀顺王陵神道相连，虽然在其相接处因破坏扰乱严重，不能清晰反映两者之间叠压打破关系，但两处道路的宽度及铺装方式均不相同，因此推断两者不属于同一道路系统，其建造时间应早于怀顺王陵。从道路走向来分析，南端因营造怀顺王陵而被截断，其走向不明，其北端顺着悼僖王陵西侧外陵墙延伸，通往民间所称三券门（悼僖王陵外门），应该是属于悼僖王陵的道路系统，结合悼僖王陵的陵园布局，推测悼僖王陵除石像生所在的神道外应该还有一套道路系统。受条件所限，未能进一步开展工作，其道路系统及其是否连接有其他建筑物有待进一步发掘。

三、院落式建筑群遗址

（一）地理位置

院落式建筑群遗址位于悼僖王陵陵园内南面偏西，怀顺王陵东外陵墙南段处，怀顺王陵东外陵墙在此分成南北两段修筑，通过与建筑群南北围墙相接形成闭合。

（二）发掘情况

在调查勘探怀顺王陵东外陵墙南段走向和东南转角时，在怀顺王陵东外陵墙南段一处低注地发现一处二进四合院式建筑群遗址。按照怀顺王陵的布方基点往东扩方清理，清理探方编号T0614、T0714、T0615、T0616、T0717、T0518、T0618、T0718等。

　　遗址坐东朝西，南北两侧皆为土坡，北侧土坡高差约1米，南侧土坡高差约2米，清理前地面为广西林业科学研究所种植的樟树苗、油茶苗。遗址平面大致呈"凸"字形，东西长46、南北宽49米，面积2254平方米。

　　建筑群以围墙围护，建筑布局大致以大门、中门、正房为中轴线，左右对称各有三间厢房，北侧厢房后还有三间小房。院落排水系统完整，后部正房两侧通过自然地形将水汇聚到左右厢房后，分别建有地下排水沟，自东向西至西围墙的西北和西南转角折向，通过西围墙下的排水孔向外排水（图一；图版二六，1）。

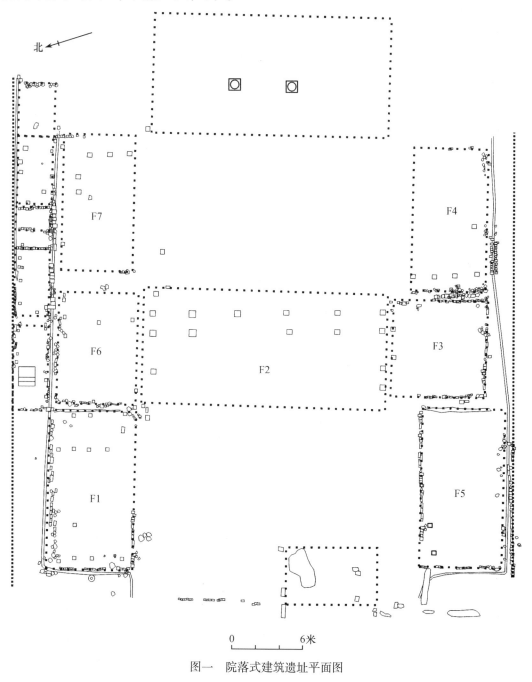

图一　院落式建筑遗址平面图

（三）建筑布局

1. 大门

大门略偏于西围墙南侧，台明损毁严重，仅南北两端各保存有一块阶条石与围墙相接，推测台明面阔5米，进深不明。台明前残存有砖砌垂带踏步两级，残宽2.9米，两级台阶踏面宽均为0.36米；垂带为青砖砌就，左侧残长0.93米，右侧缺失。踏步前约1.5米地面零星分布有墁砖面。

2. 中门

中门（编号F2）距离大门约10米，台基高0.6米，台帮用砖围砌，台基前残留斜坡状踏步夯土填心，有青砖围砌残迹，踏步宽7.9米，长度不明。中门左右山墙均有残迹，墙厚0.33米。柱础四排，其中前排檐柱及右前角柱柱础缺失、第二排仅存两端山墙金柱柱础、第三排明间右侧金柱柱础缺失，后排檐柱及角柱柱础保存。柱础皆为方底鼓面，方底边长0.45～0.51米，鼓面直径皆为0.3米。现存柱础基本没有位移，从柱础分布看，中门应为三进五开间抬梁式建筑，通面阔20.8、通进深7.35米（图版二六，2）。

3. 正房

中门后为正房，房前院内分散有残存铺砖面。正房南北侧保存有山墙遗迹，实测正房通面阔25.5米。除第一进的明间金柱柱础保存且没有位移外，其余柱础均已缺失，实测正房明间面阔6.38、进深4.85米。柱础方座鼓面，方座边长0.65～0.7米，鼓面直径皆为0.5米（图版二七，1）。正房地面有较大面积保存，为边长33厘米的方砖铺地（图版二七，2）。正房后半部被大片成才树林占据，因土地权属问题未扩大清理。

4. 厢房

厢房位于院落南北两侧，相向对称。前、后院左右各一座，中门两侧各一座。在中门北侧厢房后，依北围墙内侧有东西向并排四间小型附属房屋遗迹。按南北分别介绍如下。

（1）北侧厢房

前院北侧厢房（编号F1）保存较为完整，从残存柱网布局看为三进三开间，其中明间面阔6.2米，次间面阔2.6米，通面阔13.8米，进深8.4米。东西两侧残存部分砖墙墙基，其中东侧墙基厚0.45米，西侧墙基厚0.5米。柱础皆为埋地方形础石，础石边长0.27～0.33米，东北角局部残存有铺砖地面。铺装情况不明（图版二八，1）。

中门北侧厢房（编号F6）残存东、西、北三面毛石构砌的墙基，面阔7.1、进深7.85米，与F1间距0.8米。东北角和西南角分别保存有埋地方形角柱础石，础石边长0.27~0.33米。房内无柱网分布。东侧地面零星残存有铺砖地面，铺装情况不明（图版二八，1）。

后院北侧厢房（编号F7）残存北、东面毛石墙基，推测面阔约12.5、进深约7.8米；其与F6间有宽1.08米的南北向墁砖巷道，路面为横向错缝铺砖，双排竖立砖砌路沿。巷道南与后院相通，北端通往F7后面依北围墙而建的小型附属房屋。

（2）南侧厢房

前院南侧厢房（编号F5）残存北墙、西墙基石，东墙及东南角保存有墙基和部分墙体，面阔13、进深5.77米。墙基宽0.55米，砖砌墙体宽0.47米。房内无柱网分布（图版二八，2）。

中门南侧厢房（编号F3）与F5间距0.8米，北、西、南墙基保存，为毛料石，通面阔7.8、进深7.2米。东墙保存残墙，墙厚0.34米。房址西北角残存有南北和东西向的隔墙遗迹，北面保存有两个埋地长方形平面柱础，规格为0.26米×0.3米、0.44米×0.3米。

后院南侧厢房（编号F4）与F3间距0.94米，面阔13.5、进深7.7米。西墙保存有四个南北向埋地方形平面柱础，规格分别为0.33米×0.33米、0.37米×0.33米、0.33米×0.33米、0.31米×0.31米，柱础间距皆为1.65米。东墙残存部分墙体，墙厚0.93米。南墙的两个柱础间残存砖墙遗迹，应是室内隔墙。房址东部有长4、宽2、深0.9米的长方形大扰坑。

（3）小型附属房屋

在F6、F7北侧，紧依北围墙内侧东西向并排有四间房屋遗迹，南北向等宽，皆为2.7米（图版二八，3）。

由西至东第一间房址东西向宽6.85米，东墙残存有墙体遗迹，房内无铺砖地面保存。房内西北角紧依北围墙有一东西长1.55、南北宽0.7米的砖砌方形坑，坑四壁皆为砖砌，在坑中有砖隔墙（图版二九，1）。第一间房往东0.58米为第二间房，残存墙基为毛卵石构筑，西墙残存有砖砌墙体，西北转角处残高0.3米，东西向宽3.86米，房内有墁砖地面保存。房屋北墙保存有三个圆形平面柱础，直径0.32米，柱距均为1.9米。第三间房东、西、南三面保存有料石基础，北墙有砖砌墙基遗迹，东西向宽3.2米。房内东部距东墙0.59米处有一方形砖砌坑，南北长1.07、东西宽0.48、深0.8米，坑口西侧有两块石板与坑口齐平（图版二九，2）。第四间房东、南墙的遗迹较清晰，墙西北转角处残存有墙体，宽0.35米，东西向宽4.25米，房内北半部有墁砖地面保存，房址中部整齐堆放有三排两层青瓦，青瓦都已碎裂（图版二九，3）。

5. 排水沟

在北侧厢房的北面和南侧厢房的南面，分别筑有一条东西向的大排水沟，将院落内的水向西排出。

南侧排水沟全长43.8、宽0.44、深0.3米，由F4东南角南侧至F5西南角外折向北，在折向北5.1米处筑有一排水孔，排水孔开凿在一长0.93、高0.23、厚0.2米的条石上，排水孔宽0.43、高0.14米（图版三〇，1）。

北侧排水沟全长44.5、宽0.55、深0.3米，由F7东北角北侧至F1西北角折向南，在折向南7.9米处筑有一排水口，排水口处为砖砌墙体，墙东西残长1.45、残高0.55、厚0.45米，排水孔开在一块宽0.85、高0.4、厚0.26米的条石上，排水孔宽0.5、高0.3米。在排水口西侧有石舂一个，外框为正方形，边长0.49米，圆形口，直径0.31、深0.25米（图版三〇，2）。

在F1和F6、F3和F4间，分别筑有南北向的排水沟。排水沟都为暗沟，侧壁用平整的石板铺砌，底部用石板或砖铺就，上覆盖大块石板。F1和F6的排水沟宽0.38米，长度不清；F3和F4间的排水沟宽0.34、深0.24米。

6. 围墙

院落式建筑遗址的南北皆为土坡，围墙依坡顺势修筑，因后期耕种破坏严重，南墙基本未见遗迹，北墙在土坡上残存有毛卵石和残砖墙遗迹（图版三一，1），东面因土地权属问题未清理，西围墙在大门左侧长度为14.3米、右侧长度为23.1米，大门右侧残存的墙体为半块残砖竖立直铺，直接筑在土坡上，大门左侧仅在西南转角处残存有一段西墙遗迹，墙体为砖包土结构，残长1.45、残高0.55、厚0.9米（图版三一，2）。

（四）出土遗物

院落式建筑群遗址出土遗物有建筑构件、铜钱以及大量的生活类陶瓷残片。

1. 建筑构件

（1）砖雕构件

2014GJH：采集，灰胎，素烧。呈实心圆锥形，上窄下宽，上表面为圆弧凹槽。上径6、下径7.8、高8.5厘米。

（2）青砖

规格不一，皆为素烧（表二；图版三二，1）。

表二　院落式建筑群遗址采集青砖登记表　　　单位：厘米

序号	编号	长	宽	厚
1	2014GJHT0717：采3	25	8.7	5.3
2	2014GJH：采集	25	8.7	5.3
3	2014GJH：采集	25	8.7	5.3
4	2014GJH：采集	25	8.7	5.3
5	2014GJH：采集	25	8.7	5.3
6	2014GJH：采集	22	9.2	4.3
7	2014GJH：采集	27.5	14.2	4.4
8	2014GJH：采集	27.5	14.2	4.4
9	2014GJH：采集	32.7	17	7.6
10	2014GJH：采集	32	8.2	8.3

（3）筒瓦

黑釉筒瓦11件、素烧红胎筒瓦1件（表三；图版三二，2）。

表三　院落式建筑群遗址采集筒瓦登记表　　　单位：厘米

序号	釉色	编号	长	宽	高	厚	雄头长
1	黑釉	2014GJH：采集	27.5	16	9	1.2	3.6
2	黑釉	2014GJH：采集	27.5	16	9	0.9	3.6
3	黑釉	2014GJH：采集	27.5	16	7.8	1.2	3.6
4	黑釉	2014GJH：采集	27.5	16	7.8	1.2	3.6
5	黑釉	2014GJH：采集	27.5	16	7.8	1.2	3.6
6	黑釉	2014GJH：采集	27.5	16	7.8	1.2	3.6
7	黑釉	2014GJH：采集	27.5	16	7.8	1.2	3.6
8	黑釉	2014GJH：采集	27.5	16	7.8	1.2	3.6
9	黑釉	2014GJH：采集	27.5	16	7.8	1.2	3.6
10	黑釉	2014GJH：采集	29	16	9	1.7	3.6
11	黑釉	2014GJH：采集	29	16	9	1.7	3.6
12	素烧	2014GJH：采集	35	14	6.5	1.4	6.5

（4）小青瓦残件

2014GJHT0714：采3，凹面有麦穗印。残长13.3、残宽12.3、厚1.8厘米。

（5）滴水

有素烧牡丹纹滴水和绿釉龙纹滴水两种类型。

2014GJH：采30，残当面，连残瓦。灰胎，素烧。当面呈如意形，窄边郭，中央模印牡丹纹，枝叶左右对称从下到顶环绕牡丹，纹饰布满整个当面。当面残宽16、残高11.5、边郭宽1厘米，瓦残长10厘米（图版三二，3）。

2014GJH：采29，当面完整，瓦身残。红胎，绿釉局部剥落，瓦身仰面及背面皆挂釉。当面呈如意形，有浅边郭，中央模印五爪行龙纹，龙头在当面左上方，昂头曲颈朝右回望背上龙珠，头生双角，龙须飘扬，龙头左边饰有一朵祥云纹，龙体伸展，龙背弓起，龙尾直伸，前后四只龙爪作行走状，均五爪劲张，弯曲如钩，身披鳞甲，龙鳞清晰。当面宽28.3、高15、边郭宽2厘米，瓦残长19.2厘米（图版三二，4）。

（6）脊兽残件

2014GJHT0716：采7，正吻背兽。灰白胎，绿釉，釉面剥落。兽头外形基本完整，器身中空。

（7）石构件

2014GJHT0715：采13，方形。长19.5、宽16、厚7.5厘米。顶面凿一圈圆环凹槽，中部圆柱形凸起，圆柱直径10、高4厘米。

2. 陶、瓷器残片

均为生活用陶、瓷器残片，有陶器、青花瓷器、白瓷器和龙泉青瓷器四类，器形多样。

（1）陶器

可辨器形有缸、擂钵、壶、瓶、碗、盏等。其中1件陶罐较完整。2014GJHT0715：标12，窄颈，鼓腹，平底。口径9.2、腹径17.5、底径7.8、高20厘米（图版三二，5）。

（2）青花瓷器

数量最多。胎白细腻，釉面白中泛青，部分瓷片釉面有开片，青花发色多样，装饰图案丰富，有文字、花卉纹、动物纹等。可辨器形有罐、碗、碟、高足杯等（图版三三，1~3）。采集的瓷片可拼接出一件缠枝花卉纹青花罐残件，罐底部拼接完整，罐身局部可拼接完整。罐身足部为莲瓣纹，胫、肩部为卷枝纹，腹部为缠枝花卉纹。底径7.9、高13.3厘米（图版三二，6）。

（3）白瓷器

白釉可明显区分为卵白釉、甜白釉、亮白釉三种类型。可辨器形有折腰盘、碗、杯等，均是小件器物（图版三三，4、5）。

（4）龙泉青瓷器

出土较多。可辨器形有高足碗、杯、瓶、碗、钵等，胎体厚重，瓷片明显有精粗之分。精品胎质细腻，釉色青绿中微泛黄，釉面有滋润肥厚和光亮通透两类，部分瓷片器表有刻划花装饰。粗品胎质淘洗不精，质地较粗，制作也不精细，胎体特别厚重，尤以底部为甚。所见多为碗、盘类制品，釉色多绿中闪灰（图版三三，6）。

3. 铜钱

2014GJHT0613：标13，"洪武通宝"。直径2.3、穿宽0.6厘米。

（五）结 论

结合与建筑群遗址相关联的悼僖王陵、怀顺王陵的情况，尤其是悼僖王陵和怀顺王陵的外陵墙修建的问题，我们认为悼僖王陵大陵区的形成是经过几个阶段的，最初期的悼僖王陵和其后营建的怀顺王陵（当时应该是按略高于靖江王府辅国将军规制建造的靖江王长子朱相承墓），最初是没有外陵墙的建制，这处院落式建筑群修建的时间应与怀顺王陵同一时期。在这一时期，悼僖王陵、怀顺王陵以及新发现的这处院落式建筑群之间建设有相应的道路系统，本次发现的道路遗迹就是属于这一道路系统。之后，朱相承的父亲庄简王朱佐敬薨逝，朱相承的嫡长子朱规裕承袭王位，其父朱相承被追封为怀顺王。此时王陵营造已经形成有外门和外陵墙定制，朱规裕在营建靖江庄简王朱佐敬的陵墓后，对其曾祖悼僖王陵和其父怀顺王陵的外门和外陵墙进行了补建。

从院落式建筑群的位置来看，它紧邻怀顺王陵而相对远离悼僖王陵，而且其大门开在怀顺王陵陵园之内，因此，这处建筑群应该是怀顺王陵的附属建筑。遗址清理区域内出土大量的生活用陶器、瓷器残件，有缸、罐、碗、碟等各种器形以及石春等，能确定这是一处供人居住生活的院落。我们推测这处院落式建筑群是为朱相承夫人谷氏守孝居住而建。明朝制度，藩王王子除嫡长子外，别子成年后是要搬出王府另建府邸居住的。因朱相承的长子身份，是继承王位的人，他生前居住于王府，没有另外的府邸，因此他薨逝后，夫人谷氏只能带着幼子寡居王府，这在礼教森严的王府内是不太合适的。而她贵为王府长子夫人，不能搬回娘家居住，更不可能改嫁，只能夫死妻孝，在朱相承墓旁结庐而居。

安肃王陵陵园遗址考古清理报告

2014年2~7月，为配合桂林靖江王陵遗址保护工程的实施，广西文物保护与考古研究所与桂林市靖江王陵文物管理处组成联合考古队对靖江安肃王陵陵园遗址进行了考古清理，广西文物保护与考古研究所韦革担任考古领队，桂林市靖江王陵文物管理处曾祥忠、张阳江、阳灵、周彤莘、许彬彬、符荣兴、官春燕、李爱民、安泉州、盘立、伍勇进、徐艳等参与考古发掘清理工作全程。现将考古清理情况报告如下。

一、地理位置及环境

安肃王陵是第七任靖江王朱经扶及王妃徐氏合葬墓，陵园遗址位于七星区朝阳乡新建村委挂子山村，广西茶叶科学研究所内。其墓冢封土地理坐标为东经110.349583°、北纬25.296361°，海拔163.7米。朱经扶是靖江端懿王朱约麒嫡长子，明弘治六年（1493年）十月生，正德十三年（1518年）袭封，嘉靖五年（1526年）薨，谥安肃，其陵园于明嘉靖五年营建在尧山西麓的平岗当中（图一）。

陵园遗址东、西面是广西茶叶科学研究所种植的茶园，北面是该所内部工作道路，南面是该所职工生活区，遗址与生活区建筑之间的空地有该所职工开辟的菜地；东北角紧邻该所野生茶母本资源库围墙；1962年修建的桂林青狮潭水库东干渠穿越安肃王陵遗址，将安肃王陵墓冢封土与享堂隔开，同时在享堂南侧开凿了东干渠七星支渠，纵向流入安肃王陵陵园，导致地势较低的陵园前半部成为季节性水塘，神道及石像生常年浸泡在水中。陵园遗址在进行考古清理前，未被水浸泡的区域长满杂草和灌木刺蓬，穿越享堂遗址的东干渠堤坝上有数棵树龄五十年左右的小叶女贞树。

1972年9月11日至10月7日，广西壮族自治区博物馆和桂林市文物管理小组曾对安肃王陵的墓室进行发掘，揭露墓门山墙，清理墓室，出土文物100余件。墓门山墙及墓室未回填封闭。

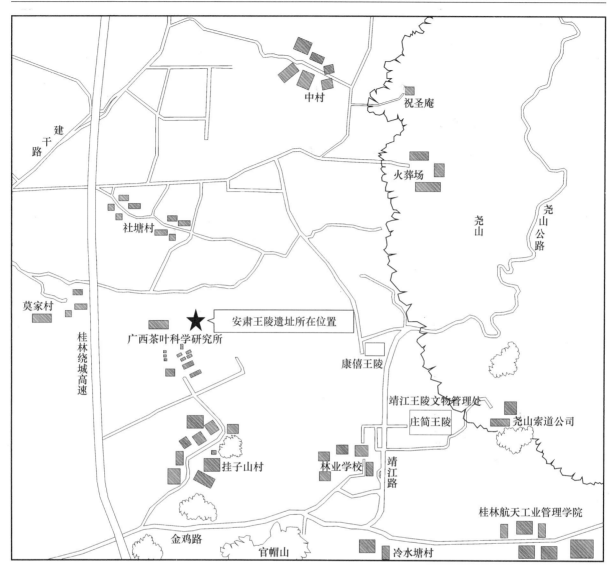

图一 安肃王陵地理位置示意图

二、遗址现状及发掘清理情况

1. 遗址分布及保存情况

安肃王陵陵园布局呈长方形，由外陵墙、内陵墙将整个陵园划分成回字形的两重院落。主要遗存规整地分布在以陵门至墓冢的神道中轴线上或对称分布在神道中轴线两侧。包括有外陵墙、外门、内陵墙、中门、享堂、墓冢封土、碑亭、厢房、焚帛炉及神道石像生等。

安肃王陵仅神道两侧的石像生和碑亭中的石质赑屃负碑保存较好，其他陵园建筑均已坍塌殆尽，地表可见多为石作台明的残存部分和少量的砖砌墙体，多被杂草覆盖；外陵墙版筑夯土墙体除墓冢后部的东侧外陵墙被茶园覆盖看不出痕迹外，其余三面遗存明显。石像生基本保存完整，但大多表面有风化，并有地衣类黑色附着物，部分石像生倾斜侧翻或位移。

2. 工作方法

考古清理工作全程采用探方法，在工作过程中严格执行《田野考古工作规程》，按地层逐层揭露，完成遗址地形地貌登记、探方工作记录、工地总记录、拍照、标本采集、遗址测量及绘图等各项工作。

陵园范围用全站仪整体布方，因西南角外陵墙外有广西茶叶科学研究所科研茶树尚未移走，故只能将布方基点设置在陵门西南角20米外，按正南北方向布置10米×10米探方100个，未能涵盖遗址范围（图二）。在清理发掘过程中，根据陵园建筑遗址的分布情况对探方进行选择性勘探、清理和发掘，重点清理揭露地表可见的建筑遗址，并对有建筑遗迹堆积的位置进行扩方试掘，寻找可能存在的陵园附属建筑设施。同时，为了配合国家考古遗址公园建设和展示的需要，对于被倒塌倾覆层埋没的内外陵墙，仅分段对倒塌墙体的局部进行解剖，了解墙体的结构、构筑方法以及墙角的具体位置，使墙体大部分能完整地保存现状。陵园中各种原有的砖石类建筑材料均保留在原地，以备后续展示之用。

清理发掘由上而下逐层揭露，平、剖面结合，重点对各类建筑构件进行采集和登记。出土小件器物全部以整个陵园清理发掘区为单位进行编号，同时对出土地点进行登记；对于一般的建筑构件，则进行采样，采样以探方为单位进行编号。本次考古清理发掘所采集和出土的器物包括各种琉璃滴水、琉璃勾头、琉璃吻兽、脊兽、琉璃砖、青砖以及各类素烧瓦当。

3. 地层堆积情况

安肃王陵遗址的主体基本暴露于地表之上，总体来看地层堆积较为简单。从清理探方的情况来看，陵园建筑直接修筑在原土层上。地层经统一后可分为4层：

第1层：表土和现代扰乱层，为近现代自然沉积和人类耕作形成。该层在全部清理区均有分布，其中中门前部因被水浸泡地层较浅，在陵门前、享堂和墓冢封土间因有东干渠堤坝，堆积最厚。

第2层：文化堆积层，大多为陵园建筑倒塌形成的文化堆积，集中在建筑基址附近。

第3层：原有腐殖层，是陵园构筑时的平整面，叠压在文化堆积层下，被各种建筑基础打破。

第4层：生土，陵园建筑基础的构筑层。

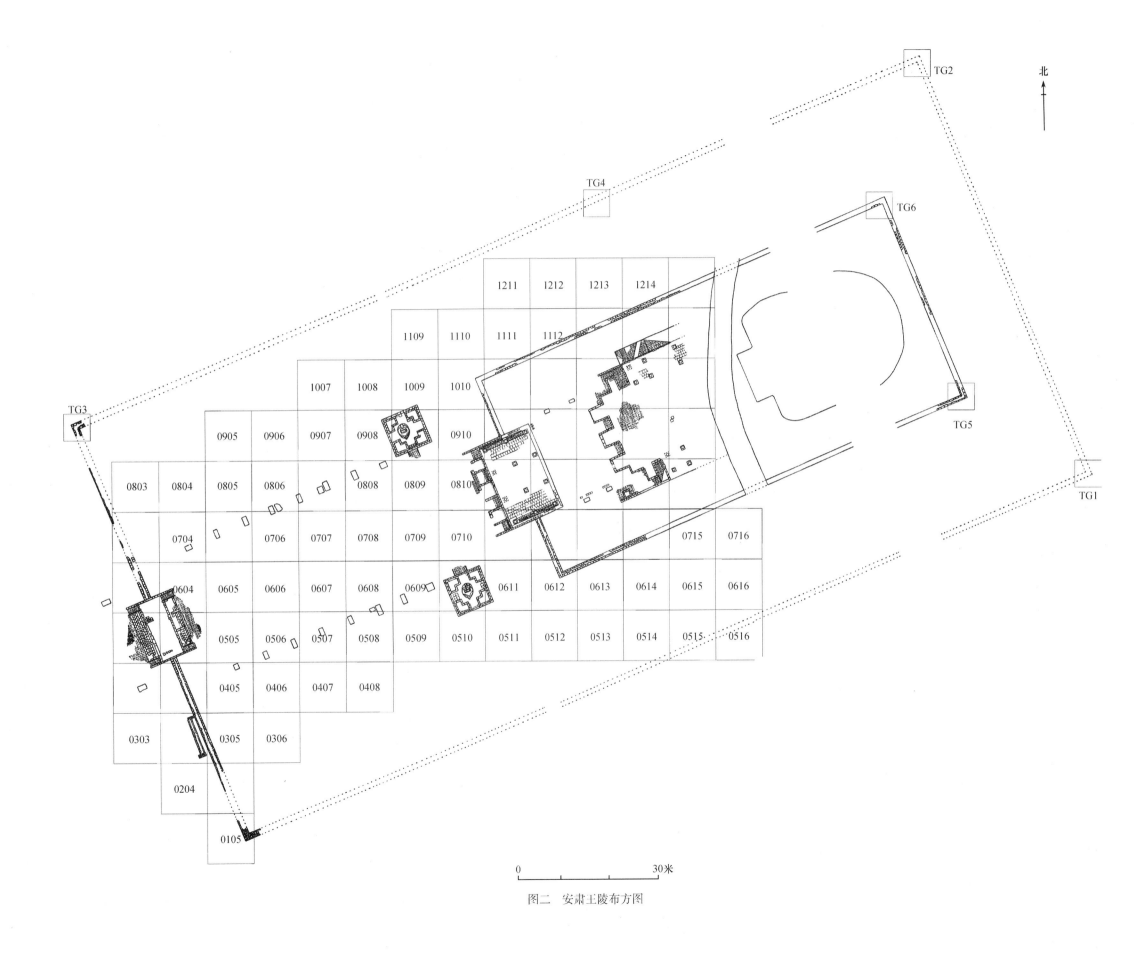

北

TG2

TG4

TG6

TG3

TG5

TG1

1211 1212 1213 1214

1109 1110 1111 1112

1007 1008 1009 1010

0905 0906 0907 0908 0910

0803 0804 0805 0806 0808 0809 0810

0704 0706 0707 0708 0709 0710 0715 0716

0604 0605 0606 0607 0608 0609 0611 0612 0613 0614 0615 0616

0505 0506 0507 0508 0509 0510 0511 0512 0513 0514 0515 0516

0405 0406 0407 0408

0303 0305 0306

0204

0105

0   30米

图二 安肃王陵布方图

三、陵园布局

安肃王陵由内外两重陵墙划分成两重院落，平面呈"回"字形，墓向西偏南247°。陵园以神道为中轴线，中轴线上的主要建筑依次为外门、中门、享堂、墓冢封土。外门三开间建于台明之上，门前左右置有守门狮一对，其两侧山墙中部接外陵墙，左侧外陵墙外建有厢房。外门内踏步接三列神道与中门前踏步相连，神道两侧依次摆置望柱、瑞狮、羊、虎、麒麟、武士控马、象、文臣各一对，间隔2.3～3米。右侧望柱和瑞狮后面建有厢房。中门前神道两侧有左右碑亭，各辟道路连接神道，碑亭内各有龟趺圆首神道碑一通。中门两进三开间建于台明之上，两侧山墙中部接内陵墙，内陵墙平面呈长方形，将中门后的享堂和墓冢封土围护。享堂三进五开间建于台明上，通面阔24.9米；台明前有月台，月台前出踏步连接中门后神道，神道两侧分别置列有女、男内侍各一对；月台上建有神龛，月台下左侧有焚帛炉。享堂后是墓冢封土（图三；图版三四，1）。

1. 神道

神道是陵园的中轴线，自陵门至陵前享堂，将陵门、中门、享堂贯穿。神道路面铺装大多被毁殆尽，只在中门与享堂之间还残留有少量铺地青砖和路边石，可确认神道为主陪三径，对应外门、中门和享堂前的踏步。神道中间主径略宽，路面中高旁低呈龟背状，宽5.4米；两侧陪径略窄，路面平整，宽5.2米；通宽15.8米。由于桂林青狮潭水库东干渠及七星支渠贯穿陵园，导致外门至中门间神道长期被水浸泡，路面铺装垫层中的细碎砖瓦粒呈松散状态。

2. 外陵墙

外陵墙从陵门开始向后至封土后侧围合，平面呈长方形，除东墙和南北墙东端的部分部位被开垦的茶园破坏地表无痕迹外，外陵墙其余部位轮廓清晰，墙体夯土坍塌覆盖在墙基上隆起成垄，高0.8～1.8米。其中西墙面阔91米（含陵门），墙厚约1米；南墙东北部被东干渠和茶园破坏，残长151米，经探沟清理外陵墙东南转角，测得南墙总长185米；北墙东北部被东干渠和茶园破坏，残长140米，在与享堂相对部位的外陵墙仍保存1.4～1.7米高的墙体，可清晰再现外陵墙的做法，经断面解剖可见，墙基的砌法是先挖好沟槽，条石构筑基础，条石间隙用石灰岩毛片石、碎砖瓦等填塞或垫平。条石墙基上再用略小于墙基条石的石灰岩料石铺砌有一层高018～0.24米的垫层，再在垫层上版筑夯土，夯土内夹杂碎砖瓦，在夯土中每隔0.25～0.35米夹一排平砌青砖。墙面及墙盖做法不明（图版三五）。

北

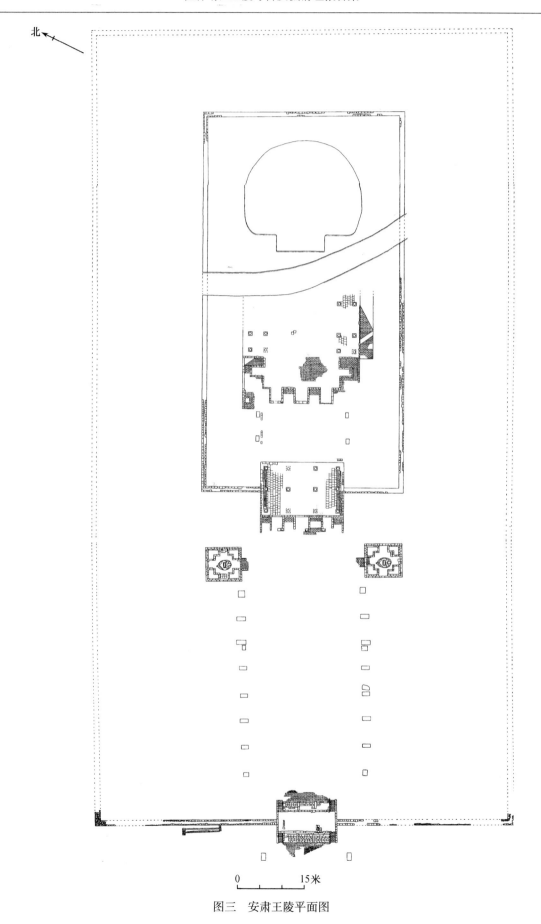

0   15米

图三　安肃王陵平面图

3. 外门

外门由台明和三券拱门建筑组成。拱门建筑已倒塌，石墙无存，但仍可辨三个门道，台明、墙基局部保存，面阔12.7、进深8.2米。陵园外门处园内地面低于园外地面，故外门园外一侧设三路台阶三级而园内一侧设三路台阶五级，均为垂带踏步。台明阶条石大多缺失，其他构建也是多有松动、歪闪和移位（图四）。

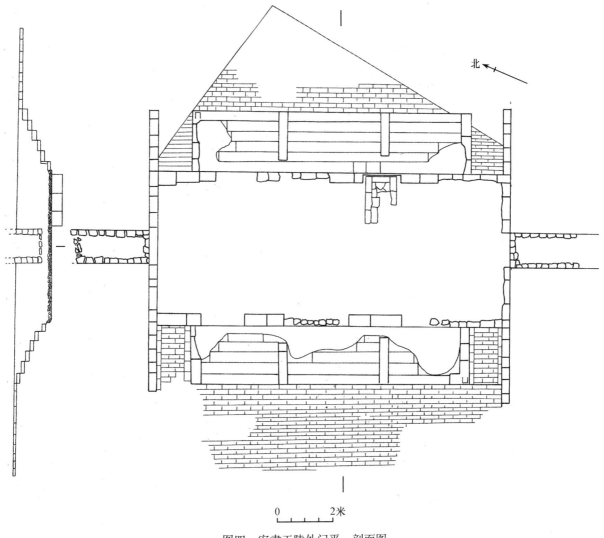

北

0   2米

图四　安肃王陵外门平、剖面图

4. 碑亭

碑亭位于神道两侧石像生文臣与象身后，左右对称，相向而建，形制相同，均为石墙四面拱券门方形碑亭，面阔、进深皆为7.2米，面向神道的亭门前有青砖甬道与神道相接。碑亭顶部已坍塌，现存台基和部分石砌墙基及少量墁砖地面，石墙基残留高度0.6～1.3米，残留铺地面可辨地面铺装是30厘米×30厘米的方砖平铺。亭内中央各置龟趺圆首神道碑一通（图版三四，2）。

左侧碑亭神道碑碑面高2.5、宽1.13米。碑正面篆额字径22厘米，正文楷书，字径2厘米，是嘉靖七年（1528年）五月初九日以内阁首辅身份致仕回乡的桂林全州人蒋冕撰写。碑文记述了靖江王的世系传承、墓主安肃王朱经扶的生平和王妃徐氏、次妃刘氏的家世并称赞了嗣王朱邦苧的孝子显亲之心。碑面文字抄录如下（图五）：

大明靖江安肅王神道碑（篆額）

大明靖江安肅王神道碑

冕嘗讀兩漢書，見其所列同姓諸侯王數百，而大雅不羣有若河間獻王德，為善最樂有若東平王蒼，僅一二現。豈生長富貴而有德以將之世，固難其人哉？此冕於靖江安肅王之薨，其嗣王來請銘王神道之碑，不能無嘅焉者也。靖江雖僻在一隅，去京師數千里，而自疏封以來，奕葉相承，父祖子孫，世篤忠孝，奉法循理，切切以驕奢淫酒為戒，非有慕於河間、東平之大雅樂善而能若是哉！王自正德戊寅始膺封爵，至嘉靖乙酉三月十三日遽以疾薨，在位僅八年，壽止三十有三。其善美見於事行者，雖未足以充其所存，而仁孝誠敬，恪遵祖訓，惴惴然惟恐其有違也。不以其累世先王宏規懿範，足以垂裕於後，而有所持循也乎？我高皇帝大封同姓之初，以皇兄南昌王之子、前大都督諱文正未封而沒也，特封其子為靖江王，賜名守謙，一切恩數與夫官屬規制，檗與秦、晉、楚、蜀諸藩等。蓋都督少孤，母王守節，依帝居止，帝事之甚謹，撫都督愛逾己子，故雖身後，恩禮有加焉，載在國史，可考也。靖江王一傳其子悼僖王，再傳其孫莊簡王，莊簡生懷順王，懷順生昭和王，昭和生端懿王。懷順，王之曾祖，昭和、端懿，則王之祖若考也。母妃楊氏，兄弟七人，王為之長，以弘治癸丑十月初二日生于寢宮，上矩南昌九代矣。王諱經扶，生而穎異不凡。年甫八九，端懿疾，委以國事，已一一區畫有條。年十二，勅掌國事，賜一品服。逮襲爵後，日益老成慎重，事無小大，動遵成憲。自建藩至今，宗室繁衍，凡有事相接，其於尊卑等差與夫稱謂拜揖之間，未嘗一愆于度。歲時有事宗廟，必竭誠盡敬，牲、帛非躬親省視，不敢以獻，拜稽灌奠，儼乎祖考臨之在上，於奉祀山川亦然。性尤克孝，懷順王妃谷氏薨，王以曾孫代端懿王主祭，自始事至卒事，舉無違禮。發引日，徒步送至墳所，中途有勸其登輿者，卻之，且曰：“送死大事，敢憚勞乎？”及端懿王與母妃楊氏相繼以疾而薨。王於父母之疾也，晝夜躬侍湯藥，未嘗離側。或中夜焚香籲天，誠意懇到。及其薨也，旦夕哀傷，幾無以為生，有人所甚難者。平居喜學問，審理周垚，質而有文，日必延之講究經史，改容禮貌，稱之為先生而不名。讀書之暇，隨筆作詩文，皆有關於身心倫紀，不為無益語。嘗於宮中獨秀山間鑿石為盂以盥手，而銘之以著自新之義。又為《敬義箴》，皆刻之於石山之勝處。時登眺焉，興之所至輒形於詩，長篇短章，多至數十首。間與儒生遊嵒洞間，商略名之，嵒曰樂天，洞曰潛修。又於山之左右，豎二綽楔，而以"報國"、"思親"扁焉。凡此皆足以見其志之所存矣。國中山場土田所入，歲有常數。先是，或不計豐歉而斂之，至有破家不能償者。王始因其豐歉而增損焉，遇歉率量減其入數。終王之世，人蒙其惠。心雖慈仁，用法不私於近習。嘗愛一善書者，遇有吟詠，輒命之書。後其人欺詐事敗，卒置之於法不少貸。性明達，未薨前半歲，預製棺斂之具。屬纊三日前，設飲饌與宮眷訣別，下至內使、宮人，皆有賚予，疎戚重輕，錙銖無爽。愛嗣王雖篤，而教之必以義方。將易簀，猶呼至膝前，丁寧教戒，至於忠君愛親、讀書好禮、寬罰郵眾事，言之尤力，其神奕不亂如此。訃聞，皇上嗟悼，輟視朝，遣行人傅鵾諭祭。自聞喪至祥禪，凡十有三，命有司營葬事，賜諡安肅，所以寵郵之者甚厚。以薨之次年十月十一日，奉葬堯山世墓之次。配妃徐氏，河南孟津知縣斅之長女，江西按察僉事乾之女弟，生子女各一，皆早殤。次劉氏，桂林右衛指揮使禎之長女，嗣王之生母也。嗣王名邦苧，先帝所命也。王之薨，嗣王方奉敕以長子掌國事，居堊室，遣承奉正魯潮、左長史胡傑偕來請銘，既而又遣典膳陳拜儲累來速之。來必有書，凡書必稱孤稱名。初奉徐僉事所述狀，後又自具狀，其欲貽父令名於無窮，意甚懇懇。冕以衰老多病，學殖荒落，不足以副孝子顯親之心，再三辭謝，不獲命。乃取狀閱之，節其事行之大者，暨得於國史所錄者書之，復繫之以銘。其詞曰：

高皇諸兄，長惟南昌。撫孤守節，厥配則王。孤翊興運，勳業未究。乃有賢嗣，克承厥後。國封肇啟，曰維靖江。建藩樹屏，以殿遐邦。修德礪行，允如聖諭。國史大書，日星昭著。歷七八傳，百五十年。世惇忠孝，有光於前。懿哉安肅，志勤繼述。未竟厥施，遽殞於疾。皇情悼憫，恤典誕加。壽雖弗永，名則孔遐。堯山之原，穹碑百尺。太史勒銘，昭示無極。

嘉靖七年戊子歲五月初九日。

光祿大夫、柱國少傅兼太子太傅、戶部尚書、謹身殿大學士、知制誥、□知經筵事、國史總裁致仕蔣冕撰。

碑背面刻"御祭之文"以及"钦赐靖江安肃王圹志"一篇。"御祭之文"篆额字径21厘米，正文楷书，字径6厘米，是嘉靖五年（1526年）皇帝遣行人司行人傅鹗赐祭于靖江安肃王的祭文。碑背面文字抄录如下（图六）：

御祭之文（篆额）

維嘉靖五年歲次丙戌正月甲申朔，越二十八日辛亥，皇帝遣行人司行人傅鹗賜祭于靖江安肅王，曰："惟王宗室懿親，榮膺封爵，宜綏壽祉，胡遽云亡。訃音來爾，喪切悼傷。特頒郵典，用表親情。靈其有知，尚克歆服。"

維嘉靖五年歲次丙戌九月辛巳朔，越十一日辛卯，皇帝遣行人司行人傅鹗賜祭于靖江安肅王，曰："惟王生長宗藩，遽兹薨逝。日月易邁，首七倏臨。爰念親情，載賜以祭。九原不昧，庶克承之。"

自首七至終七，及百日，寍夕禫除，計一十三祭文，祭皆同。

欽賜靖江安肅王壙誌

欽賜壙誌文

王諱經扶，乃端懿王之子，母妃楊氏。弘治六年十月初二日生，正德十三年七月初三日冊封靖江王，於嘉靖四年三月十三日薨，享年三十三歲。妃徐氏，子三人，女二人。上聞訃，輟視朝一日，遣官諭祭，命有司治喪葬如制。文武衙門皆致祭焉。以嘉靖五年十月十一日葬于堯山之原。嗚呼！王以宗室之親，為國藩輔，茂膺封爵，貴富兼隆，茲以令終，夫復何憾！爰述其槩，納諸幽壙，用垂不朽云。

嘉靖七年五月初九日立石。

右侧碑亭神道碑表面风化严重，碑文已不可辨识。

5. 中门

中门为面阔三间、进深两间的建筑，面阔16.2、进深11.2米。建筑已塌毁，残存山墙墙根。台明轮廓基本完整，但阶条石大多缺失，台明地面与门外神道路面高差约1.3米，明次间前各有垂带踏跺，但破坏严重，阶条石多缺失。前垂带踏跺之间散水为条砖错缝平铺。中门内园地面与台明基本持平，台明内侧阶条石保存完整。台明上残存部分墁砖地面，均为41厘米×41厘米的方砖平铺，皆已碎裂。中门柱础缺失四个，其余保持原位，柱础石均为方底鼓面，础石方底边长0.69～0.83米，鼓面直径0.45～0.46米。中门两侧山墙墙根用两列平行的条砖竖向平砌，墙宽0.49米。中门左次间残留门枕石1件（图七）。

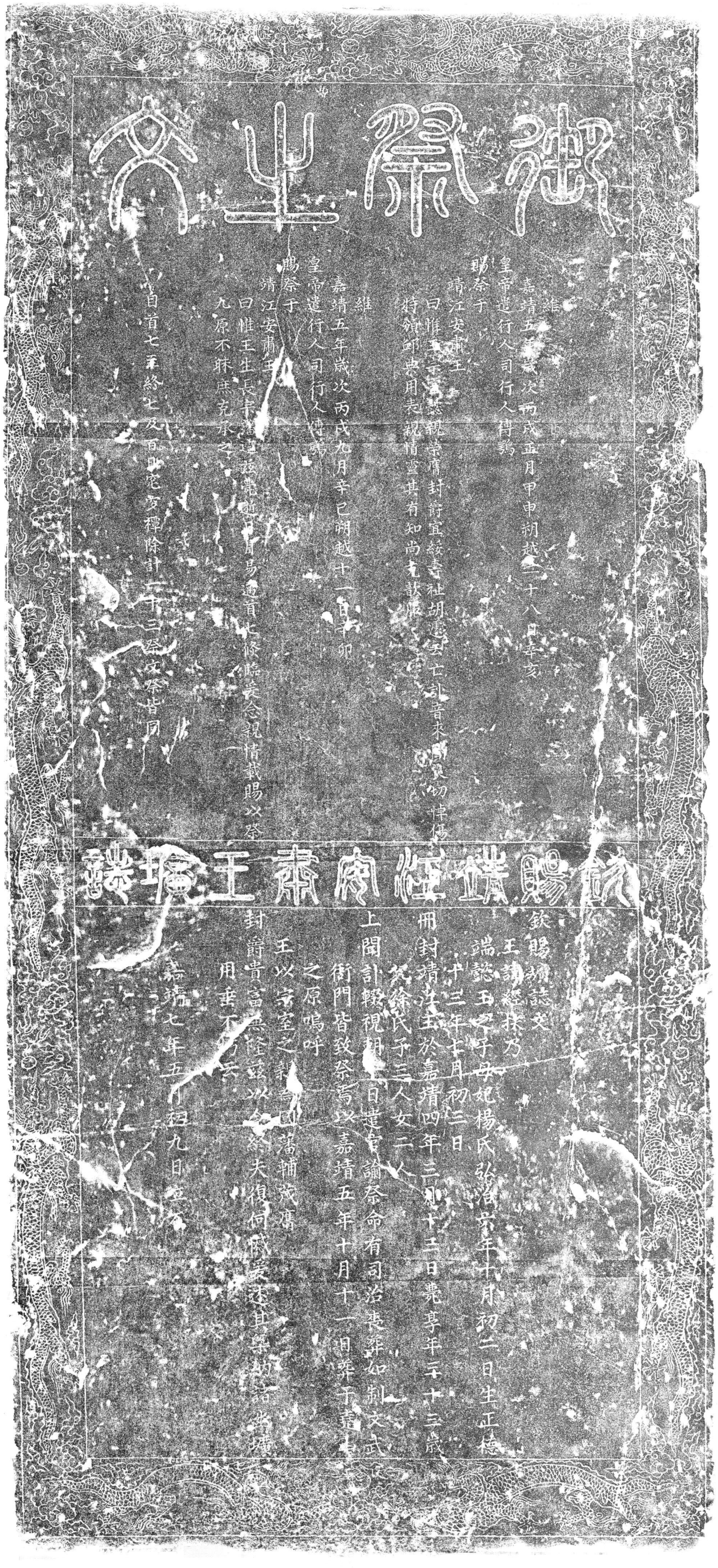

图六　安肃王陵左侧碑亭神道碑背面拓片

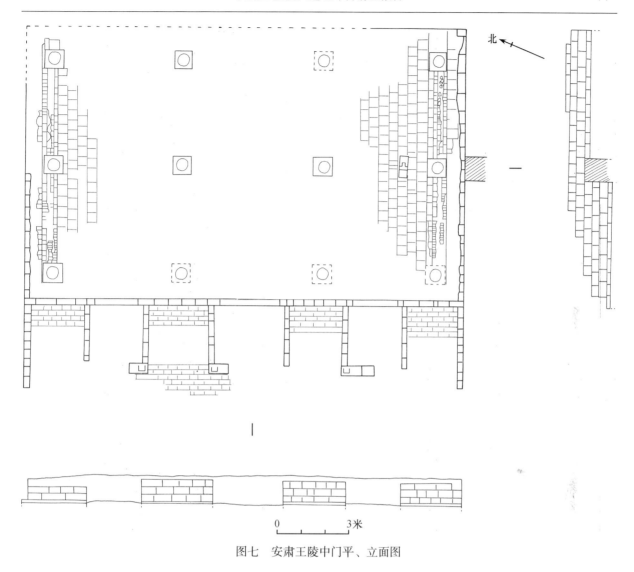

图七　安肃王陵中门平、立面图

6. 内陵墙

从中门两侧山墙向外构筑内陵墙形成内陵园，内陵园平面呈长方形，将享堂和墓冢封土包围其中。内陵墙西墙面阔42.3米（含中门），与东墙等宽；南北墙被东干渠打断破坏，北墙残长51米，南墙残长60米，延伸至末端转角处，测得总进深90米。内陵墙墙基由石灰岩条石包砌，内装填毛片石，宽1～1.2米。墙体已毁，未能确定构筑方式。中门两侧的内陵墙下各有一排水口，但未见排水沟道，陵园内应是随地势自然排水，雨水汇集至西侧内陵墙，沿排水口排出（图版三六）。

7. 享堂

享堂平面呈"凸"字形，前为月台，面阔16.4、进深6.6米。月台前有三列垂带踏跺分别与享堂明次间相对；月台两侧各有一列抄手台阶，也是垂带踏跺。踏跺破损严重，仅存部分砚窝石和残破的象眼石。踏跺四周散水及月台地面用规格为32厘米×17厘米×5厘米的青砖错缝平铺，月台左前方有焚帛炉遗迹，仅存底座基石，面积为1.44米×1.44米。月台后接享堂台明；享堂明间前月台后部有残留的建筑痕迹，残存一层直接砌筑于月台铺地砖上的单砖墙根，近享堂端地面嵌有两个门枢石。享堂台明及月台四周均由条石围边砌筑，内填夯实素土，阶条石大多缺失，台帮条石也有局部缺失。享堂残留柱础8个，形制与中门相同，柱础石均为方底鼓面，础石方底边长0.69～0.83米，鼓面直径0.45～0.46米；柱础位置大多未移动，基本可确定柱网布局情况，确定享堂为三进五开间建筑，总面阔24.9米，享堂后部因东干渠穿越而遭破坏，总进深不明。享堂地面铺装仅有局部残留，可辨铺装是用41厘米×41厘米的方砖平铺（图八；图版三七）。

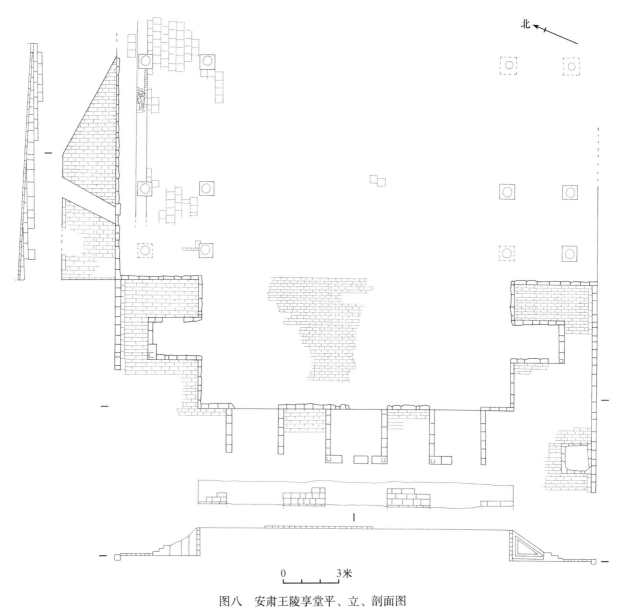

图八　安肃王陵享堂平、立、剖面图

8. 墓冢封土

享堂后面即是地宫的封土。封土大致呈覆钵形。现存高4米。最大直径为26米，由黄黏素土堆成，表面长满杂草。因1972年广西壮族自治区博物馆和桂林市文物管理小组共同组成靖江王墓发掘工作组对安肃王陵地宫进行考古发掘后，未做回填处理，致使封土前部墓门处有较大缺口，外形不完整。

9. 地宫

地宫埋没在封土下，为半地穴式青砖券顶双室墓，两墓室结构形制相同，由墓门、前室、甬道和后室组成，内以隔墙相间隔；地宫正面为墓门山墙，墙通面阔9.3米，墙体高3米，墙体上为青砖冰盘檐，顶盖绿色琉璃瓦，檐口至瓦顶高0.89米。山墙等分，两墓门于各侧居中开拱券墓门，墓门面阔1.67、进深1.1米，门洞高1.95米，门券拱青砖可见为五券五伏（图九）。

前室面阔2.57、进深1.92米，纵向券顶通高3.13米。前室有门，以石门槛为界，两侧墙角镶嵌有门枢石，但门已缺失，前室地面嵌有顶门自来石石槽，顶门石条平倒于其旁。

前室与后室间有与墓门等宽、进深0.95米的甬道。后室面阔2.77、进深5米，券顶通高2.48米。室前有门，石门槛完整，两侧墙角镶嵌有门枢石，但门已缺失，后室门后地面与前室一样嵌有顶门自来石石槽，顶门石条平倒于其旁。后室后部为青砖包砌素土棺床，棺床已毁，青砖散落墓室各个角落，棺床位仅存少量填心素土堆积。后室两侧壁离地0.3米处和后室后壁中央离地0.4米处各建有四个壁龛和一个头龛，龛的形制相同，均为宽0.68、高0.94米的拱券式。

墓室地面用40厘米×40厘米的方砖铺墁，铺地砖多被撬起损坏。

10. 其他附属建筑遗址

安肃王陵早期破坏严重，在清理过程中，除外门外左侧外陵墙的墙根处发现疑似厢房的遗迹外，没有发现其他附属建筑遗址。该处遗迹也仅有贴近外陵墙的一条砖砌墙根，且没有基础，砌砖也不够规整，因此很难确认此处遗址的形制和功能。

四、石 像 生

神道两侧现存石像生十二对，均为石灰岩质，包括守门狮、望柱、瑞狮、羊、虎、麒麟、控马官、马、象、文臣各一对，内侍两对。另左右碑亭内各有龟趺神道碑一组。这些石像生中石人连足托直接立于地上；望柱立于覆莲柱础上，榫卯结合，缝隙用灰浆黏接；石兽均带长方

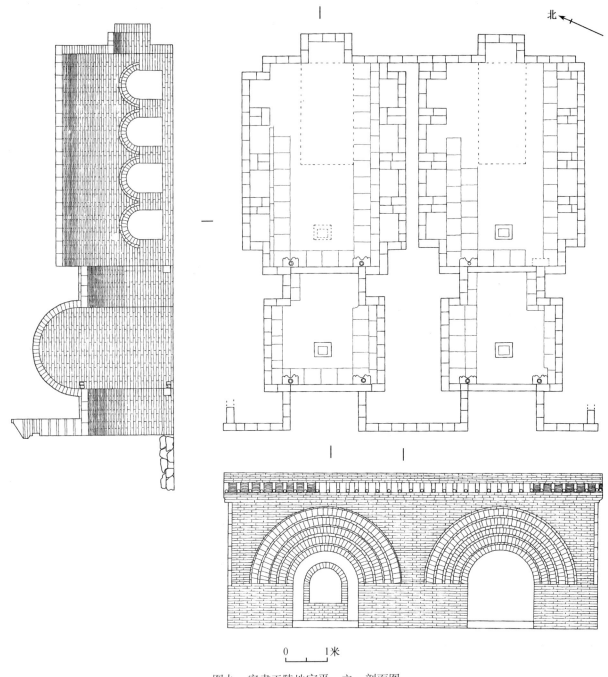

图九　安肃王陵地宫平、立、剖面图

形足托用整块石料雕刻而成；其中羊、虎、狮、麒麟、象还另配座墩，座墩顶面与足托等大，底部稍宽。直接接地的望柱柱础、石人像、石兽座墩底部往往留出一定高度的埋地部分，埋地部分不作雕琢而保持不平整的原石状态，在摆放安置时先在地面开挖基槽，填土夯实，填铺碎石垫层，然后将石人像、望柱柱础或石兽座墩的埋地部分置于基槽内，再用土填实（表一）。

表一　安肃王陵石像生基本信息一览表　单位：厘米

编号	名称	尺寸		残损情况
左1	守门狮	兽身	长178、宽74、高128	表面风化
		足托	长158、宽78、高22	
		座墩	长156、宽86、高23	
右1	守门狮	兽身	长165、宽68、高124	表面风化
		足托	长153、宽72、高10	
		座墩	长152、宽72、高36	
左2	望柱	覆莲柱础	长95、宽98、高34，覆莲居中，径108、高10	柱身缺失
右2	望柱	柱身	正八边形，边长25、高383	表面风化严重
		覆莲柱础	长94、宽96、高28，覆莲居中，周长254、高10	
左3	瑞狮	兽身	长180、宽70、高130	表面风化严重
		足托	长146、宽81、高14	
		座墩	长143、宽87、高16	
右3	瑞狮	兽身	长190、宽70、高130	表面风化严重
		足托	长157、宽72、高16	
		座墩	长163、宽79、高20	
左4	羊	兽身	长180、宽65、高110	表面风化严重
		足托	长153、宽62、高12	
		座墩	长153、宽65、高8	
右4	羊	兽身	长200、宽71、高92	表面有风化
		足托	长178、宽69、高12	
		座墩	长180、宽72、高24	
左5	虎	兽身	长150、宽72、高130	表面风化
		足托	长146、宽73、高10	
		座墩	长152、宽74、高11	
右5	虎	兽身	长165、宽73、高122	表面风化
		足托	长157、宽77、高16	
		座墩	长160、宽77、高15	
左6	麒麟	兽身	长190、宽68、高140	表面风化严重
		足托	长155、宽67、高9	
		座墩	长155、宽75、高10	
右6	麒麟	兽身	长188、宽77、高150	表面风化严重
		足托	长160、宽73、高17	
		座墩	长166、宽77、高10	
左7	控马官	高230、宽110、厚58		右手缺失
右7	控马官	高230、宽102、厚40		左肩部以下缺失
左8	马	兽身	长240、宽66、高156	表面风化严重
		足托	长216、宽70、高10	
右8	马	兽身	长235、宽93、高170	表面风化严重
		足托	长190、宽85、高10	

续表

编号	名称	尺寸		残损情况
左9	象	兽身	长235、宽80、高136	表面风化严重
		足托	长190、宽80、高16	
		座墩	长200、宽70、高10	
右9	象	兽身	长220、宽90、高150	表面风化严重
		足托	长195、宽77、高20	
		座墩	长204、宽83、高10	
左10	文臣	高326、宽152、厚70		表面风化，背部开裂
右10	文臣	高320、宽150、厚80		表面风化严重
左11	女内侍	高226、宽103、厚45		表面风化严重
右11	女内侍	高223、宽100、厚45		表面风化严重
左12	男内侍	高236、宽115、厚48		表面风化
右12	男内侍	高245、宽107、厚50		表面风化

1. 守门狮

位于外门前，因未被水淹，没有歪闪位移，前立后坐状，左右分雄雌，左为雄狮，威猛矫健，头披卷鬃，嘴衔绶带，脖系响铃，眉骨高耸，双眼激凸，咬牙咧嘴，仰面右盼，右足踩绣球。右为雌狮，造型与雄狮相似，区别在于其腿部有小狮攀附。兽身下连足托整石雕成，放置在须弥座墩上，须弥座墩中间饰倒三角形纹，两旁边饰云纹（图版三八，1）。

2. 望柱

位于外门内神道两侧，对称而立，右侧柱身呈八边形，素面，近方形覆莲柱础，础石四边立面雕刻素地锦的三角形垂角，圭角处雕勾云纹。柱础与望柱为榫卯结构，两者互相咬合，缝隙用灰浆黏接。柱顶部为仰、覆莲瓣须弥座，中间束腰，须弥座上置一蹲兽，朝向神道。蹲兽前立后坐，尾部上翘，头部缺失（图版三八，2）。左侧望柱柱身缺失，仅存方形覆莲柱础，莲瓣中间有圆形柱槽，直径0.37、深0.05米。

3. 瑞狮

与守门狮造型相类，前立后坐状，左右分雄雌，左为雄狮，威猛矫健，头披卷鬃，嘴衔绶带，脖系响铃，眉骨高耸，双眼激凸，咬牙咧嘴，仰面右盼，右足踩绣球。右为雌狮，造型与雄狮相似，区别在于其腿部有小狮攀附。兽身下连足托整石雕成，放置在须弥座墩上，须弥座墩中间饰倒三角形纹，两旁边饰云纹。

4. 羊

呈卧跪状，头有络头，嘴巴微闭，两耳立起，羊角围着耳朵内卷，脖下饰一桃形缨穗，背铺褥垫，尾巴肥大低垂于股间，昂首平视，体态匀称，神情温顺。兽身下连足托整石雕成，放置在须弥座墩上，须弥座墩中间饰倒三角形纹，两旁边饰云纹。

5. 虎

前立后坐式，头微昂，双目外凸，左虎鼻头平展，右虎鼻孔翕张，嘴巴紧闭，露出獠牙，两耳竖直，肩部肌肉隆凸。脖上有一圈系带，脖子下方中央系一铃铛，两旁各饰一桃形缨穗，左虎尾巴朝右摆，右虎尾巴朝左摆，盘踞于身体一侧。兽身连足托整石雕成放置在须弥座墩上，须弥座墩中间饰倒三角形纹，两旁边饰云纹（图版三八，3）。

6. 麒麟

呈跪踞状，头似龙头，双目暴凸，两耳直立，头颈后部鬃毛发达，毛发顶部尖耸，似披风状后扬，有一双犄角，嘴唇紧闭，露出獠牙，下颌有须垂至胸前，头微仰，直视前方，全身鳞甲，马蹄，嘴角、前肩、臀部饰有火焰纹，背部有凸脊，尾巴沿着脊梁反卷至背上。兽身下连足托整石雕成放置在须弥座墩上，须弥座墩已下沉（图版三八，4）。

7. 控马官

呈站立牵马状，头戴无展角乌纱帽，帽前有饰物，已模糊不清，身着圆领比甲，贴里曳撒，窄袖，腰围带铐战裙，足着靴，面部表情凝重。右侧控马官右手曲臂贴胸执马鞭，左手臂从肩膀处缺失。左侧控马官则相反，右手臂前端缺失（图版三九，1）。

8. 马

呈静立状，右侧马嘴部缺失，左侧马嘴紧闭，头微昂，双眼圆睁，两耳直竖。马身上络头、衔、镳、缰绳、鞍具、镫、胸带和鞦带等马具齐全，胸系一桃形装饰。鞍下垫鞍褥，下有障泥，马镫上部呈圆弧形，股后革带交结处饰一桃形缨穗。马腿短肥粗壮，与马身的比例不太协调（图版三九，1）。

9. 象

呈跪卧状，双耳宽垂，牙外露，牙尖紧贴鼻根，双目凝视，一幅温顺之态，尾垂略摆。右象左盼，长鼻卷起贴于左躯。左象右盼，鼻贴右躯。配络头、鞦带，革带交结处皆饰圆柱形缨结，颈部缰带上有一桃形缨饰，背垫鞍褥。兽身下连足托一起雕成放置在须弥座墩上，须弥座墩中间饰倒三角形纹，两旁边饰云纹（图版三九，2）。

10. 文臣

呈站立状，头戴五梁冠，簪缺失，两侧簪孔明显。身着朝服，交领右衽，有领缘，腰间系带，前有蔽膝，后为垂绶，足穿云头履，双手合抱于胸前执笏，神态恭敬端庄。足托掩埋于地下。

11. 女内侍

头戴无檐圆帽，帽后连布幞及肩，身着盘领长衫，腰系带，腰下衣摆褶皱整齐明显，足穿靴，袖手盘于胸前，神态恭敬（图版三九，3）。

12. 男内侍

头戴无檐圆帽，身着盘领长衫，腰系带，腰下衣摆褶皱整齐明显，足穿靴，神态恭敬（图版三九，4）。

五、出土遗物及标本

清理出土的遗物（包括采集）主要是建筑构件，下面按照出土遗物的类型介绍如下。

（一）建筑构件

清理发现的建筑构件主要是各种组合琉璃件，包括筒瓦、板瓦、勾头、滴水、平口条、正当沟、卷草纹花砖以及脊兽等。

1. 筒瓦

前窄后宽，横断面为半圆形，皆有带排水的雄头。多为灰胎素烧件，有多种规格（图版四〇，1）；仅见少量绿色琉璃件，瓦背上满挂绿釉，雄头处为素面（图版四〇，2；表二）。

表二　安肃王陵出土筒瓦登记表　　　　　　　　　　　　　　　　　单位：厘米

序号	釉色	编号	长	宽	厚	矢高	雄头长
1	素烧	2014GJAT0603：标2	28.5	15.3	2	7.5	4
2	素烧	2014GJAT1109：标6	28.9	14.2	2.8	7	4.7
3	素烧	2014GJAT0811：标13	30	16.2	2	7.8	3.5
4	素烧	2014GJAT0811：标15	29.5	16	1.5	6.4	3

续表

序号	釉色	编号	长	宽	厚	矢高	雄头长
5	素烧	2014GJAT1210：采5	29	13.8	1.5	6.5	4
6	素烧	2014GJA：采集	29	14	1.5	7	4
7	素烧	2014GJA：采集	22	14.5	1.5	6.5	4.8
8	素烧	2014GJA：采集	29.3	4	1.5	5.2	3
9	素烧	2014GJA：采集	22	14	2	7	5
10	绿釉	2014GJAT0603：标5	29.8	15.6	1	7.8	3.5
11	绿釉	2014GJAT0603：标3	26	15.4	2.2	6	3
12	绿釉	2014GJA：采集	15.4（残）	15.7	1.8	7.5	3.7

2. 板瓦

完整板瓦仅发现1块，前部较宽，后部较窄，前半部露明面挂绿釉。

2014GJAT1012：采2，黄偏红胎。长28、宽22、厚1.4厘米（图版四〇，3）。

3. 勾头

当面有圆形和如意形两种，纹饰皆为龙纹。有绿釉和素烧两种类型。两种勾头当面的直径或宽度规格不一。

圆形勾头　素烧，灰胎。当面为圆形，纹饰为模印五爪奔龙纹。龙头位于当面中心，龙体呈"S"形，长尾盘曲至头上方，龙头昂起，头生双角，龙须飘扬，曲颈折腰，身披鳞甲，五爪劲张，前足一前一后做奔走状。有多种规格（图一〇~图一三；表三；图版四〇，4、5）。

图一〇　安肃王陵出土素烧龙纹圆形勾头　　　　图一一　安肃王陵出土素烧龙纹圆形勾头
（2014GJAT0811：标14）　　　　　　　　　　（2014GJAT0801：采6）

0　　2厘米

图一二　安肃王陵出土素烧龙纹圆形勾头
（2014GJAT0811：标17）

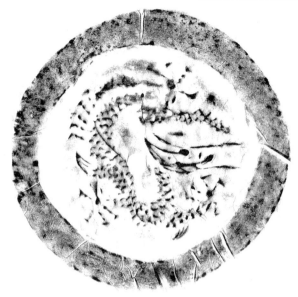

0　　2厘米

图一三　安肃王陵出土素烧龙纹圆形勾头
（2014GJAT0811：采16）

表三　安肃王陵出土素烧龙纹圆形勾头登记表　　　　　　　单位：厘米

序号	编号	当面直径	边郭宽	当面厚	瓦长
1	2014GJAT1109：标9	15	2	1	27
2	2014GJAT0810：标10	14.5	2.5	1.3	6
3	2014GJAT0811：标14	15	2.5	1.5	2
4	2014GJAT0811：标17	16	2	1.5	28
5	2014GJAT0811：采16	15.2	2.3	2.5	28.5
6	2014GJAT0810：采2	15	2	1.4	4.9
7	2014GJAT0811：采3	15	2	1.2	5
8	2014GJAT1109：采1-1	15	2	1.2	8
9	2014GJAT1109：采1-2	15	2	1.2	4
10	2014GJAT0811：采10	15	2	1.1	8
11	2014GJAT0811：采4	15	2.5	1.2	18
12	2014GJAT0801：采6	14.5	2	1	8.6
13	2014GJAT0811：采6	14.5	2	缺	8.6
14	2014GJAT1210：采4	14.5	2	1.4	5
15	2014GJA：采集	14.8	2.2	1.5	25.8
16	2014GJA：采集	15.2	2	1.6	9

　　如意形勾头　当面为如意形，窄边框，有浅郭，中央模印五爪奔龙纹。龙头位于当面中心，龙体呈"S"形，长尾盘曲至头前方偏下，龙头朝右边昂起，头生双角，身披鳞甲，前足一前一后做奔走状（图一四、图一五；表四；图版四〇，6；图版四一，1）。

0 _____ 2厘米

图一四　安肃王陵出土绿釉龙纹如意形勾头
（2014GJAT0811：采11）

0 _____ 2厘米

图一五　安肃王陵出土绿釉龙纹如意形勾头
（2014GJAT1112：采1）

表四　安肃王陵出土绿釉龙纹如意形勾头登记表　　　　　　　单位：厘米

序号	编号	当面宽	当面高	边郭宽	当面厚	瓦残长
1	2014GJAT0811：采11	22.3	15	1.4	1	缺
2	2014GJAT1112：采1	23	15.5	1.6	1	4.5
3	2014GJAT1012：采11	22	14.2	1.3	1.2	8.5

4. 滴水

滴水当面与瓦面交角大于90°，当面为如意形，模印五爪奔龙纹，有浅边郭。龙头位于当面左或右上方，龙头左或右上方有一朵祥云，龙头昂头曲颈向右边或左边回望背上的龙珠，龙体伸展，龙背弓起，龙尾直伸，前后四只龙爪做行走状，均五爪劲张，弯曲如钩。有绿釉和素烧两种类型，有多种规格（表五）。

表五　安肃王陵出土龙纹滴水登记表　　　　　　　单位：厘米

序号	釉色	编号	当面宽	当面高	边郭宽	当面厚	瓦长
1	绿釉	2014GJAT1012：采3	21.5	11	2.2	缺	缺
2	绿釉	2014GJAT1012：采4	22.2（残）	10.5	2.4	缺	4
3	绿釉	2014GJAT1012：采9	22	10.3	2.4	1.6	13.9
4	绿釉	2014GJA：采集	17.6	15.2	1.5	1.4	5
5	绿釉	2014GJAT1012：采8	21.6	11.1	3.6	1.6	7.4
6	素烧	2014GJAT1109：标7	23	10.8	2	1	18
7	素烧	2014GJAT0811：标12	23	10.3	2.5	1.5	28
8	素烧	2014GJAT0811：标16	22	10.5	2	1.6	28.5
9	素烧	2014GJAT0810：采1	22.8	10.5	2	1	11.4
10	素烧	2014GJAT1108：采1	24	10.8	2	1.6	12
11	素烧	2014GJAT0811：采12	23.5	10	2	1.7	8.7
12	素烧	2014GJAT1109：采2	23	9.5	3.5	1.5	12
13	素烧	2014GJAT0811：采13	21.5	10.5	2.5	4	12.5
14	素烧	2014GJA：采集	20	11	1.9	2.2	7.2
15	素烧	2014GJA：采集（残）	22.7	9.1	3.2	1.6	17.8

2014GJAT1109：标7，当面完整。灰胎，素烧。

2014GJAT0811：标12，当面完整。灰胎，素烧（图一六；图版四一，2）。

2014GJAT0811：标16，当面完整。灰胎，素烧。

2014GJAT1012：采3，残，当面的双侧上角和下角均缺失。红胎，正面和背面皆挂釉色，绿釉局部剥落（图一七）。

2014GJAT1012：采4，残，当面的左上角缺失。黄偏红胎，当面正面和背面皆挂釉色，绿釉局部剥落（图版四一，3）。

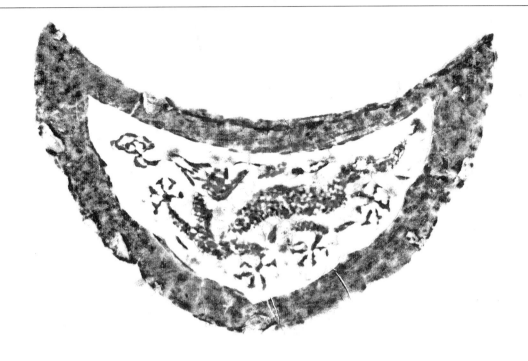

0 2厘米

图一六 安肃王陵出土素烧龙纹滴水

（2014GJAT0811：标12）

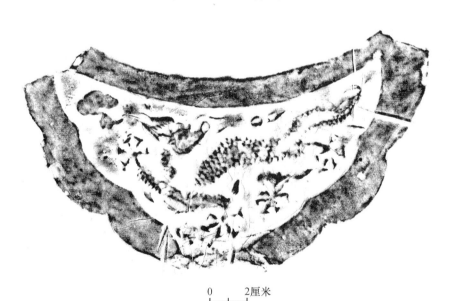

0 2厘米

图一七 安肃王陵出土绿釉龙纹滴水

（2014GJAT1012：采3）

2014GJAT1012：采9，当面右上角和下角稍有残缺，连残瓦。黄偏红胎，绿釉，釉色腐蚀严重，局部有脱落。

5. 平口条

安装在垂脊内侧压带条之下，是用以与排山正当沟上口找平的构件，形如长条形薄砖，有绿釉和素烧两种，绿釉多红胎，素烧为灰白胎，各有多种规格（表六；图版四一，4、5）。

表六　安肃王陵出土平口条登记表

单位：厘米

序号	釉色	编号	长	宽	厚
1	绿釉	2014GJAT0603：标4	23	8.3	2.5
2	绿釉	2014GJAT0603：采3	23	8.1	2.4
3	绿釉	2014GJAT0507：采集	24.1	7.8	2.1
4	素烧	2014GJAT1216：采1-2	23.6	8.5	2.5
5	素烧	2014GJAT0810：标11	23.7	8	2.5
6	素烧	2014GJAT1109：采5-1	23	8	3
7	素烧	2014GJAT1109：采5-2	24	8.3	2.7
8	素烧	2014GJA：采集	23.5	8	2.6
9	素烧	2014GJA：采集	23.2	8	2.5
10	素烧	2014GJA：采集	23	8	2.5
11	素烧	2014GJA：采集	22.5	8.2	3.4
12	素烧	2014GJA：采集	23.2	8.1	2.8

6. 正当沟

正当沟是衔接正脊与屋面瓦垄的构件。剖面呈弧形，中部呈半圆形凸出，瓦头有插榫，尾部在瓦内侧挖有榫窝。多为灰胎素烧件，有多种规格，仅见少量为红胎，面罩绿釉（表七；图版四一，6；图版四二，1）。

表七　安肃王陵出土正当沟登记表

单位：厘米

序号	釉色	编号	宽	高	厚
1	素烧	2014GJAT1109：标8	24.1	18.5	1
2	素烧	2014GJAT0811：采7	25.5	20	1
3	素烧	2014GJAT1216：采5-2	25.5	19.5	2
4	素烧	2014GJAT1210：采1-2	23	19	1
5	素烧	2014GJAT1109：采4	25	18	1
6	素烧	2014GJAT1210：采2	24	20	1.5
7	素烧	2014GJAT1210：采1-1	17	18	1.3
8	素烧	2014GJAT1216：采5-1	24	19.6	1.7
9	素烧	2014GJAT0811：采2	24.3	18.5	1.5
10	素烧	2014GJAT0811：采8	22.8	19.2	1
11	绿釉	2014GJAT0403：标19	23.5	19	1

7. 卷草纹花砖

17件。长条形，砖面模印阳纹卷草图案，凹凸有致。有绿釉和素烧两种，形制基本相同。其中绿釉者，红胎，图案面绿釉，部分釉面剥落，背面露胎无釉（图版四二，2）。素烧者，灰胎（表八；图版四二，3）。

表八　安肃王陵出土卷草纹花砖登记表　　　　　单位：厘米

序号	釉色	编号	长	宽	厚
1	绿釉	2014GJAT0603：标1	22.5	10	2.6
2	绿釉	2014GJA：采集（断成两截）	18.9	10.5	3
3	绿釉	2014GJA：采集（残）	17.2	10	2.8
4	绿釉	2014GJA：采集（残）	14.5	10.5	3.3
5	素烧	2014GJAT0503：采3	23.8	10.8	2.5
6	素烧	2014GJAT1109：采3	23	11.5	2.7
7	素烧	2014GJAT0811：采1	23.5	10.5	3.4
8	素烧	2014GJAT1016：采2-1	23.4	11.2	2.5
9	素烧	2014GJAT1216：采2-2	22.8	10.5	3
10	素烧	2014GJAT0111：采15	23.5	12	2.7
11	素烧	2014GJAT1311：采1	22.2	11	2.9
12	素烧	2014GJAT1209：采1	22.9	10.7	2.5
13	素烧	2014GJA：采集	22.5	11.3	2.5
14	素烧	2014GJA：采集	22.2	10.8	3.2
15	素烧	2014GJAT0811：采14-1	22.7	11.3	3
16	素烧	2014GJAT1311：采14-2	23.1	11.2	3

8. 脊兽

出土脊兽残件有绿色琉璃和灰白胎素烧两类，均为残破构件局部，难以拼合辨识，择其可辨残件介绍如下。

2014GJAT0405：采1，剑柄。残，仅余插榫部分。红胎，实心，绿釉，釉面部分剥落。形状为宝剑剑柄，剑柄的上部微弯曲，顶部凸出。长11.5、最宽10.5、最厚1.5厘米（图版四二，4）。

2014GJAT1012：采7，剑柄。残，仅余插榫部分。红胎，实心，绿釉。单面雕饰，形状为宝剑剑柄，顶部为马鞍形，中间是两道凸弦纹，下面饰五颗宝珠。剑柄下部是渐收的榫头，无釉。长11、最宽6.5、最厚2.5厘米。

2014GJAT1212：标18，脊兽兽头形状。残，仅可辨别嘴部。黄偏白胎，露明处挂绿釉，釉面剥落。中空，连瓦槽。通长22.5、宽18、最高10厘米。

2014GJAT0304：采1，脊兽尾部。灰胎，表面呈灰黑色，无釉。可见龙鳞纹饰和脊兽尾部（图版四二，5）。

2014GJAT1012：采5，兽身鳞甲残片。黄胎，绿釉，釉面剥落。可见鳞甲纹饰（图版四二，6）。

9. 青砖

有两种规格（表九）。

表九　安肃王陵出土青砖登记表

单位：厘米

序号	编号	长	宽	厚
1	2014GJAT0603：采1	35.3	12	8
2	2014GJAT0603：采2	35	12	7.8
3	2014GJAT1210：采6	28	11.4	4.8
4	2014GJAT1216：采1-1	30	15.5	5.5

（二）陶瓷器

多为残片。陶器为灰胎，无釉；瓷器有青瓷、白瓷和青花瓷。可辨器形有壶、罐、瓶、碗、盏等。

带柄陶壶　2014GJAT0304：采7，完整。口径6、腹径38.5、底径7.4、通高15厘米。

六、结　语

安肃王陵是明代中期靖江王陵陵园营造制度成熟时期建造，完全沿袭了怀顺王陵之后的庄简王陵、昭和王陵陵园规制，基本没有改变。与早期的悼僖王陵、怀顺王陵相比较，陵园建制和布局规制有较大的变化，陵园端正，神道中直，建筑布局中规中矩。

虽然安肃王陵后期破坏较严重，通过此次对安肃王陵遗址的考古清理发掘，我们还是获得了较多信息。完整了解了安肃王陵的陵园布局、部分建筑物的构筑方式和构筑材料，为安肃王陵的遗址保护提供了客观准确的资料。

温裕王陵陵园遗址考古清理报告

  2012年10月中旬至2013年1月，为配合桂林靖江王陵遗址保护工程的实施，广西文物保护与考古研究所与桂林市靖江王陵文物管理处组成联合考古队对靖江温裕王陵陵园遗址进行了考古清理，广西文物保护与考古研究所韦革担任考古领队，桂林市文物保护与考古研究院贺战武担任执行领队，桂林市靖江王陵文物管理处曾祥忠、张阳江、阳灵、李爱民、官春燕、周彤莘、许彬彬等参与考古发掘清理工作全程，广西师范大学历史文化与旅游学院2011级考古学及博物馆学专业韩恩瑞、张玉艳、秦婕、吴双、陈玉婷五位研究生参加了为期三个月的田野实习工作。现将考古清理情况报告如下。

一、地理位置及环境

  温裕王陵是第十任靖江王朱履焘及其妃石氏的合葬墓。朱履焘，康僖王庶长子，万历十三年（1585年）袭封，万历十八年（1590年）薨，享年十九岁，无嗣，谥温裕，万历二十年（1592年）葬于尧山之原。陵园位于桂林市七星区朝阳乡新建村委挂子山村，占地面积约10.6亩。

  遗址范围内是较为平缓的坡地，北侧紧邻广西茶叶科学研究所围墙，西侧贴近桂林东郊水管站围墙，南向是长满灌木杂草的荒坡，有村民开垦的小片旱地，东侧是丢荒了的水田，长满了杂草。

二、遗址现状及发掘清理情况

1. 遗址分布及保存情况

  清理揭露前，遗址的陵门、碑亭、中门、享堂、封土堆等依稀可辨，但内外围墙、神道、散水等大多被自然沉积土或倒塌倾覆层所填没。20世纪七八十年代，附近村民在陵园南面、东面

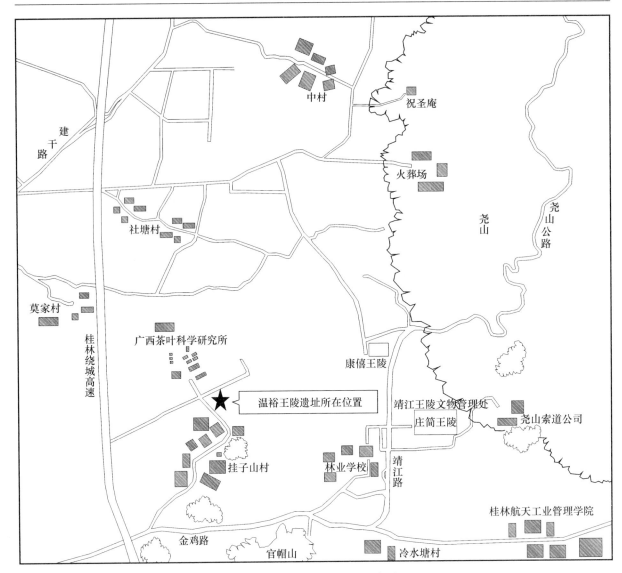

图一　温裕王陵地理位置示意图

（即陵门附近及陵门到中门之间）栽种柑橘时从桂林购入大量生活垃圾倾倒于此，故该区域覆盖较厚的黑色土层，其中还夹杂较多现代玻璃、瓷片、塑料等。由于当时被运送垃圾的大中型垃圾车辆碾压，也导致陵园内神道到中门之间的地砖大都呈碎块状。加上当地村民长期耕作，陵门神道及外围墙内陵园的前半部受扰乱及破坏尤为严重，陵门左侧围墙内现在还有村民种植的小片桂花树林和灌溉用的蓄水池。另据当地村民反应，20世纪六七十年代修建的从青狮潭水库的引水工程——东干渠，也从陵园取石料和砖料去修葺，这些对陵园都造成了极大的破坏。

2. 工作方法

　　温裕王陵遗址的清理发掘工作按照《田野考古工作规程》的要求进行，清理地表之后使用全站仪进行工地布方，同时做好遗址地形图，总平面图，遗迹平、剖面图的测绘工作，工地总记录、探方记录等文字工作，以及照相、录像等影像采集工作。

布方的基点选择在陵门外西南角，往北、东方向按照正南北方向进行布方，基点所在探方编号为T0101，往北的探方编号分别为T0201、T0301、T0401等，往东的探方编号分别为T0102、T0103、T0104等，直至将整个需要清理的范围覆盖在内。共布方97个，探方规格为10米×10米，实际清理发掘45个（图二）。

在清理发掘过程中，根据探方在陵园位置的不同和遗址堆积的具体情况，我们分别进行考古揭露、清理、发掘和勘探，重点寻找可能存在的原有陵园附属建筑设施。工作中，我们严格遵循"最大保护，最小干预"的原则，只清理至原建筑面为止。探方内属于后期扰乱部分的将其清除，探方内后期的扰坑等打破原来地面的，只做记录不进行清理，我们清理的目的是为了了解陵园的布局和构筑方式。对于被倒塌倾覆层覆盖的内外陵墙，分段对墙体的倒塌部分进行解剖，了解墙体的结构、构筑方式及墙角的具体位置，同时将墙体固有部分完整地保留下来，以备展示之用。

在清理发掘中，平、剖面结合，由上而下逐层揭露。出土标本全部以整个陵园清理发掘区为单位进行编号，同时对出土地点进行登记，采样则以探方为单位进行编号。本次考古清理发掘所采集和出土的器物绝大部分是各种琉璃滴水、勾头、吻兽、脊兽、砖以及各类素烧建筑构件。

3. 地层堆积情况

温裕王陵遗址的主体暴露于地表之上，总体来讲地层堆积较为简单。从地势来看，由陵门到享堂地势逐渐抬高，故而遗址后半部受扰乱较少。中门右侧及右侧石像生后面地势较低处长期以来被村民用来堆置生活垃圾，陵园前半部分包括陵门附近村民种植时间较长，这些地方受扰乱较严重。清理发掘区的主要文化堆积分布于陵门、碑亭和中门右侧墙基。

从清理探方的情况来看，陵园建筑直接修筑在原土层上。地层经统一后可分为3层：

第1层：表土和现代扰乱层，为近现代自然沉积和人类耕作形成。该层在全部发掘区均有分布，在中门、享堂以后、陵园东北面分布较浅，在陵门附近及陵门至中门神道地段、陵园西南面分布最厚。

第2层：明清时期文化堆积层，大多为倒塌形成的文化堆积。该层较集中分布在中门右侧墙基附近、两侧碑亭、T0305左2左3石像生后至T0306的F3前、外围墙南墙前端F1附近。

第3层：原有腐殖质层。除了被各种建筑基础打破外，在整个陵园均有分布。该层之上是

北

0   30米

图二　温裕王陵布方图

原有陵园构筑时的建筑面。

第3层以下为生土。

另外，为了了解局部的地层关系，我们选择了F1东南外侧至外陵墙东墙局部、F2西南外侧至外陵墙西墙内侧局部以及探沟（TG1）做了局部或四壁解剖。

（1）F1东南外侧至外陵墙东墙局部剖面

第1层：表土层，深灰褐色沙黏土，土质疏松，厚15～25厘米。该层大体随向两侧倒塌的墙体夯土层自然起伏，呈现两侧低、中间高的形状。包含物为地表草皮及其植于浅表层的根系、个别青砖碎块。

第2层：浅灰褐色沙黏土，土色较纯，土质疏松，厚20～25厘米。为原墙体倒塌的夯土层。包含物为少量灌木根系。

第3层：明代堆积及倒塌层，褐色沙黏土，土质疏松，厚20～60厘米。该层基本为原夯土墙倒塌堆积层，包含物为原墙体倒塌的大量青砖残件、少量石块。

第4层：褐色沙黏土，土质疏松，厚约20厘米。该层起伏不大，土质纯净，基本不包含文化遗物。

第4层以下为黄色沙黏生土，结构较紧（图版四三，1）。

（2）F2西南外侧至外陵墙西墙内侧局部剖面

第1层：表土层，深褐色沙黏土，土质疏松，土色深，厚5～10厘米。包含物为杂草根系。

第2层：深褐色沙黏土，土质疏松，厚5～30厘米。包含物为较多青砖残件。

第3层：浅灰褐色沙黏土，厚5～30厘米。包含物为少量青砖残件和少量残青瓦。

第4层：深褐色沙黏土，土质疏松，厚约25厘米。该层起伏不大，包含物为较多残青瓦。

第5层：浅灰褐色沙黏土，土质疏松，厚5～10厘米。包含物均为少量残碎青瓦。

第5层以下为深褐色沙黏生土，土质疏松，土色较纯（图版四三，2）。

（3）TG1北壁地层剖面

第1层：灰褐色土，土质较硬，厚约30厘米。该层大体水平，包含物有少量残碎青砖和青瓦。

第2层：红褐色沙黏土，较疏松，厚10～15厘米。土质纯净，含少量紫色云英石。

第3层：深灰褐色和浅灰色土交替，厚18~30厘米。土质纯净，无文化遗物。

第4层：红褐色或浅黄色交替，土质较纯净，结构稍松，厚60～68厘米。该层起伏不大。

第4层以下为生土（图版四三，3）。

三、陵园布局

温裕王陵坐北朝南，墓向195°，陵园以神道为中轴线，由内外两重陵墙分成两重院落，平面呈"回"字形，主要建筑依次为陵门、中门、享堂、墓冢封土。神道两侧对称排列石像生、碑亭等。外陵园石像生后对称建有左右厢房。内陵园右侧石像生后建有两间厢房（图三；图版四四，1）。

1. 神道

从陵门至陵前享堂有一条用砖铺砌的道路，路的两侧还砌有路沿石，即为神道。神道将陵门、中门、享堂的正阶贯穿在一条线上。虽然陵园平面整体呈不规则"回"字形，但神道基本位于陵园中轴线上，由于多年耕作及在此采料石兴修水渠的缘故，神道几乎被破坏殆尽，仅中门与享堂之间还残留有部分铺地青砖，据此测量神道的宽度为12.6米。

2. 外陵墙

外陵墙平面呈不规则长方形，南侧宽61.75米（含陵门），北侧宽68米，西侧长120米，东侧长119米，周长约370米。除了陵门两侧还残留有局部墙体外，其余的外陵墙皆已坍塌，形成长条形的土堆覆盖在墙基上，土堆呈龟背状隆起，高0.1~0.9米，把外陵墙的轮廓凸显出来。从我们清理出来的断面看，墙基的砌法是先挖好沟槽，然后用大块的石灰岩料石砌一层墙基基础，基础部分外侧平直，内部用石灰岩毛片石、碎砖瓦等填塞或垫平，宽1.2、高约0.4米。基础以上即为墙体，墙体较基础略有收分，宽1米，下部也是先用石灰岩料石砌一层基础，高0.18~0.24米，但料石较墙基基础部分显得小且碎，往上的墙体采用版筑夯土方法，内部为夯土，土内夹杂碎砖瓦，外部用青砖包砌。外陵墙的原高度已不明。

3. 外门

外门由台基、台明、台阶、陵门建筑组成。台基面阔12.6米；进深东西两侧稍有不同，西侧进深4.8米，东侧进深4.3米；残高0.15~0.6米。外门建筑已倒塌，仅存三个门道，均保存有少部分墁砖地面、门道边墙残基、门槛石、台阶等遗存。外门辟有三道拱券门，门道边墙用青条石砌筑，中间填塞碎石、泥土。中间门道宽2.58米，门道边墙厚1.1米；西门道宽2.2米，东门道宽2.16米，门道边墙厚1.3米；门槛宽0.22、高0.2米。外门东侧外陵墙长24.65米，西侧外陵墙长24.5米。外门建在台明的中部，最外两侧边墙的墙体并未平台明，而是距台明边缘尚有

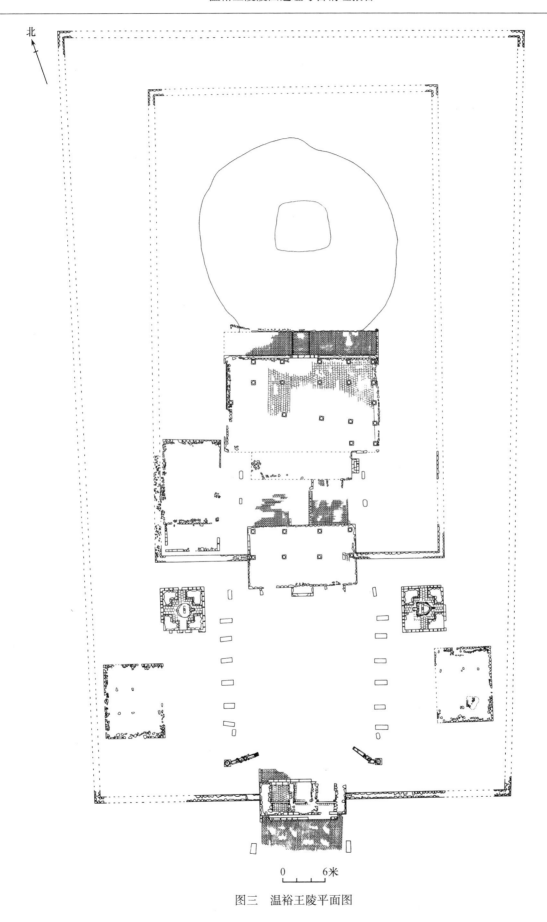

图三　温裕王陵平面图

1米左右的距离，外陵墙的墙体在两侧边墙中部与陵门相接。

台基上台明部分地面墁砖，砖有方形及长方形两种。中间门道保存有完整的墁方砖地面，方砖规格为41厘米×41厘米×7厘米，两侧门道则在门洞范围内为方砖，其余部分为长方形砖，长方形砖的规格基本为38厘米×16.5厘米×7厘米。台基依地势而建，北高南低，满装石座，东西长12.6米。陵门前设有三出垂带踏跺式台阶，台阶的踏跺大多已不见，仅存部分象眼石、砚窝石及踏跺的基垫等构件和遗迹，台阶的宽度各对应三个门道宽度。台基前端已经严重损毁，后端逐渐降坡以保持地平，后端的压阶石也已大多不见，台基与神道间留有一级踏步。由于地表破坏严重，神道的墁砖及路沿石已不见。陵门前端由于地表破坏较严重且土地尚未征用，陵园外我们只清理至此处，具体分布情况有待今后进一步发掘。

4. 碑亭

左右碑亭形制相同。平面为方形，面阔及进深皆为6.6米。四面各辟券门，顶部已坍塌，现仅存台基和部分石砌墙基及墁砖地面，亭内安放石碑一通，由赑屃碑座和碑身组成。碑亭的台基为满装石座，左侧碑亭可看出断面，做法是先在地上开好与碑亭相适应的土坑，最下层铺设细碎片石夯实，中间铺设长0.11～0.32米的料石（朝上的面稍平），其上铺方整条石，条石宽0.32～0.35米，条石之间相距0.01～0.015米，每块条石外侧（两头）加塞一块或两块打尖石用以平衡条石。台基上四角砌四个曲尺形石墙基，台明露明部分为墁砖铺地。券门高度不详，门宽1.28米。碑亭四个曲尺形墙基两侧均用长32、宽16、厚5厘米的条砖竖向铺边，其余地面用边长30、厚5厘米的方砖错缝平铺。墙基残高0.23～0.56米，内角对内角长6米。

碑趺安放在碑亭的中央，龟首朝神道方向，龟下为一椭圆形基座，基座埋入地下，基座最上端稍高于墁砖地面。龟背上铺有褥垫，褥垫中间留有碑座插口，褥垫左右两端分别垂吊有一铜钱饰件，除了褥垫覆盖处龟背龟壳外沿一圈上饰八卦符号的纹饰，龟背龟壳的前后也分别雕刻有一铜钱饰件。龟首高昂，双目圆睁，双唇紧闭，獠牙外露，四足及尾部布满鳞甲，足爪锋利。左右碑亭内的龟趺均略有缺损，龟趺上的碑已缺失（图四）。

左侧龟趺身长3.26、宽2.02、高0.75米，足托长2.2、宽2.2、高0.5米，龟背上碑槽长1.22、宽0.28、深0.07米；右侧龟趺尾部残损，残长2.83、宽2.2、高0.64米，足托长2.2、宽2.09、高0.3米，龟背上碑槽长1.05、宽0.37、深0.07米。

清理发现右侧碑亭周围散落的瓦件均为琉璃瓦，推测碑亭均采用琉璃瓦盖。

5. 中门

中门由台基、台明、台阶、中门建筑组成。现地坪上仅存一层条石基础，台明上残存部分

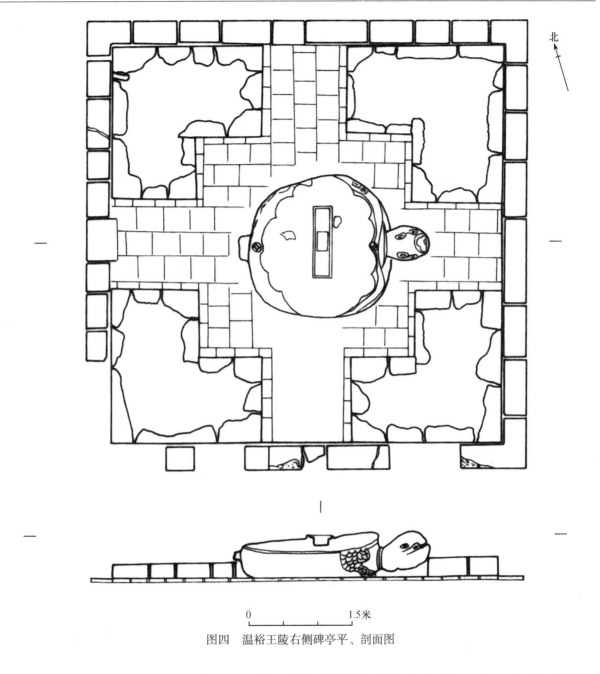

图四 温裕王陵右侧碑亭平、剖面图

墁砖地面，皆已断裂。门槛石存一边。从现存柱网分析，中门应为面阔三间、进深二间的建筑。台基前的垂带踏跺已毁，仅存正阶踏跺的基垫条石及砚窝石等构件。测量其长1.38、宽3.2米。两侧垂带踏跺均已毁，但三列垂带踏跺间局部还残留有长条形青砖，皆已断裂，青砖地面宽度皆为1.75米。根据遗存测量，两侧垂带踏跺距中门两侧边墙基1.6米（图五）。

踏跺往上即是中门的台明，遗存的柱础皆为方石鼓镜式，现存柱础两排，共8个。第一排（朝向与墓向相同）由右向左柱础边长为0.6~0.62米，柱顶为圆形，直径分别为0.38、0.41、0.42、0.45米，柱顶高0.075~0.08米；第二排柱础边长0.6~0.62米，柱顶直径0.37~0.38、高

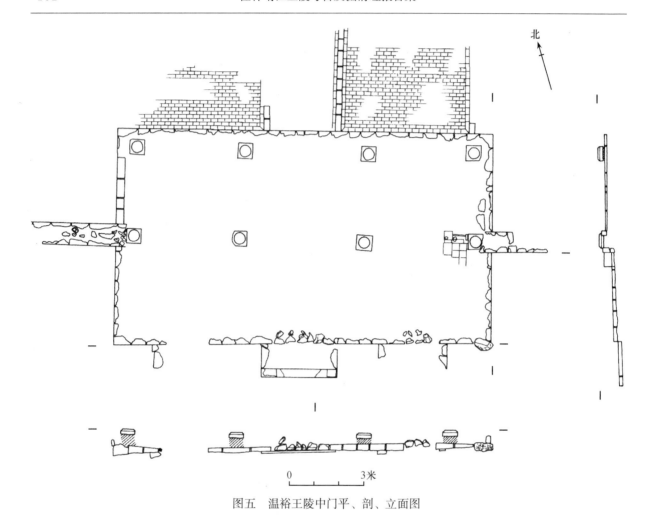

图五　温裕王陵中门平、剖、立面图

0.075～0.078米。根据现存柱网判断，明间面阔4.55米，可能是柱础移位的关系，两次间面阔不一致，西侧为3.93米，东侧为3.97米，通进深为9米。

左（东）边的明间和次间的中部存有一块门枢石，其朝向与墓向一致。门枢石呈长条形，长1、宽0.32米；其中间有一凹槽，呈长方形，长0.32、宽0.12米。凹槽的北面即门内的位置还有一圆形凹孔以放置门枢，凹孔直径0.16、深0.03米。门槛石与山墙上的柱础间距为0.65米。内陵墙在台明中部即门的位置与台基相接形成闭合。台明后部也对应前部的垂带踏跺有三条路径通向享堂，至享堂前部台阶处止，长5.75米。由于破坏严重，只存中间王径可以测量数据。王径两侧有路沿石，条石宽约0.25米，长短不一。条石内侧纵向铺一条青砖做边，其余路面用青砖横向错缝平铺，青砖路面宽2.75米。青砖规格为28厘米×14厘米×5厘米。台明地表尚保存局部墁砖地面，铺地方砖规格为30厘米×30厘米×5厘米，皆已碎残。

6. 内陵墙

内陵墙平面大致呈长方形，南侧宽43.2米（含中门），北侧宽46米，北侧内陵墙距外陵墙

8米，东侧、西侧长皆为68.6米，东西两侧内陵墙与外陵墙相距11米，整个内陵墙（含中门在内）周长约226米。内陵墙除了与中门相接的西南侧还残存露出地表的料石墙基外，其余的墙体皆已坍塌，形成长条形土堆覆盖在墙基上，土堆呈龟背状隆起，高0.1~0.3米，把内陵墙的轮廓凸显出来。西侧墙基厚0.95米，南侧墙基厚0.85米。从清理出来的断面看，内陵墙是直接建筑在经过平整的原地表上。西南侧与中门相接的内陵墙墙基构筑比较规整，是以规整的料石作为基础，料石露明面平直规整，墙基中间则以石灰岩毛片石、碎砖瓦等填塞，最底层的料石为了平整则以砖块垫平。墙基宽0.96、残高1.02米。其余三面墙基、墙体的砌法与外陵墙相似，墙基也是先挖好沟槽，然后用大块的石灰岩料石砌成墙基基础，基础部分外侧大致平直，内部用石灰岩毛片石、碎砖瓦等填塞或垫平，宽0.85米。基础以上即为墙体，墙体采用版筑夯土方法，内部为夯土，土内夹杂碎砖瓦，外部用青砖包砌，墙体较基础略有收分，宽0.75米。

7. 享堂

享堂由台明、月台、台阶、享堂建筑组成。地上建筑部分皆无存，仅存部分墁砖地面、柱础石、台阶等遗存。从现存柱础分布看享堂为面阔五间、进深三间的建筑，明间面阔4.85米，次间面阔3.55米，梢间面阔3米；一进深2.3米，二进深5.2米，三进深2.3米。享堂现存柱础18个，从柱网分布看，柱础排列四行六列，除左右山墙外各列皆为4个柱础，左右山墙两列柱础则在中间多一山柱。柱础皆为方石鼓镜式，底座露明部分为正方形。檐柱柱础边长0.6、鼓面直径0.45、高0.065米；金柱柱础边长0.65、鼓面直径0.45、高0.075米。享堂台明东北角以及中间局部保存有墁砖地面，为边长30、厚5~6厘米的方砖错缝平铺（图版四四，2）。享堂现存台明面阔22.5、进深13.9米。从清理情况看，享堂台明外围边缘及角都填充碎砖、片石加固，其上再铺大料石和方基石，中部填充黄土（图六）。

享堂前部出有月台，月台台基依地势北高南低，面阔14.6、进深3.9米。台基围边的条石构建无存，仅地坪上残存一层台基土衬石，台帮内夯土向前及两侧坍塌，形成斜面。月台前设三出垂带踏跺式台阶，左路垂带踏跺仅存部分土衬石，残长1.1、宽2.32米，高及台阶数量不明；中路踏跺宽3.25米，左侧遗存一块砚窝石，与台基相距1.4米；右路垂带踏跺已无遗存。月台两侧各有一列抄手台阶，左侧抄手踏跺残存一级台阶及台阶基槽，残长1.06、宽2.01~2.02米，高度与台阶数不明；右侧抄手踏跺无遗存。月台两侧的墁砖地面残存少量碎裂砖面，中路垂带踏跺和左路垂带踏跺之间局部保存有较完整墁砖地面，砖规格为32厘米×16厘米×0.5厘米，横向错缝平铺，近踏跺两侧边沿为竖向直铺。享堂台基前大部分地面仅存残砖。

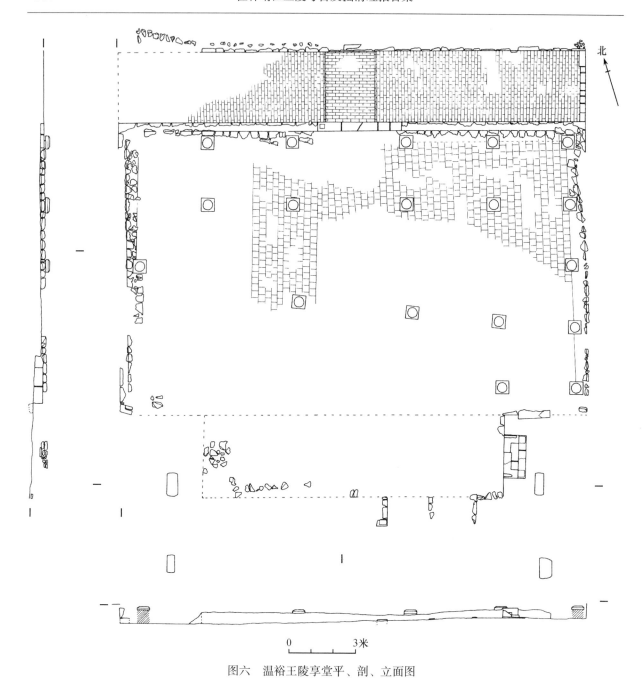

图六 温裕王陵享堂平、剖、立面图

8. 厢房建筑

在温裕王陵陵园内清理发现四处厢房建筑遗址，遗址编号F1、F2、F3、F4。F1、F2位于外陵园神道左右两侧、靠近南外陵墙东西两侧的位置，左（东）侧为F1，右（西）侧为F2，两处房址基本对称。F3和F4位于内陵园，靠近南内陵墙西侧的位置。

F1位于外陵园内东南角，距南外陵墙9.9米，距东外陵墙1.3米。平面呈长方形，面阔10.75、进深8.45米。墙基料石基础厚0.7米。房址柱础为素面方形，已经残缺不全，经清理可辩应有4排，每排4个，现存12个柱础，3个较为完整。房址内局部地表土呈现火烧过的深红色，推测F1为当时的厨房（图版四五，1）。

F2位于外陵园内西南角，与F1相对称，大小基本相同，距南外陵墙9.1米，距西外陵墙1.25米。平面呈长方形，面阔10.65、进深8.7米。墙基料石基础厚0.75米，由三层石灰岩质石料砌筑，第一、二层为大块不规则石料，第三层石块较小，石料之间以小碎石块杀缝填垫。根据清理情况看，柱础总共4排，每排4个，现存14个。根据柱础排列的情况看，F2可分为三间，门向东侧，两侧每间宽2.85米，中间宽3米。F2内东北角保存有零星条砖错缝平铺砖面，所用砖与神道用砖一致。在F2南侧局部及西北角清理发现厚0.1～0.15米的碎瓦层，均为灰青色板瓦（图版四五，2）。

F3位于内陵园中门右侧，内陵墙西南角，门向东侧，面阔3.6、进深8.03米。房址的东、南、西墙基皆为方正规整的条石做基础，宽0.28～0.3米，西墙基距离西内陵墙基0.61～0.63米，南墙基西南段距南内陵墙基0.61～0.63米，东南角距南内陵墙0.55米。房址内靠近西南角放置一条石，垂直于南墙，距西墙1.9米。条石长0.98、宽0.12～0.14米，性质及用途不明。北墙料石基址宽0.65～0.66米，基址旁残存一块柱础石，距离北墙西端3.7米，尺寸为0.18米×0.2米。与柱础石平行，距其0.83米处还放置一阶条石，尺寸为0.28米×0.5米。从清理情况看，F3北墙与F4南墙为一墙，两房应相通，F3地面略低于F4，两房之间应建有台阶上下，这块条石或为残存的台阶石。F3内局部残存零星碎裂青砖地面，东部及北部出土青灰色碎瓦，夹杂极少量琉璃砖。在F3至内陵园石像生间发现大量陶瓷碎片，瓷片均为青花瓷，陶片均为灰红胎酱釉器（图版四五，3）。

F4北墙长8.55米，东北角距享堂0.56米，料石基址宽0.53～0.55米。西墙长10.95米，料石基址宽0.32～0.4米，距西内陵墙0.32～0.4米，西北角距西外陵墙0.25米。北墙内现存方形柱础4个，柱础边长0.25～0.26米；东墙在距离东北角3.55米、东南角3.1米处各有一长方形碎石柱础，两柱础相距3.9米，北侧碎石柱础规格0.6米×0.15米，南侧碎石柱础规格0.6米×0.35米。地面局部残存有碎裂青砖地面，大多无存。根据柱网判断F4应面阔三间、进深四间。

F3、F4地面及周围发现的碎瓦片多为青瓦，少量琉璃砖构件残块。推测这两处房屋屋顶盖瓦以青瓦为主，辅以少量琉璃砖瓦件（图版四五，4）。

9. 墓冢封土

享堂后面即是地宫的封土。封土大致呈覆钵形，最大直径28.7、侧宽27.9、现存高6.28米。宝顶后部距离内陵墙宽度为6.8米。封土前挡土墙宽0.52～0.54米，墙基外侧料石长0.43～0.62

米，多为窄长形料石，外侧较平直，上方较平整。内侧料石不太规整，长0.15～0.35米，大小不一，大多不平整。挡土墙的作用一是可以固土，二是防盗。由于对封土不再进行进一步的清理，挡土墙后是什么状况暂且不明。

据资料记载，温裕王陵地宫曾在20世纪20年代及1983年先后被盗两次。在封土前方东西两侧各发现一个盗洞，我们分别编号为D1、D2。D1位于封土西面，距离封土西侧边缘8.5米，距离封土挡土墙6米，盗洞口直径为0.85～1米；D2位于封土东面，距离封土东侧边缘10米，距离封土挡土墙8米，盗洞口直径1米。

封土和享堂之间有一道东西向的甬道，残长22.5、宽3.35米。甬道中部用条砖横向错缝平铺，墁砖面长2.55米，左右两侧各有两排竖立砌砖做边，边宽0.1米。横向平铺砖面的两侧为竖向直铺墁砖面，东侧保存完整，长10米，东端用条石做路沿石，宽0.25米；西侧保存部分墁砖面。

四、石　像　生

神道两侧现存石像生十二对，包括守门狮、望柱、控马官、马、獬豸、羊、麒麟、虎、象、文臣、女内侍、男内侍各一对。石像生均用整块石灰岩巨石雕刻，一般是石兽或石人连足托一起雕刻而成。石像生的摆放，除了望柱及獬豸、羊、虎、麒麟、象等石兽是摆放于须弥座墩上外，其余的就是先在地上挖个略大于石像生足托的坑，略夯实后，直接摆放石像生。足托，一般都呈长方体，部分因受料石石材本身的限制，底部不是规整的平面，因此在摆放时，为了扶正需要填垫些碎石或泥土。而摆放石兽的须弥座墩，其外形也呈长方体，上窄底宽，断面呈梯形，其底部也与足托一样，存在底部不是很规整的情况，在座墩底部填垫些碎石或泥土找平地面。基座的样式，承接望柱的稍特殊，其上部有莲瓣纹，柱础与望柱为榫卯结构，两者互相咬合，缝隙用灰浆黏接，而基座本身，除了在束腰处饰如意纹及在下枋处饰卷云纹外，其余部位为素面；其他承放石兽的基座，只在下枋处饰如意云纹（表一、表二）。

表一　温裕王陵石像生基本信息一览表

单位：厘米

编号	名称	尺寸		残损状况
左1	守门狮	兽身	长150、宽60、高156	基本完好
		足托	长160、宽64、高18	
		座墩	长163、宽65、高45	

编号	名称	尺寸		残损状况
右1	守门狮	兽身	长160、宽60、高145	小狮子头部缺失
		足托	长151、宽60、高17	
		座墩	长151、宽68、高52	
左2	望柱	柱身	八边形盘龙，柱最大径47、周长170、残高360	望柱已断成三段倒置于地，纹饰基本完整，高度基本可测量；盘龙自下而上缠绕八边形柱身，柱顶莲花以上部分缺失，上部莲花高20
		柱础	四边形，长90、宽93、高30、上部有莲瓣纹，莲瓣内径23、外径75、高28	
右2	望柱	柱身	八边形盘龙，柱最大径55、周长180、高420；柱上部有莲瓣纹，高30；莲瓣最顶部为八面如意祥云，高40，云朵最长22、宽22	基本完好
		柱础	四边形，长93、宽93、高30、上部有莲瓣纹，莲瓣内径30、外径66、高25	
左3	控马官	造像	高265、最宽147、最厚45	控马官左耳垂有部分缺失
		足托	长88、宽50、高6	
右3	控马官	造像	高260、最宽145、最厚46	基本完好
		足托	长88、宽50、高6	
左4	马	兽身	长250、宽65、高162	基本完好
		足托	长175、宽60、高16	
右4	马	兽身	长235、宽50、高178	马双耳小部分缺失
		足托	长170、宽62、高10	
左5	獬豸	兽身	长152、宽61、高163	基座右前角缺失，獬豸胡须部分缺失
		足托	长152、宽59、高18	
		座墩	长159、宽62、高52	
右5	獬豸	兽身	长190、宽63、高170	獬豸胡须部分缺失
		足托	长155、宽61、高16	
		座墩	长155、宽61、高50	
左6	羊	兽身	长214、宽58、高123	羊胡须部分缺失
		足托	长184、宽60、高17	
		座墩	长186、宽66、高42	
右6	羊	兽身	长193、宽60、高115	基本完好
		足托	长170、宽60、高10	
		座墩	长171、宽62、高45	
左7	麒麟	兽身	长181、宽61、高178	基本完好
		足托	长155、宽65、高18	
		座墩	长164、宽64、高42	

编号	名称	尺寸		残损状况
右7	麒麟	兽身	长180、宽60、高175	基本完好
		足托	长166、宽65、高20	
		座墩	长168、宽63、高48	
左8	虎	兽身	长204、宽71、高152	基本完好
		足托	长174、宽65、高18	
		座墩	长176、宽60、高39	
右8	虎	兽身	长217、宽60、残高95	虎前腿缺失，足托缺失，座墩大部分缺失
		足托	无法测量	
		座墩	残长50、残宽53、高50	
左9	象	兽身	长204、宽62、高115	象鼻子部分缺失
		足托	长167、宽61、高16	
		座墩	长170、宽63、高45	
右9	象	兽身	长205、宽58、高123	象鼻子和牙齿有部分缺失
		足托	长174、宽58、高10	
		基座	长178、宽60、高48	
左10	文臣	造像	高385、宽135、厚58	翁仲执笏板部分缺失
		足托	长128、宽55、高10	
右10	文臣	造像	高385、宽130、厚54	翁仲执笏板部分缺失
		足托	长123、宽45、高25	
左11	女内侍	造像	高230、宽85、厚38	侍女左耳部分缺失
		足托	长79、宽39、高10	
右11	女内侍	造像	高235、宽80、厚50	侍女右耳部分缺失
		足托	长89、宽61、高10	
左12	男内侍	造像	高260、宽95、厚50	基本完整
		足托	长102、宽52、高10	
右12	男内侍	造像	高255、宽85、厚45	鼻子部分缺失
		足托	长102、宽42、高10	

表二　温裕王陵石像生间距一览表　　　　　　　　　单位：米

测点	横向间距	测点	纵向间距	测点	纵向间距
左1—右1	14.2	左1—左2	15.3	右1—右2	15
左2—右2	21.7	左2—左3	2.75	右2—右3	2.8
左3—右3	21.5	左4—左5	2.4	右4—右5	2.52
左4—右4	21.1	左5—左6	2.85	右5—右6	2.6
左5—右5	21.1	左6—左7	2.5	右6—右7	2.58
左6—右6	21.2	左7—左8	2.65	右7—右8	2.52

测　点	横向间距	测　点	纵向间距	测　点	纵向间距
左7—右7	22.9	左8—左9	2.6	右8—右9	2.69
左8—右8	21.3	左9—左10	2.78	右9—右10	2.38
左9—右9	21.1	左10—左11	13.6	右10—右11	12.8
左10—右10	21.2	左11—左12	3.8	右11—右12	4.1
左11—右11	18.5				
左12—右12	18.2				

1. 守门狮

位于外门前，左侧为雄狮，与右侧雌狮相望。雄狮威猛矫健，头披卷鬃，嘴衔绶带，脖系响铃，眉骨高耸，双眼激凸，咬牙咧齿，仰面右盼，双腿之间原攀附有一绣球，现已毁，腿部关节处饰有"人"字形纹，绣球、大狮子、基座皆为一石雕出；右侧的雌狮亦呈蹲式，头部左侧，与雄狮相望，造型大致与雄狮相似，区别在于其身下双足处攀附有一小狮子，也系与足托、大狮一石雕出（图版四六，1）。

2. 望柱

由于后期受到人为破坏，两侧望柱柱身倒卧在神道上，与基座分开。基座均为平面呈正四边形的须弥座，座的上部有一莲瓣纹柱础，柱础与望柱为榫卯结构，两者互相咬合，缝隙用灰浆黏接，须弥座束腰处饰有壶门，壶门中央为如意纹，圭角处饰如意卷云纹，其余部位为素面。左侧望柱已被人为毁坏，向神道内侧倒卧，并断裂成三段和基座分开。右侧望柱较为完好（图版四七，3）。左右两望柱形制相同，对称而设。柱身呈八边形，靠近柱子最顶端0.7米处有两段纹饰，其中一段0.3米的柱体呈双层莲花形，与之相连直至柱子顶部一段0.4米为八边形，其八面均雕刻有如意花纹，每面如意云朵最长约0.22、宽约0.22米。从柱体底部开始有一条盘龙绕柱盘旋，自上而下缠绕整个柱体，龙身向外凸出，龙鳞清晰，五爪张开，托起龙口下方一颗宝珠，龙身最大径约为0.2米。在柱身上浮雕着几朵如意云朵，基本分布在整条盘龙龙身周围。由于左右对称的关系，柱体上所刻龙纹可修复。

3. 控马官

头戴无梁冠，冠前有饰物，身着盘领窄袖衫，腰系镶玉带，足着靴，面部严肃凝重。右侧控马官右手执马鞭，左手执马缰，执马缰的手臂与臂膀为榫卯结构。左侧控马官则相反（图版四七，4）。

4. 马

呈站立状，嘴紧闭，双目圆睁，双耳直竖。马身上络头、衔、镳、缰绳、鞍具、镫、胸带和鞦带等马具齐全，鼻上饰红球，鞍下垫鞍褥，下有障泥，马镫上部呈圆弧形，踏脚处微有弧曲，便于乘者蹬踏，股后革带交结处饰一桃形红缨。马的造型古朴，腿较粗壮，与身的比例不太协调（图版四七，4）。

5. 獬豸

呈前立后坐式，头微昂，嘴巴闭拢，目视前方，双耳竖起，头颈后部鬃毛发达，毛发顶部尖耸，至耳后有一较短犄角，臀部饰有火焰纹，背脊凸起。獬豸连同足托一起雕成放置于须弥座墩上，座墩圭角处饰如意云纹，其余部位为素面（图版四六，2）。

6. 羊

呈卧跪状，头有络头，嘴巴微闭，两耳立起，羊角围着耳朵内卷，脖下饰一桃形缨穗，背铺褥垫，尾巴肥大低垂于股间，昂首平视，体态匀称，神情温顺。羊连同足托一起雕成放置于须弥座墩上，座墩圭角处饰如意云纹，其余部位为素面。

7. 麒麟

呈前立后坐式，头似龙头，头颈后部鬃毛发达，毛发顶部尖耸，似披风状后扬，有一双犄角，嘴唇紧闭，露出獠牙，下颌有须垂至胸前，头微仰，直视前方，全身鳞甲，嘴角、前肩、臀部饰有火焰纹，背部有凸脊，蹄子像马掌，尾巴粗大，向背部上方凸起。麒麟连同足托一起雕成放置于须弥座墩上，座墩圭角处饰如意云纹，其余部位为素面（图版四七，1）。

8. 虎

呈前立后坐式，头微昂，一双眼球外凸，鼻孔翕张，嘴巴紧闭，露出獠牙，两耳竖直，肩部肌肉隆凸，锋利虎爪支起做欲扑状，样子非常凶猛。虎脖子上有一圈系带，脖子下方中央系一铃铛，两旁各饰一桃形缨穗，左虎尾巴朝右摆，右虎尾巴朝左摆，盘踞于背上。虎连同足托一起雕成放置于须弥座墩上，座墩圭角处饰如意云纹，其余部位为素面。

9. 象

呈卧跪状，鼻和牙已残损，双耳垂下，长尾后垂摆向身体一侧，面部有络头，臀部有鞦带，面部、头顶部、臀部革带交结处皆饰圆柱形缨结，颈脖缰带上有一桃形缨饰，背垫鞍褥。

双目凝视，一幅温顺之态。象连同足托一起雕成放置于须弥座墩上，座墩圭角处饰如意云纹，其余部位为素面（图版四七，2）。

10. 文臣

头戴梁冠，可辨五梁线，为三品文官，冠后部中间两侧有头簪的插孔。朝服为上衣下裳制，上衣交领右衽，有领缘，腰间系带，前有蔽膝，后为垂绶，两侧垂佩，足穿云头履，双手合胸怀抱笏板，神态恭敬端庄（图版四六，3）。

11. 女内侍

头戴罩头帽，身着盘领窄袖长衫，腰系带，足穿靴，袖手盘于胸前，神态恭敬（图版四六，4）。

12. 男内侍

头戴无梁冠，冠后有两条垂巾，身着圆领窄袖长衫，腰系带，足穿靴，神态恭敬。

五、出土遗物及标本

清理出土遗物（包括采集）主要是建筑构件，数量不多，完整件很少。下面按照出土遗物的类型介绍如下。

（一）建筑构件

建筑构件主要是各种绿釉琉璃件，也出土部分素烧件，包括勾头、滴水、压带条、平口条、花砖以及脊兽构件等。

1. 勾头

当面有圆形和如意形两种，纹饰皆为龙纹。

圆形勾头　当面为圆形，模印五爪奔龙纹，有绿釉和素烧两种，有多种规格（表三）。

表三　温裕王陵出土龙纹圆形勾头登记表　　　　　　　　单位：厘米

序号	釉色	编号	当面直径	边郭宽	当面厚	瓦长
1	绿釉	2012GJWT0406：采4	13.5	1.2	1.3	3.2
2	绿釉	2012GJWT0406：采1	13.3	1.2	1.1	11
3	绿釉	2012GJWT0406：采11	残	1.4	1.2	缺

序号	釉色	编号	当面直径	边郭宽	当面厚	瓦长
4	素烧	2012GJWT0204：采1-1	13.2	1.5	1	17
5	素烧	2012GJWT0603：采1	14.1	1.1	0.7	缺
6	素烧	2012GJWT1108：采13	13.3	1	0.8	缺
7	素烧	2012GJW：采集	13.8	1	1.3	缺

2012GJWT0406：采4，残，当面连少许残瓦。红胎，绿釉。龙头位于当面中心偏右下方，龙体呈"S"形，长尾盘曲至头前方，龙头朝右边昂起，头生双角，龙须飘扬，曲颈折腰，身披鳞甲，五爪劲张，前足一前一后做奔走状（图七；图版四八，1）。

2012GJWT0406：采1，残，当面连残瓦。黄偏白胎，绿釉。龙头位于当面中心，龙体呈"S"形，长尾盘曲至头上方，龙头朝左边昂起，头生双角，曲颈折腰，身披鳞甲，五爪劲张，前足一前一后做奔走状。

2012GJWT0204：采1-1，大体完好。灰胎，素烧。龙头位于当面中心偏左，龙体呈"S"形，身体回旋，长尾盘曲至头上方，龙头朝左边昂起，头生双角，曲颈折腰，身披鳞甲，五爪劲张，前足一前一后做奔走状（图八）。

2012GJWT0603：采1，仅存残当面，当面下部残损。灰胎，素烧。龙头于当面中部左侧向左望，长尾盘曲至龙头上方（图九）。

2012GJWT0406：采11，仅存残当面，当面上部残损。黄偏白胎，绿釉，部分釉面剥落。

0   2厘米   0   2厘米

图七　温裕王陵出土绿釉龙纹圆形勾头　　　　图八　温裕王陵出土素烧龙纹圆形勾头

（2012GJWT0406：采4）　　　　　　　　　（2012GJWT0204：采1-1）

当面龙头纹饰残损，盘曲的龙身，龙鳞凸起，五爪劲张。两朵祥云嵌于龙爪之间（图一〇）。

如意形勾头　当面为如意形，模印五爪奔龙戏珠纹，当面顶部为弧形凸起，与滴水瓦背相反。

2012GJWT0705：采1，仅存残当面。黄偏白胎，绿釉，部分釉面剥落。龙头位于当面中心偏上方，龙体呈"S"形，长尾盘曲至头前方偏下，头前有一龙珠，龙头朝左边昂起，头生双角，曲颈折腰，身披鳞甲，前足一前一后做奔走状，五爪劲张做戏珠状，当面中心下方饰有祥云纹。当面宽20、高16厘米（图版四八，2）。

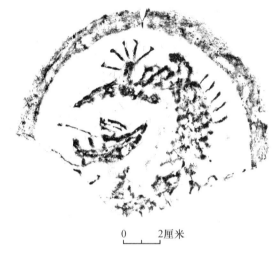

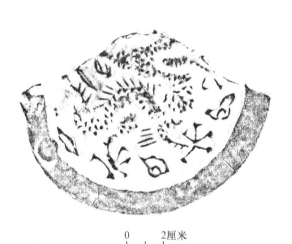

图九　温裕王陵出土素烧龙纹圆形勾头　　　　　图一〇　温裕王陵出土绿釉龙纹圆形勾头
（2012GJWT0603：采1）　　　　　　　　　　　（2012GJWT0406：采11）

2. 滴水

如意形当面与瓦面交角大于90°，模印龙纹图案，瓦背内凹呈弧形。有绿釉和素烧两种类型（表四）。

表四　温裕王陵出土滴水登记表　　　　　　　　　单位：厘米

序号	釉色	编号	当面宽	当面高	边郭宽	当面厚	瓦长
1	绿釉	2012GJWT0406：采2	18.5（残）	缺	2	1.5	缺
2	绿釉	2012GJWT0406：采12	25（残）	7（残）	1.9	1.5	7
3	绿釉	2012GJWT0406：采7	18（残）	12（残）	1.9	1.4	缺
4	绿釉	2012GJWT0406：采14	22.5（残）	13.5（残）	1.1	0.7	缺
5	绿釉	2012GJWT0505：采11	16.5（残）	12	1.9	1.3	缺
6	绿釉	2012GJW：采集	17（残）	11.3（残）	1.9	1.5	缺
7	素烧	2012GJWT1108：采17	15.5（残）	10.5（残）	1	1.1	缺
8	素烧	2012GJWT1108：采1	15.5（残）	10.3（残）	0.9	0.8	缺

2012GJWT0406：采12，黄胎，绿釉，当面绿釉局部剥落，瓦身的前半部仰面和背面皆挂釉色。有浅边郭，龙头位于当面左上方，昂头曲颈朝右边回望背上的龙珠，头生双角，龙须飘扬，身披鳞甲，龙头左边饰有一朵祥云纹，龙体伸展，龙背弓起，龙尾直伸，前后四只龙爪做行走状，均五爪劲张，弯曲如钩（图一一；图版四八，3）。

2012GJWT0406：采2，残，仅余当面，两侧角缺失。黄胎，釉色剥落殆尽。有浅边郭，如意形舌片上模印五爪奔龙纹，龙头位于当面左上方，龙体伸展，龙背弓起，龙尾直伸，前后四只龙爪做行走状，均五爪劲张，弯曲如钩。龙身周围有三朵祥云（图版四八，4）。

2012GJWT0406：采7，仅存残滴面。绿釉，黄偏白胎，釉色局部剥落，有浅边郭。龙头位于当面左上方，昂头曲颈向左望，龙须飘扬，身披鳞甲，龙爪弯曲如钩（图一二）。

2012GJWT0406：采14，仅存残滴面。绿釉，黄偏白胎，釉色局部剥落，有浅边郭。龙头位于当面左上方，昂头曲颈朝右回望龙背上的龙珠，头生双角，鳞甲突出，龙体伸展，龙背弓起，前后四只龙爪做行走状，均五爪劲张，弯曲如钩（图一三）。

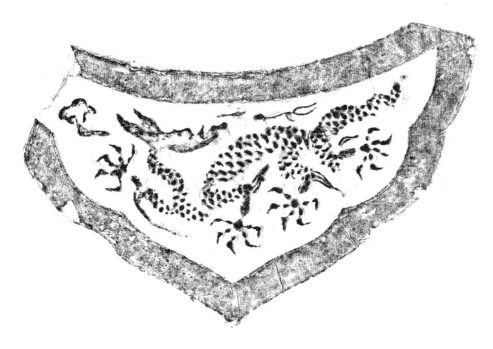

0 ____ 2厘米

图一一　温裕王陵出土绿釉龙纹滴水
（2012GJWT0406：采12）

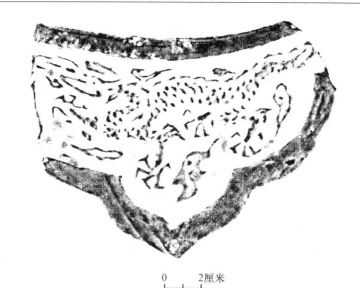

0　　2厘米

图一二　温裕王陵出土绿釉龙纹滴水

（2012GJWT0406：采7）

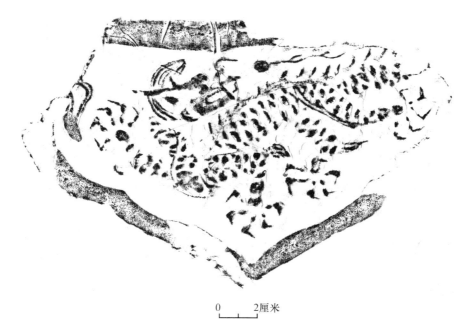

0　　2厘米

图一三　温裕王陵出土绿釉龙纹滴水

（2012GJWT0406：采14）

3. 压带条

正脊两坡瓦垄交汇处构件，形如长条形薄砖（表五）。

表五　温裕王陵出土压带条登记表　　　　　　　　　　单位：厘米

序号	编号	长	宽	厚	备注
1	2012GJWT0603：采6	23.5	10.5	1.8	露明处挂满釉，釉稍有剥落
2	2012GJWT0505：采1	23.5	11	2.3	残，露明处挂满釉，釉稍有剥落

2012GJWT0603：采6，基本完好。黄偏白胎，露明处挂绿釉，釉稍有剥落。形状似一块长条形砖，纵向外露部分边缘微向下弯曲，断面呈弧形（图版四八，5）。

2012GJWT0505：采1，基本完好，断成两截。黄偏白胎，露明处挂绿釉，釉稍有剥落。形状似一块长条形砖，露明处内边缘有凹槽，纵向外露部分边缘微向下弯曲，断面呈弧形。

4. 平口条

窄而又薄的长条形砖。有绿釉和素烧两种类型（表六）。

表六 温裕王陵出土平口条登记表 单位：厘米

序号	釉色	编号	长	宽	厚	备注
1	绿釉	2012GJWT0502：采2	17.8	6.1	1.5	露明处挂满釉，釉稍有剥落；图版四八，6
2	绿釉	2012GJW：采集	21.1	8	2.8	
3	素烧	2012GJWT0204：采4	20.7	7.2	2	
4	素烧	2012GJWT1108：采7	21.1	9.7	2.4	
5	素烧	2012GJW：采集	21.8	9.7	2.2	

2012GJWT0502：采2，基本完好。灰白胎，露明处皆挂绿釉，釉稍有剥落（图版四八，6）。

2012GJWT0204：采4，基本完好。灰胎，素烧。

2012GJWT1108：采7，基本完好。灰胎，素烧。

5. 卷草纹花砖

10余件。有绿釉和素烧两种，形制基本相同，长条形，砖面模印阳纹卷草图案，凹凸有致。其中绿釉者，红胎，图案面绿釉，部分釉面剥落，背面露胎无釉；素烧者灰胎（表七）。

表七 温裕王陵出土素烧卷草纹花砖登记表 单位：厘米

序号	编号	长	宽	厚
1	2012GJWT1108：采8	25	12.2	3
2	2012GJW：采集	24.5	12	3
3	2012GJWT1108：采9	23.8	11.2	3.3
4	2012GJWT0204：采2	32.5	15.5	2.5
5	2012GJWT0204：采1-2	27.5	15.3	2.5

2012GJWT1108：采8，基本完好，缺一角。黄胎，素烧。砖面立体雕饰两方连续卷草纹，枝蔓上雕有四个叶片，凹凸有致。

2012GJWT1108：采9，基本完好。青灰胎，素烧。砖面立体雕饰两方连续卷草纹，枝蔓上雕有四个叶片，凹凸有致（图版四九，1）。

2012GJWT0204：采1-2，残。黄偏白胎，露明处挂绿釉，部分釉面剥落，底部无釉。砖面立体雕饰一方卷草纹，枝蔓上雕有三个叶片，凹凸有致（图一四）。

2012GJWT0204：采2，基本完好，断成三截。黄胎，露明处挂绿釉，部分釉面剥落，底部无釉。砖面立体雕饰两方连续卷草纹，枝蔓上雕有四个叶片，凹凸有致（图版四九，2）。

0　2厘米

图一四　温裕王陵出土绿釉卷草纹花砖
（2012GJWT0204：采1-2）

6. 脊兽

脊兽残件有绿色琉璃和素烧两类，均为残破构件局部，有兽身、麟甲、兽爪、兽眼、海水纹等，难以拼合辨识，择其可辨残件介绍如下（图版四九，3、4）。

2012GJWT1108：采15，剑柄。灰胎，素烧。实心，上部微弯曲，顶部为五朵卷云纹饰，中部束腰，做出焰头的形状，下部是突出的榫头。双面雕饰。最宽11.2、高21、最厚3厘米（图版五〇，1）。

2012GJWT0603：采4，吻兽尾部。残。灰胎，素烧。实心，上部向内卷曲成涡形。单面雕饰。最宽14、高19.5、最厚3厘米（图版五〇，2）。

7. 青砖

数量较多，均为条砖，规格不一（表八）。

表八　温裕王陵出土青砖登记表　　　　　　　　　　　　　单位：厘米

序号	编号	长	宽	厚
1	2012GJW：采集	32.8	16	5.4
2	2012GJW：采集	26	13.2	4

序号	编号	长	宽	厚
3	2012GJW：采集	23.5	12.3	8
4	2012GJW：采集	32	15.8	5
5	2012GJW：采集	28.2	14.8	4
6	2012GJW：采集	30	15.5	5
7	2012GJWT0106：采1	28.2	15	4.1
8	2012GJWT1108：采3	28	15.7	4
9	2012GJWT1108：采7	20.7	9.5	2.2
10	2012GJW：采集	34	5	15.5
11	2012GJW：采集	26.2	14.2	3
12	2012GJW：采集	32	15.5	5
13	2012GJW：采集	26	13	3.8
14	2012GJW：采集	24.5（残）	12.5	8

8. 灯笼砖出角（入角）

1件。2012GJWT0604：采3，绿釉，黄偏白胎。残长11.8、宽11.2、厚7.7厘米（图版五〇，3）。

（二）其他遗物

1. 铜镜

1件。2012GJW：采集，残，缺失大半。镜面平整，有锈蚀，背面饰有弦纹、乳钉纹等。直径15.8、厚0.6厘米（图版五〇，4）。

2. 铜钱

6枚。圆形方孔，锈蚀严重（表九；图版五〇，5）。

表九　温裕王陵出土铜钱登记表　　　　　　　单位：厘米

序号	钱文	编号	直径	穿宽
1	万历通宝	2012GJWT0707：采集	2	0.5
2	万历通宝	2012GJWT0704：采集	2.2	0.6
3	乾隆通宝	2012GJWT0401：采1	2.2（残）	0.5
4	咸丰通宝	2012GJWT0406：采6	1.5（残）	0.6
5	"五男二女"	2012GJWT0603：采2	2（残）	0.4

3. 铁钉

1枚。2012GJWT0305：采5，锈蚀严重，残为两截。长6.1、4.2厘米。

4. 玉器残件

1件。2012GJWT0706：采1，残长7.2厘米（图版五〇，6）。

六、结　语

温裕王陵是后期破坏较严重的一座藩王陵园，通过对温裕王陵遗址的考古清理发掘，我们还是获得了较多信息，了解了温裕王陵的布局、构筑方式和构筑材料。温裕王陵是明朝中晚期营建，与明朝中期王陵相比，虽然陵园建置没有太大的改变，但其陵园面积规模明显缩小，陵园内显得拥挤局促。温裕王陵外围墙的倒塌面充斥了大量残砖及少量青瓦残片，表明当时修建陵园外陵墙时选择了一种简化的墙顶，即不用琉璃瓦；在陵园建筑结构中没有发现排水设施；温裕王陵出土的琉璃构件尺寸较小，出土较多滴水、瓦当等素烧构件，结合享堂柱础均为较简单的方石鼓镜式，相对早中期藩王陵而言，温裕王陵的构筑方式和材料较为简单。从石像生的题材和摆放来看，遵循了恭惠王陵以来的变化，雕刻风格也是如此，较典型的是望柱从素身望柱到盘龙望柱的变化。

宪定王陵陵园遗址考古清理报告

2014年10月底至12月，为配合桂林靖江王陵遗址保护工程的实施，广西文物保护与考古研究所与桂林市靖江王陵文物管理处组成联合考古队对靖江宪定王陵陵园遗址进行了考古清理，广西文物保护与考古研究所韦革担任考古领队，桂林市靖江王陵文物管理处曾祥忠、张阳江、阳灵、李爱民、许彬彬、符荣兴、安泉州、伍勇进、阳荣桂等参与考古发掘清理工作全程。现将考古清理情况报告如下。

一、地理位置及环境

宪定王陵为第十一任靖江王朱任晟与王妃白氏合葬墓。朱任晟，第八任靖江恭惠王朱邦苧庶次子，嘉靖十七年（1538年）十月二十二日生，三十一年（1552年）三月九日封辅国将军，万历二十年（1592年）八月六日以温裕王履熏叔进袭王爵，万历三十六年（1608年）十二月二十六日卒，谥"宪定"。妃白氏，万历二十年（1592年）八月六日封为王妃，万历三十七年（1609年）八月初十日病逝。均终年七十一岁。长子朱履祥封长子，未袭王位而逝，次子履祐改封长子，袭王位，女四人，一女殇，三女封为乡君。

宪定王陵遗址位于桂林市叠彩区大河乡中村，营建在尧山西麓山体末端的坡地上。整个陵园东高西低，坡度较陡。陵园西面是地势开阔的农耕地，陵门遗址前30米是20世纪五六十年代修建的尧山泄洪渠，陵园其他三面均是较茂密的树林。陵园东南约100米有清代祝圣庵遗址。整个陵园占地8.7亩，遗址范围内长满灌木杂草（图一）。

二、遗址现状及发掘清理情况

1. 遗址分布及保存情况

清理揭露前，宪定王陵遗址的陵门、碑亭、中门、享堂、封土堆等依稀可辨，但内外陵

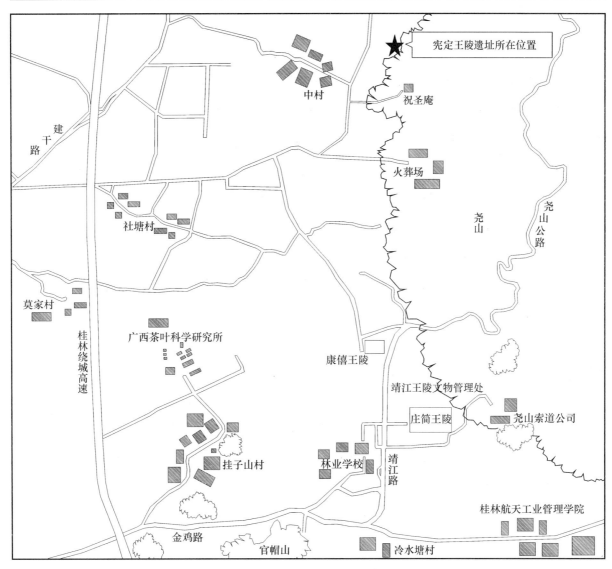

图一　宪定王陵地理位置示意图

墙、神道、散水等大多被自然沉积土或倒塌倾覆层所填没。陵园正前方分布有村民的近现代坟墓并充斥各种杂草。南外陵墙外侧为村民种植的桂花树苗林，封土后外陵墙外3米左右为公墓区，北外陵墙外侧紧邻村级公路。为维护陵园，桂林市靖江王陵文物管理处在外陵墙遗址外3米处设置了一道铁丝围栏。宪定王陵园内后期未做耕种地使用，陵园内土层较松散，中门以内土台较高，中门及享堂台基均为土台。

宪定王陵墓室于20世纪20年代被盗挖一次，1972年经批准发掘清理，出土墓志一合，地宫敞露。墓室为双室结构，左右同一山墙，各有前室、甬道、中门、玄室，封土前堆放大量当年清理发掘时取出的护门石。

2. 工作方法

宪定王陵遗址的清理发掘工作按照《田野考古工作规程》的要求进行，清理杂草之后使用罗盘和水平仪进行工地布方，同时做好遗址地形图，总平面图，遗迹平、剖面图的测绘工作，工地总记录、探方记录等文字工作，以及照相、录像等影像采集工作。

布方以陵门外西南约30米处为基点，往北、东方向按照正南北方向进行布方，基点所在探方编号为T0101，往北的探方编号分别为T0201、T0301、T0401等，往东的探方编号分别为T0102、T0103、T0104等。共布探方126个，探方规格为10米×10米。这126个探方将整个宪定王陵外陵墙和陵园前的地域包括在内（图二）。

在清理发掘过程中，根据探方在陵园位置的不同和遗址堆积的具体情况，我们分别进行考古揭露、清理、发掘和勘探，重点寻找可能存在的原有陵园附属建筑设施。同时，为了配合国家考古遗址公园建设和展示的需要，各种原有的建筑材料保存于原地，对于被倒塌倾覆层埋没的内外陵墙，分段对墙体的倒塌部分进行解剖，了解墙体的结构、构筑方法以及墙角的具体位置，并将墙体固有部分完整地保留下来，以备展示之用。

在清理发掘中，平、剖面结合，由上而下逐层揭露。出土小件器物全部以整个陵园清理发掘区为单位进行编号，同时对出土地点进行登记；对于一般的建筑构件，则进行采样，采样以探方为单位进行编号。本次考古清理发掘所采集和出土的器物绝大多数是各种琉璃滴水、勾头、吻兽、脊兽、砖以及素烧青砖和各类瓦当，清理中重点对各类建筑构件进行采集和登记。

3. 发现情况

地上建筑部分皆仅存墁砖地面、局部墙基、柱础石、台阶等遗存，享堂基址保存大体完整。中门、享堂由于地势原因台阶都很长很陡，台基都是天然料石杂泥土夯筑的土台。享堂内柱础下面有磉墩，做局部解剖发现都是大块料石互相交错叠压，揭开了三层还未到底，为不破坏磉墩未再往下揭露。中门与享堂之间的神道大多已毁损，未见石五供、焚帛炉等遗迹。

陵园地势东高西低，在内陵墙左右两侧与外陵墙之间建有挡水墙及排水孔，将水汇聚向西排出。由于陵园地表破坏较为严重，未发现有排水孔将水排出陵园外，只是在西南侧的外陵墙内转角外发现两个蓄水坑，出土了数百件陵园的建筑构件以及部分瓷片。

4. 地层堆积情况

遗址的主体暴露于地表之上，清理发掘区的地层堆积比较简单。由于遗址区域在历史上没

北

| 1011 | 1012 | 1013 |

| 0901 | 0902 | 0903 | 0904 | 0905 | 0906 | 0907 | 0908 | 0909 | 0910 | 0911 | | 0913 | 0914 |

| 0801 | 0802 | 0803 | 0804 | 0805 | 0806 | 0807 | 0808 | 0809 | 0810 | 0811 | 0812 | 0813 | 0814 |

| 0701 | 0702 | 0703 | 0704 | 0705 | | | 0708 | 0709 | 0710 | 0711 | 0712 | | 0714 |

| 0601 | 0602 | 0603 | | | | | | | | 0611 | 0612 | 0613 | 0614 |

| 0501 | | | | | | | | | 0511 | 0512 | 0513 | 0514 |

| 0401 | 0402 | | 0404 | 0405 | | 0407 | 0408 | 0409 | 0410 | 0411 | 0412 | 0413 | 0414 |

| 0301 | | 0303 | 0304 | 0305 | | | 0308 | 0309 | 0310 | 0311 | 0312 | 0313 | 0314 |

TG2

| 0201 | | | 0204 | 0205 | | 0207 | 0208 | 0209 | 0210 | 0211 | 0212 | 0213 | 0214 |

TG1

| 0101 | 0102 | 0103 | | 0105 | 0106 | 0107 | 0108 | 0109 | 0110 | 0111 |

0   30米

图二　宪定王陵布方图

有受到多少扰乱，大体保持了原有的风貌。但是由于整个陵园地势东高西低，因而在陵门及门前广场前有填垫土层找平地面。我们分别在陵门前墁砖道前3.2米处开一南北向探沟（TG1），TG1北面5米处开一东西向探沟（TG2）。清理发现陵门前广场以及靠近外陵墙的地层填垫两层土（图版五一，2）。

清理发掘区域内陵门以内的地层经统一后可分为3层：

第1层：表土和现代扰乱层，为近现代自然沉积和人类耕作形成。该层在全部发掘区均有分布。

第2层：明清时期文化堆积层，为陵园建造和倒塌形成的文化堆积。该层在陵门前面、封土以后局部缺失，在中门、享堂两侧、碑亭及北外陵墙内侧堆积最厚。

第3层：原有腐殖质层。除了被各种建筑基础打破外，在整个陵园均有分布。该层之上是原有陵园构筑时的建筑面。

第3层以下为生土。

陵门前广场以及西外陵墙的土层构造可分为4层：

第1层：表土层，厚5～10厘米。

第2层：堆积层，厚25～30厘米，中间白灰倒塌面厚9厘米。

第3层：夹红色风化石的黄土填垫层，厚25～30厘米。

第4层：黑黄色花土填垫层，厚约50厘米。

三、陵园布局

宪定王陵坐东北向西南，墓向236°，由内、外两重陵墙分成两重院落。版筑夯土外陵墙呈不规则长方形。地势东高西低，呈山坡状。以神道为中轴线，主要建筑与陈设依次为陵门、左右厢房、望柱、神道两侧石像生、碑亭、中门、享堂、宝顶。

外门为三开间券拱门，从外门两侧山墙向外构筑外陵墙形成外园，外门外有守门狮一对，外门前为青砖铺筑的广场。自西向东顺着神道进入陵门后，两侧立望柱一对，为石作仪仗群的标志。望柱以东，列石兽、控马官、文臣等八对，其中石兽六对，文臣一对，控马官一对，分南北两行，间隔20米左右，依次排开在神道两侧。其顺序依次为：控马官、马、獬豸、羊、麒麟、虎、象、文臣。在石象和文臣之间，神道两侧各辟道路一条通往左右碑亭，碑亭内各安放石碑一通，由赑屃碑座和碑身组成。外园神道连接中门，中门为面阔三间、进深两间的建筑，台基面阔13、进深10、高2.4米。从中门两侧山墙向外构筑内陵墙形成内园，墙基由石灰岩条石包砌，内杂碎砖瓦等。内园青砖铺地，神道两侧自西向东，对称排列有女内侍、男内侍各一对。神道尽头即为享堂。享堂为面阔五间、进深三间的建筑，面阔22.35、进深13.9米。因地势升高，享堂与神道高度差有3.25米，后台基与地宫封土前路面处于同一水平，享堂后部与地宫封土的挡土墙相连，地宫封土后部为内陵墙的东墙，内陵墙向东数米即为东外陵墙。内陵墙与外陵墙之间没有发现建筑遗迹（图三；图版五一，1）。

1. 神道

从陵门至陵前享堂有一条用青砖铺砌的道路，路的两侧砌有路沿石，即为神道。神道将陵门、中门、享堂贯穿在一条线上。虽然陵园平面整体呈不规则"回"字形，但神道基本上位于陵园中轴线上，并以此为对称轴，两侧对称排列石像生。神道从陵门内沿至中门月台外沿，长28.85米。神道上遗留有少部分墁砖面，可辨是采用横向错缝铺就，有左、中、右三路，中间间隔以青石路沿。

2. 外陵墙

外陵墙平面呈不规则长方形，北侧长120.8米，南侧长120米，东侧长41.5米，西侧为陵园正门，长46.54米（含陵门），周长约329米。所有外陵墙墙体均已坍塌，形成长条形的土堆覆盖在墙基上，土堆隆起，高约0.3米，把外陵墙的轮廓凸显出来。大部分的墙基被倒塌后的各种堆积覆盖，仅有极少部分露出基石。从清理出的断面看，墙基的砌法是先挖好沟槽，最下面用黑黄色花土垫铺，然后用夹杂着红色风化石的黄土垫铺，再用大块的石灰岩砌一层墙基基础，基础部分外侧平直，内部用石灰岩片石、碎砖瓦等填塞或垫平。由于整个陵园修建于山坡上，地势西低东高、北低南高，因此，墙基随地势逐渐抬升，最多的有六层基石，最少的有两层基石，中间用小块片石填缝。墙基的大部分基石高约0.4米，地势陡峭的地方则更高更大。南侧外陵墙外是陡坡，因此南陵墙外侧有六层基石，转角处有四层基石，总高将近1米，在墙体底部与基础连接处有一层平铺青砖。

坍塌后的外墙外侧堆积普遍高于内侧，在西北角的转角处可见外侧基础与内侧路面有近6米的高差。在西侧外墙近陵门处有一段墙基露出地面，长0.68、宽0.75、高0.1米。

陵墙墙体部分均已坍塌，从部分遗迹中可见墙体采用版筑夯土方法，内部为夯土，土内夹杂碎砖瓦，外部用青砖包砌。墙体砌好后在其外面先抹一层白色灰浆，再在灰浆上涂一层红色颜料，形成红墙。从坍塌的土堆中清理出来的遗物看，有绿釉琉璃瓦的构件，推测其顶部应该

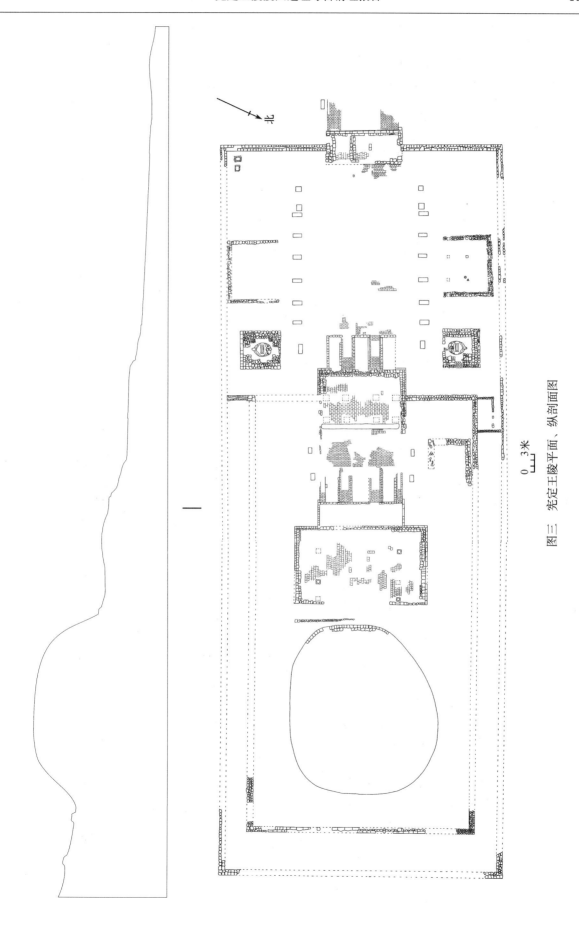

图三 宪定王陵平面、纵剖面图

是琉璃墙帽,即所谓的"红墙绿瓦"。

在外陵墙的西南角内设置了两个蓄水池,均为长方形,东西向排列,间距0.65米。西侧水池距西外陵墙0.5米,距南外陵墙0.7米,长0.7、宽0.5、深0.73米,坑口、坑壁为砖砌,中间以石板间隔。东侧水池位于西南转角内侧2米,距南外陵墙0.37米,长0.73、宽0.65、深0.7米,坑壁为石板砌筑,四壁均为两层石板,底部为一整块料石(图版五二)。

3. 外门

外门由台明和陵门建筑组成。外门建筑顶部已经倒塌,仅存三个门道,其中中间门道和左边门道保存了部分砖砌地面和门道边墙残基,右侧门道无地砖残留,门跺基石也已毁坏,基石散落四周。

台明面阔12.64、进深4.8米。台明左侧及前方残留有阶条石,左侧门跺墙基保存完整,长3.85、宽1.32米。中间门跺墙基宽1.09米。左侧门道宽1.97米,在门道内侧保存有铺地方砖,方砖边长为30厘米。中间门道宽2.3米,也有部分铺地砖。右侧门道宽1.95米,门跺墙仅存基石与山墙基部相连,台明也仅存土衬石,无台面阶条石。

台明前保存有阶条石,门前延伸有砖铺广场,广场呈长方形,长7.4、宽12.8米,左右两侧路沿石为界,中间以长方形小青砖竖向错缝铺设形成地面。外门前左右对称设石狮一座。

外陵墙的墙体在两侧边墙中部与外门相接,分别嵌入大门台基内0.4米,在接近外门处收分,左边墙体收分0.5米。

从外陵墙的残存部分判断,应是先建好外陵墙再建外门的台明(图四)。

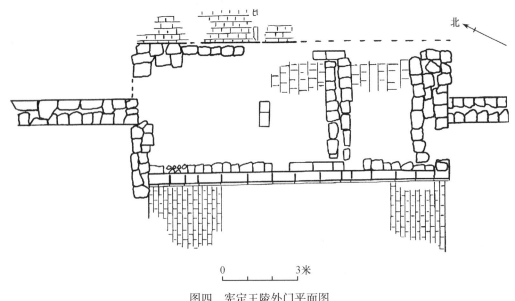

北

0　　　　3米

图四　宪定王陵外门平面图

4. 厢房

厢房设在陵园内近陵门处，靠近北外陵墙和南外陵墙的地方。两个厢房平面均呈长方形，墙体部分已经坍塌，仅存部分墙基和柱础石，地面无铺砖面保存。

右侧厢房坐北朝南，位于右侧石虎后2.8米，距北外陵墙0.7米。墙基长10.35、宽8米。北墙基保存较为完整，西部有一方形柱础石，规格为0.32米×0.32米×0.11米。东墙基也保存较为完整，从北向南有三个0.31米×0.35米的长方形柱础石。在厢房内西面中部有一方形柱础，其东北面2.6米、距东墙基3.4米、距北墙基4.1米处有一石臼。石臼口内径0.23米，外郭0.41米×0.41米，深0.25米，一半埋入地下，露出地表0.13米（图五）。

左侧厢房坐南朝北，位于左侧石虎后1.9米，距南外陵墙0.7米。除东北墙角不明显外，东、西、南三面墙基保存较为完整，长度分别为7.75、8.6、10.47米。在厢房的南墙基上保留有三个方形柱础石，厢房为三开间，从东向西间隔分别为3.4、3.63、3.1米，柱础石规格为0.29米×0.29米，在西南角的柱础东侧较好地保留了一小段砖墙遗迹，长1.1米（图版五三，1）。

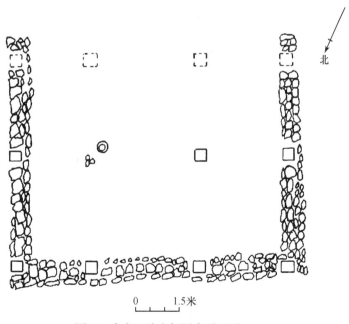

图五　宪定王陵右侧厢房平面图

5. 碑亭

左右碑亭形制相同。碑亭平面为方形，四面各辟券门。顶部已经坍塌，无墁砖铺地，在亭的四周现仅存四个曲尺形石砌墙基，亭的中央安放石碑一通，由赑屃碑座（龟趺）和碑身组成。

　　龟趺是一只趴伏于地、昂首远眺的赑屃。兽首朝神道方向，身下为一椭圆形的基座，基座埋于地下，基座最上端稍高于墁砖地面。龟背上铺有褥垫，中间留有碑座插口。

　　右侧碑亭坐北朝南，位于右侧文臣后2.9米、右厢房东侧4.8米处，距北外陵墙3.45米。面阔6.3、进深6.45米，券门宽1.4米，仅存底部垫铺碎石。亭内长3.4、宽2.05米（图版五三，2）。

　　左侧碑亭坐南朝北，位于右侧文臣后2.3米、左厢房东侧4.1米，距南外陵墙3.9米。面阔6.1、进深5.9米，券门宽1.25米。台基基本完整，东侧局部有少量阶条石，其余位置仅存垫铺的碎石。龟趺左右两侧保存有部分铺砖面。

　　左右碑亭内各有龟趺圆首神道碑一通，用石灰岩石雕成，碑面已风化，文字不可辨识。左侧龟趺长3.55、宽1.92、高0.53米，龟背中部有碑槽，长1.18、宽0.4米。碑身立于碑槽，通高3.1、宽0.94、厚0.22米。右侧龟趺长3.36、宽2.03、厚0.58米，龟背中部有碑槽，长1.19、宽0.42米，碑身立于碑槽，通高2.37、宽0.95、厚0.15米。

6. 中门

　　中门建筑在高台上，高出神道2.4米，毁坏严重，已基本无存。在台帮的外侧堆积了许多琉璃构件、砖石瓦片及脊兽残件。台基中间填充的土石塌落，台基前有三路踏跺，左路踏跺宽2.7米，中间踏跺宽3.3米，踏跺间有少量青砖墁地，宽约1.8米，左路踏跺旁有宽0.91米的散水面（图六）。

7. 内陵墙

　　内陵墙平面大致呈长方形，西侧长39.6米（含中门），东侧长37.5米，南侧长71.7米，北侧长71.2米，周长约220米。内陵墙墙体已全部塌毁，清理出了部分墙基。东侧内陵墙地势最高，处于整个陵园中的最高点，距东侧外陵墙5.2米。墙基为大块方形料石砌成，料石长1.1、宽0.23米，中间填碎石块。内陵墙在靠近中门右侧处有部分墙基露出地面，可见料石巨大，外露面及上下面打磨平整，左右及内侧面为毛边。露明部分底层高0.23米，墙基宽1米，所用料石长0.53、宽0.25、厚0.51米。

　　在内陵墙西北转角与北侧外陵墙之间建有挡水墙。挡水墙距离内陵墙0.5米，被倒塌的砖墙所覆盖，在内、外陵墙间形成了长3.75、高0.28米的堆积。从清理出的遗迹来看，挡水墙宽0.45、残高0.35米，残存墙体上层为两排平铺砖砌筑墙，中间、底部用大块卵石垫铺。挡水墙上左右两侧各设置了排水孔，距离外陵墙0.9米，以一块石板横架于两块青砖上，石板长0.4、宽0.25米，排水孔宽0.25、高0.25、深0.47米（图版五四，1）。

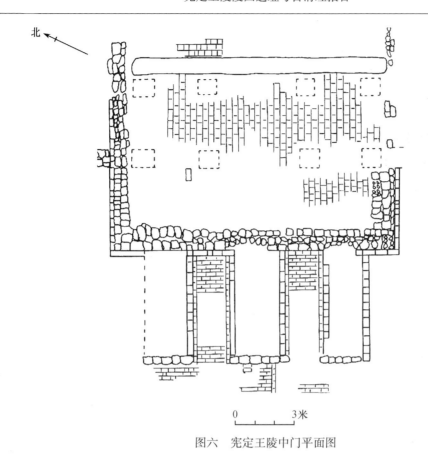

图六　宪定王陵中门平面图

8. 享堂

享堂由台明、月台、台阶和享堂建筑组成。享堂建筑地上部分已经坍塌，仅存部分墁砖地面、局部墙基、柱础石等遗存。从现存的遗迹来看，享堂台基前部出有月台，月台前设三出垂带踏跺式台阶，分别与明、次间相对应，但踏阶、象眼石、垂带均已毁坏，仅存垫铺的土衬石。左路踏跺长6.35、宽2.4米；中路踏跺长6.35、宽3.3米，与左路踏跺间隔宽1.7米；右路踏跺长6.35、宽2.4米，与中路踏跺间隔宽1.9米。各踏跺间墁砖相对完整，边为竖向直铺，中间为横向错缝平铺。踏跺往上即为月台的台明，月台台基高2.75米，台面长13.95、宽3.9米。左路踏跺外侧至月台西北角前保存了完整的散水面，月台左右两侧未见有抄手遗迹，台面未见保存完好的铺地砖。

月台后即为享堂，月台与享堂建筑在高台上，正面比神道高出3.25米，后面与享堂后封土前的路面持平，因此台基由前至后随地势逐渐抬升，至后台基时仅留一层土衬石做阶条石。享堂为面阔五间、进深三间的建筑，面阔22.35、进深13.9米。享堂台面比月台台面高出0.5米，建筑与墙基基本无存，仅在地面保留有零散铺地青砖和四个柱础石。地面方砖规格为30厘米×30厘米，柱础规格为0.59米×0.59米，鼓面直径0.455、高0.07米。享堂台面的东侧堆积了大量大块料石，为20世纪70年代清理地宫时堆积的封土挡土墙基石，未做清理（图七；图版五四，2）。

9. 宝顶（封土）与地宫

享堂后即为地宫的封土，封土堆前为料石砌成的挡土墙。由于宪定王陵地宫在20世纪70年代初期已经清理，因此正面挡土墙及地宫大门、基石等都已不复存在，仅留下南、北两端的一段挡土墙。左侧挡土墙距享堂2.8、宽0.5、残高0.4米，为双层双排大块料石垒砌。右侧挡土墙长5.6米。封土外围用三层料石围筑。

1972年9～10月，广西壮族自治区博物馆与桂林市文物管理小组共同组织的靖江王墓发掘

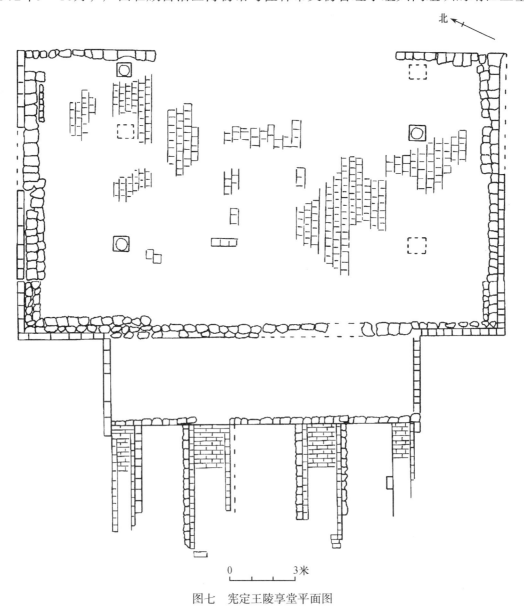

北

0 _____ 3米

图七 宪定王陵享堂平面图

工作组对宪定王陵地宫进行了清理发掘，揭露了山墙、墓门及墓葬部分轮廓，清理了墓室，墓室曾被盗掘。目前相关资料均未发表，还有待于进一步研究。

地宫埋没于封土下，埋土深2.7米，系青砖砌建，正面建一山墙，高4.44米，墙上饰屋顶，装饰绿釉琉璃瓦。顶脊砌以薄琉璃瓦，脊的两端各饰鸱吻、两侧檐脊各饰悬兽。地宫前的山墙现已无存，根据资料显示，墓门前用石块分层叠垒，石块多系四角形，底面略平整，在近墓门处则较为大块，从墓门脚起高至山墙滴檐共计500余块，全部拆除，石块中有些在底部凿有"天""子""刘""了""中""之""才"等字样，其中以"天"字较多（图版五五，1）。

山墙中间开有两道券门，每道券门五券，地宫墓室分左右两室，中间共一道砖墙，两边对称。根据夫妇合葬遵循"男左女右"的原则，妃墓葬于王墓右室。两墓室结构相同，因此只记录单个墓室结构。

单个墓室由两个砖筑的纵列式筒拱券组成，但前面的纵列式筒拱券中部为增加高度而建成横列式筒拱券。墓室大门至墓室后墙里皮（不含头龛）止。每个墓室由大门、前室、二门、后室（带左右壁龛及头龛）组成。大门门扉系木质，门已腐朽，门下有门槛石，为枢式双扇门。进入大门即为前室。前室中部设置有一个顶门石的槽，用石料凿成，顶门石条侧倒于槽旁。前室后面即为二门，门的材质与做法与大门相同，进了二门即为后室。后室中部两边各对应有四个拱券式壁龛，后部中央靠墙处建有一棺床，为条砖砌成，外表批灰。棺床长2.5、宽0.5、高0.56米，正面镶以薄花砖，中段和后段的中央各开一长槽，宽0.2、深约0.3米，棺床后部即为一拱券式头龛（图八；图版五五，2）。

四、石 像 生

神道两侧现存石像生十二对，包括望柱、控马官、马、獬豸、羊、麒麟、虎、象、文臣、女内侍、男内侍各一对，加上陵门两侧守门狮一对。这些石人、石兽均用整块石灰岩巨石连同足托整体雕刻而成。石像生的安置，是先在地面开槽，用碎片石做垫层后直接放置石像生或须弥座墩，带座墩的石兽在足托与座墩间填垫些一层薄厚不一的碎片石和灰浆。望柱柱身与柱础则为榫卯结构，缝隙用灰浆填充（表一、表二）。

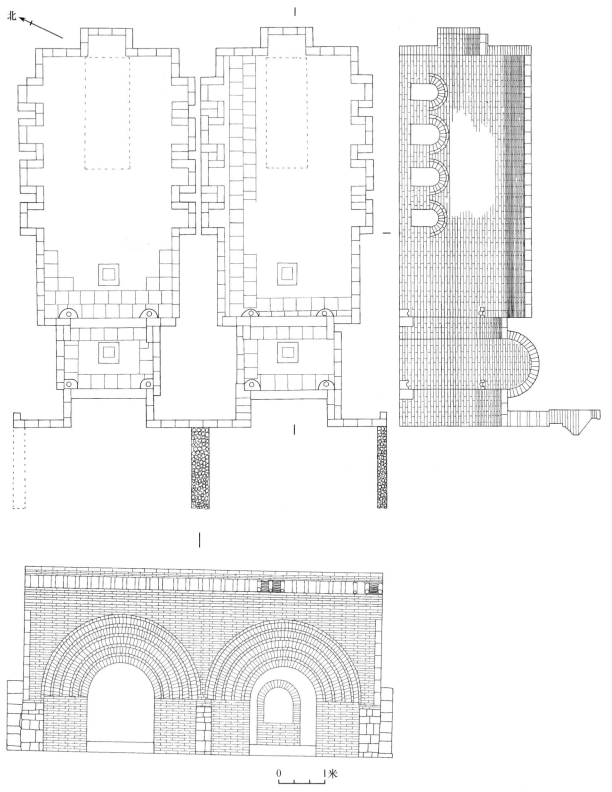

北

图八　宪定王陵地宫平、立、剖面图

0　　　1米

表一 宪定王陵石像生基本信息一览表 单位：厘米

编号	名称	尺寸		残损情况
左1	守门狮	兽身	长178、宽57、高125	轻微风化，局部缺损开裂，已修补
		足托	长155、宽57、高14	
		座墩	长156、宽58、高58	
右1	守门狮	兽身	长198、宽62、高127	风化略重，局部缺损开裂，已修补
		足托	长154、宽62、高20	
		座墩	长156、宽65、高66	
左2	望柱	柱身	高410	柱顶局部缺损，已修补
		柱础	方座长70、宽68、高19，莲座高20	
右2	望柱	柱身	高430	基本完整
		柱础	方座长70、宽69、高20，莲座高20	
左3	控马官		高243、宽145、厚50	局部缺损开裂，已修补
右3	控马官		高238、宽125、厚50	局部缺损开裂，已修补
左4	马	兽身	长230、宽55、高160	略风化，局部缺损，已修补
		足托	长160、宽59、高16	
右4	马	兽身	长210、宽65、高140	略风化，局部缺损，已修补
		足托	长165、宽67、高17	
左5	獬豸	兽身	长157、宽55、高142	略风化，局部缺损，已修补
		足托	长153、宽55、高23	
		座墩	长145、宽48、高53	
右5	獬豸	兽身	长147、宽60、高177	风化严重，局部缺损
		足托	长147、宽57、高22	
		座墩	长145、宽57、高53	
左6	羊	兽身	长146、宽60、高110	略风化，局部缺损开裂，已修补
		足托	长137、宽49、高6	
		座墩	长137、宽46、高43	
右6	羊	兽身	长187、宽61、高106	略风化，局部缺损开裂，已修补
		足托	长155、宽60、高15	
		座墩	长150、宽64、高58	
左7	麒麟	兽身	长170、宽55、高152	略风化，局部缺损开裂，已修补
		足托	长154、宽60、高19	
		座墩	长153、宽56、高51	
右7	麒麟	兽身	长159、宽60、高183	略风化，局部缺损开裂，已修补
		足托	长206、宽56、高30	
		座墩	长153、宽56、高45	
左8	虎	兽身	长210、宽56、高145	略风化，局部缺损开裂，已修补
		足托	长159、宽54、高12	
		座墩	长159、宽56、高55	
右8	虎	兽身	长215、宽62、高145	略风化，局部缺损开裂，已修补
		足托	长162、宽59、高5	
		座墩	长165、宽60、高50	

续表

编号	名称	尺寸		残损情况
左9	象	兽身	长210、宽63、高110	略风化，局部缺损开裂，已修补
		足托	长159、宽64、高7	
		座墩	长157、宽67、高52	
右9	象	兽身	长205、宽63、高110	略风化，局部缺损开裂，已修补
		足托	长153、宽64、高4	
		座墩	长148、宽62、高55	
左10	文臣	高354、宽140、厚70		略风化，局部缺损，已修补
右10	文臣	高355、宽120、厚60		局部缺损开裂，已修补
左11	女内侍	残高175、宽85、厚52		略风化，局部缺损
右11	女内侍	高230、宽83、厚35		略风化，局部缺损，已修补
左12	男内侍	高270、宽101、厚53		略风化，局部缺损，已修补
右12	男内侍	残高204、宽95、厚55		略风化，局部缺损，已修补

表二　宪定王陵石像生间距一览表　　　　　　　　　　　　单位：米

测点	横向间距	测点	纵向间距	测点	纵向间距
左1—右1	12.65	左1—左2	13.4	右1—右2	13.24
左2—右2	19.15	左2—左3	2.6	右2—右3	2.2
左3—右3	19.57	左3—左4	0.3	右3—右4	0.3
左4—右4	19.6	左4—左5	2.3	右4—右5	2.62
左5—右5	19.85	左5—左6	2.88	右5—右6	2.85
左6—右6	20	左6—左7	2.69	右6—右7	2.95
左7—右7	20.05	左7—左8	2.9	右7—右8	2.9
左8—右8	20.2	左8—左9	2.66	右8—右9	3.04
左9—右9	20.3	左9—左10	2.85	右9—右10	2.47
左10—右10	20.6	左10—左11	16.25	左10—左11	17.26
左11—右11	12.65	左11—左12	3.23	右11—右12	3.25
左12—右12	17.15				

1. 守门狮

呈前立后蹲式，身材颀长，体形健硕，四肢健壮，五爪锐利，须作三绺，曲折自如，鬣毛卷曲，双目圆睁，张嘴吐舌，鼻子隆起，神态生动。狮分雄雌，左侧为雄狮，狮头右盼，右脚踩绣球，脚爪及绣球损坏缺失（后修补），左脚下部损坏缺失（后修补），脖下系铃，铃铛缺失（后修补）。右侧为雌狮，狮头左盼，前腿部有幼狮攀附的，幼狮头部和躯干部模糊不清，狮尾左卷。狮连足托一起雕成置于须弥座墩上，座墩四角雕竹节状短柱，束腰处有壶门，四面雕刻倒三角形铺地锦垂角，铺地锦边饰波浪纹，内饰如意云纹。座墩底部前期用混凝土加固。

2. 望柱

保存基本完好。柱础底部前期用混凝土加固。左右望柱相向而对，八边形柱身自下而上高浮雕盘龙，龙头向上张扬，龙目圆睁，龙口大张，龙身上的鳞甲、纹饰都清晰可辨，龙身上衬以如意云纹，龙为五爪，龙须卷曲。左侧八边形柱身每面宽不等，最宽面0.36米，最窄面0.12米；右侧八边形柱身最宽面0.33米，最窄面0.14米；柱身与柱顶连体雕成，柱头下方雕双层仰覆莲瓣纹饰，上部柱顶雕成三等分镂空半球形。方座仰覆莲柱础，与柱身为榫卯结构，缝隙用灰浆黏接（图版五六，1）。

3. 控马官

用整块石灰岩巨石连同足托一起雕刻而成。左侧控马官面部表情严肃，右侧控马官面部略带微笑，头戴无梁冠，冠前有饰物，耳长眼小鼻大，身着盘领窄袖衫，腰系镶玉带，足着靴。左侧控马官左手执马鞭，马鞭握在胸前呈倒"U"字形，马鞭手柄饰竹节纹、尾部饰马尾纹，右手执马缰。右侧控马官则相反，执马缰手掌缺失（后修补）。足托损毁严重，底部前期用混凝土加固（图版五六，2）。

4. 马

用整块石灰岩巨石连同足托一起雕刻而成。呈站立状，体形较小，四肢短细，头微低，嘴紧闭，双目圆睁，双耳直竖，脖下系一铃铛。马身上络头、衔、镳、缰绳、鞍具、镫、胸带和鞦带等马具齐全，头上饰云球，鼻上饰红球，鞍下垫鞍褥，下有障泥，障泥内饰凤凰纹，四周饰如意纹，鞍褥底部两侧饰缨穗状纹，马镫上部呈圆弧形，踏脚处微有弧曲，便于乘者蹬踏。右侧马镫呈"凸"字形，鞍褥底部两侧未饰缨穗状纹，马尾垂于股间卷向右腿，左侧马尾垂于股间卷向左腿。足托底部前期用混凝土加固（图版五六，2）。

5. 獬豸

呈前立后蹲式，体形矮小精悍，四肢短细，头部似狮头，头部上方有一独角，昂首挺胸，微张嘴，露出獠牙，胡须垂于胸前，两耳向后伏贴，眼角及右侧獬豸四脚外侧的毛发卷起，兽身饰火焰纹，四足呈爪状。獬豸连足托一起雕成置于须弥座墩上，座墩四角雕竹节状短柱，束腰处有壶门，四面雕刻倒三角形铺地锦垂角，铺地锦边饰波浪纹，内饰如意云纹。座墩底部前期用混凝土加固（图版五六，3）。

6. 羊

呈跪卧状，体态较小，四肢短细，头微昂起，嘴微闭，胡须垂于胸前，耳朵向后伏贴，角从耳尖开始卷，呈半月形，状似绵羊，神态极温顺，尾巴低垂于股间。左侧羊胡须损坏缺失，右侧羊嘴巴、胡须损坏缺失后修补。羊身连足托一起雕成置于须弥座墩上，座墩四角雕竹节状短柱，束腰处有壶门，四面雕刻倒三角形铺地锦垂角，铺地锦边饰波浪纹，内饰如意云纹。座墩底部前期用混凝土加固。

7. 麒麟

呈前立后蹲式，体形较小，嘴似羊嘴，头似龙头，蹄似牛蹄，头颈后部鬃毛发达，毛发顶部尖耸，似披风状后扬，有一双犄角，头上有独角，嘴唇紧闭，露出獠牙，下颌有须垂至胸前，昂首挺胸，直视前方，全身鳞甲，嘴角、躯体左右两侧饰有火焰纹，背部有凸脊。左侧麒麟尾似牛尾，呈竹节状，末端状似三朵卷云，尾巴低垂摆向身体左侧，盘在左后腿上（图版五六，4）；右侧麒麟双前腿缺失，尾巴则从尾部沿着脊梁反卷至背上，尾巴前大半部有鳞甲，末端呈马尾状。麒麟连足托一起雕成置于须弥座墩上，座墩四角雕竹节状短柱，束腰处有壶门，四面雕刻倒三角形铺地锦垂角，铺地锦边饰波浪纹，内饰如意云纹。座墩底部前期用混凝土加固。

8. 虎

呈前立后坐状，体形细长，四肢短细，脸似猫脸，头微昂，双眼球向外凸，左眼小、右眼大，嘴巴紧闭，两耳直立，锋利虎爪支起，尾巴细长，左虎尾巴朝右摆，盘踞于腹侧面，右虎尾巴朝左摆，盘踞于腹侧面。虎连足托一起雕成置于须弥座墩上，座墩四角雕竹节状短柱，束腰处有壶门，四面雕刻倒三角形铺地锦垂角，铺地锦边饰波浪纹，内饰如意云纹。座墩底部前期用混凝土加固。

9. 象

呈跪踞状，头微昂，鼻卷起摆向下颌（缺失，后修补），双耳垂下，尾巴摆向一侧，面部有络头，臀部有鞯带，面部、头顶部、臀部革带交结处皆饰圆柱形缨结，背垫鞍褥，饰如意云纹，左象右盼，尾朝右摆，右象左盼，尾朝左摆。象连足托一起雕成置于须弥座墩上，座墩四角雕竹节状短柱，束腰处有壶门，四面雕刻倒三角形铺地锦垂角，铺地锦边饰波浪纹，内饰如意云纹。座墩底部前期用混凝土加固。

10. 文臣

用整块石灰岩巨石连同足托一起雕刻而成。头戴五梁冠，冠两侧雕饰如意纹。朝服为上衣下裳制，上衣交领右衽，领缘清晰，腰系大带，两侧佩绶，足穿云头履，双手合胸，怀抱笏板，神态恭敬端庄。足托前期用混凝土加固（图版五七，1）。

11. 女内侍

头戴圆帽，身着圆领袍衫补服，补子边郭饰海水纹，内饰纹模糊不清，腰系带，足穿靴，袖手盘于胸前，神态恭敬。女内侍连足托整体雕刻而成，足托前期用混凝土加固。

12. 男内侍

头戴高圆冠，身着圆领袍衫补服，补子边郭饰海水纹，内饰纹模糊不清，腰系带，足穿靴，袖手盘于胸前，神态恭敬。男内侍连足托整体雕刻而成，足托前期用混凝土加固（图版五七，2）。

五、出土遗物及标本

清理出土遗物（包括采集）以建筑构件为主，下面按照出土遗物的类型介绍如下。

（一）建筑构件

建筑构件主要是各种组合琉璃件，包括筒瓦、板瓦、勾头、滴水、正当沟、压带条、平口条以及脊兽等。

1. 筒瓦

有酱釉、绿釉和素烧三种类型，形制基本相同，前窄后宽，横断面为半圆形，前端带素胎雄头。

2014GJX：采18，大体完好。灰黑胎，瓦背上满挂酱釉。瓦长24.4、前宽16.4、后宽16.9、最厚1.8厘米，矢高7.8、雄头长2.7、宽11厘米。

2014GJX：采19，大体完好，一角缺损。灰黑胎，瓦背上满挂酱釉。瓦长25.5、前宽16.5、中间束腰处宽15.5、最厚2.3厘米，矢高8厘米，雄头长3.7、宽9.5厘米。

2014GJXT0203：标5，大体完好，一角略有残损。黄偏白胎，瓦背上满挂绿釉，釉部分剥落。瓦长32.1、前宽17.4、后宽17.8、最厚1.7厘米，矢高7厘米，雄头长5.5厘米。

2014GJX：采22，瓦部残损。红胎，瓦背上满挂绿釉。瓦残长16、前宽17.3、最厚2厘米，矢高7.8厘米，雄头长5.4、宽9.7厘米。

2014GJX：采20，大体完好。灰胎，胎质紧实细密。瓦长27、前宽15.2、后宽15.7、最厚1.5厘米，矢高6.5厘米，雄头长5.4、宽10厘米。

2014GJX：采21，大体完好。灰黑胎，素烧。瓦长25.3、前宽16.4、中间束腰处宽15.3、后部外撇处宽16.5、最厚1.5厘米，矢高7.8厘米，雄头长3.7、宽10.3厘米。

2. 板瓦

多为绿釉板瓦残片，形制基本相同，均前部较宽，后部较窄，前半部露明面挂釉。

2014GJXT0302：标2，完整。黄偏白胎，绿釉。长28、前宽24.3、后宽22、厚1.3厘米。

3. 勾头

有绿釉龙纹圆形勾头、素烧龙纹圆形勾头、绿釉龙纹如意形勾头、素烧花卉纹如意形勾头四种类型。

绿釉龙纹圆形勾头　当面与瓦身之间的夹角大于90°，当面及瓦背满挂绿釉。当面模印五爪奔龙纹，龙体呈"S"形，龙头位于当面中央，朝右边昂起，长尾盘曲至右上方，双角上翘，眼睛圆睁视前，曲颈折腰，身披鳞甲，四只龙爪上下左右各有一只，均五爪劲张，弯曲如钩，前足一前一后做奔走状，龙头右侧有火球纹，龙尾上方有祥云纹，龙纹外有一周不规则圆形边郭。

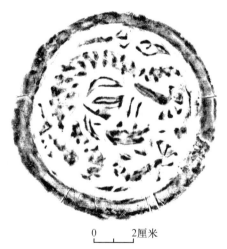

0　　2厘米

图九　宪定王陵出土绿釉龙纹圆形勾头

（2014GJX：采3）

2014GJX：采3，当面大体完好。黄偏白胎。当面直径10、边郭宽1、最厚处1.3厘米，瓦残长6、宽10.5厘米（图九；图版五八，1）。

2014GJX：采9，当面大体完好。黄胎。当面直径10、边郭宽1、厚1厘米，瓦残长6、宽14.9、厚1.2厘米。

素烧龙纹圆形勾头　当面与瓦身之间的夹角大于90°。当面模印五爪奔龙纹，龙头位于当面中央偏左，向左昂首，双角上翘，龙体呈"S"形，龙爪一前一后做奔走状，龙须模糊，无鳞甲纹。

2014GJXT0706：采1，当面大体完整，有扭曲变形。灰黑胎，胎质疏松。当面直径14、边郭宽1、厚0.8厘米，瓦身残长4厘米。

2014GJXT0506：标13，当面右半部有残损，瓦身完整。灰胎。瓦带雄头。当面直径14、边郭宽1.4、厚1厘米，瓦长18、前宽14.8、后宽14.4、最厚1.7厘米，矢高7.5厘米，雄头长3、宽9.8厘米（图版五八，2）。

2014GJX：采7，当面完整。灰黑胎。当面直径14、边郭宽1.5、最厚0.7厘米，瓦残长5、宽14.5厘米。

绿釉龙纹如意形勾头　当面呈如意形，与滴水相比较，滴水瓦背部为弧形下凹，如意形勾头瓦背为弧形凸起。当面窄边框，有浅郭，中央模印五爪奔龙纹，龙头位于左上角朝右回望，双角上翘，眼睛圆睁视前，龙体呈"S"形，长尾蜿蜒于右上方，曲颈折腰，身披鳞甲，龙身左侧前后各有一只龙爪做奔走状，均五爪劲张，弯曲如钩，龙身上部中间有火球纹，下部有祥云纹。

2014GJXT0709：采2，当面基本完整。黄偏白胎，当面及瓦背满挂绿釉。当面残宽14、高14、边郭宽1、厚1.3厘米，瓦残长6、宽10.5厘米（图一〇；图版五八，3）。

素烧花卉纹如意形勾头　除当面装饰图案不同外，形制与绿釉龙纹如意形勾头基本相同。

2014GJX：采8，当面基本完整。灰白胎。窄边框，有深郭，中央模印莲花纹，纹饰立体感强。当面宽17、高10.8、边郭宽0.8、厚1.1厘米，瓦残长16、宽17、厚1.5厘米（图一一；图版五八，4）。

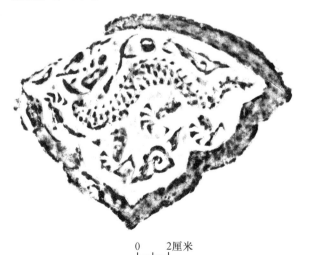

0 　 2厘米

图一〇　宪定王陵出土绿釉龙纹如意形勾头
（2014GJXT0709：采2）

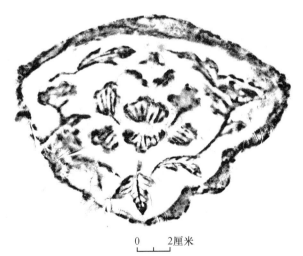

0 　 2厘米

图一一　宪定王陵出土素烧花卉纹如意形勾头
（2014GJX：采8）

4. 滴水

当面呈如意形，有绿釉、素烧两种类型。

绿釉龙纹如意形滴水　当面呈如意形，与瓦身之间的夹角大于90°，有浅边郭，瓦前宽后窄、前厚后薄。绿釉不满。中央模印五爪行龙纹，龙头在当面右上方，昂头曲颈朝左边回望背上的龙珠，头生双角，龙须飘扬，身披鳞甲，龙体伸展，龙背弓起，龙尾直伸于左上角，前后四只龙爪做行走状，均五爪劲张，弯曲如钩，龙头右边饰一朵祥云纹。

2014GJXT0206：标15，黄偏白胎，瓦身前半部仰面挂釉，背面仅与当面相连处2～3厘米面挂釉。当面宽25、高12、边郭宽1.4、厚0.9厘米，瓦长13、宽24.5、厚1.3厘米（图一二；图版五八，5）。

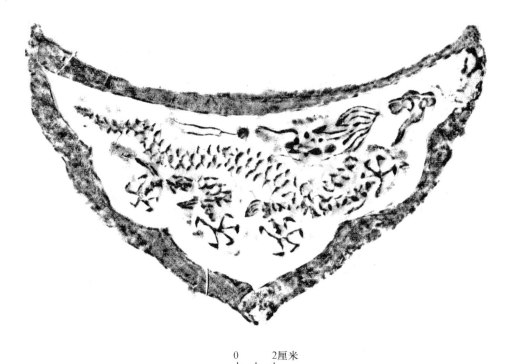

0 ├──┤ 2厘米

图一二　宪定王陵出土绿釉龙纹如意形滴水
（2014CJXT0206：标15）

2014GJX：采15，当面下半部缺损。黄偏白胎，瓦身前半部仰面及背面皆挂釉，前多后少。当面宽25.5、残高5、边郭宽1.5、厚1厘米，瓦残长15、宽25.5、厚1.2厘米。

2014GJXT0605：采8，当面右上角缺损。黄偏白胎，绿釉局部剥落，瓦身前半部仰面及背面皆挂釉，前多后少。当面残宽16.5、高11.1、边郭宽1.1、厚1厘米，瓦残长5、残宽10、厚1.5厘米（图一三）。

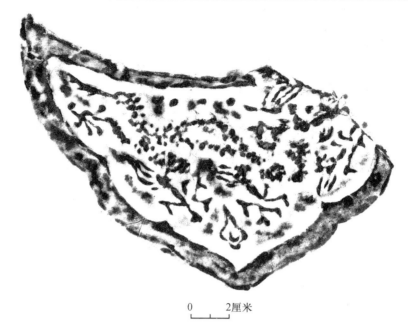

0   2厘米

图一三 宪定王陵出土绿釉龙纹如意形滴水

（2014GJXT0605：采8）

素烧龙纹如意形滴水 均为残瓦，形制与绿釉龙纹如意形滴水基本相同，尺寸略小，瓦面模印五爪行龙纹，有浅边郭，龙头于当面右上方，昂头向左回望龙背上方的龙珠，头生双角，龙体伸展，龙背弓起，龙尾直伸于左上角，龙身细小，前后四只龙爪做行走状。纹饰粗糙模糊。

2014GJX：采16，左上角缺损。灰胎。当面残宽19.8、高10.5、边郭宽1、厚0.5厘米，瓦残长3、厚0.8厘米。

2014GJX：采17，下半部缺损。灰胎。当面残宽23.7、残高9、边郭宽2、厚1厘米，瓦残长11、宽23.4、厚1.4厘米（图版五八，6）。

5. 正当沟

正当沟是安放在屋脊前后两坡瓦垄交汇处，衔接正脊与屋面瓦垄的构件。

2014GJXT0605：标12，基本完好。红胎，绿釉略有剥落。剖面呈弧形，中部呈半圆形凸出，瓦头有插榫，尾部在瓦内侧挖有榫窝。通长20.2、中部凸出宽13.4、高13.5、厚1厘米（图版五九，1）。

6. 压带条

安放在正脊两坡瓦垄交汇处，压住正当沟不让其下滑。形似长条形砖。大都完整，有多种规格（表三）。

表三　宪定王陵出土压带条登记表　　　　　　　　　　单位：厘米

序号	编号	长	宽	厚	备注
1	2014GJXT0302：标3	20.9	9	1～1.7	露明处挂满釉
2	2014GJXT0506：标10	18.3	9.3	0.7～2.5	断面呈弧形，露明处挂满釉
3	2014GJXT0203：标7	16.3	9	1.1～2.2	露明处挂满釉，釉部分脱落
4	2014GJXT0402：采3	20.4	8.6	0.9～2	右下角残损，露明处挂满釉
5	2014GJXT0406：采5	20.5	9	1～1.8	露明处施釉，釉色深绿光亮
6	2014GJXT0406：采8	20.2	9.1	1.3～2.9	露明处施釉，有流釉
7	2014GJXT0406：采12-1	16	8.5	0.9～1.9	施釉面残损
8	2014GJXT0406：采12-2	19.6	7.3	0.5～1.5	露明处施釉，釉色深、光亮
9	2014GJXT0302：采1	19	9	1～2	施釉处残损，釉大部分剥落

2014GJXT0302：标3，基本完好。黄偏白胎，露明处挂绿釉。

2014GJXT0506：标10，基本完好。黄偏白胎，露明处挂绿釉。纵向外露部分边缘微向下弯曲，断面呈弧形，底面平。

2014GJXT0406：采8，基本完好。黄偏白胎，露明处挂绿釉，局部有流釉。

2014GJXT0406：采12-2，基本完好。黄偏红胎，露明处挂绿釉，釉色深、光亮。

7. 平口条

安装在垂脊内侧压带条之下，是用以与排山正当沟上口找平的构件，形如长条形薄砖。黄偏红胎，绿釉。基本完整，规格不一（表四）。

表四　宪定王陵出土平口条登记表　　　　　　　　　　单位：厘米

序号	编号	长	宽	厚	备注
1	2014GJXT0302：标1	22.3	7.8	1.7	露明处挂釉
2	2014GJXT0203：标6	18.8	7.7	1.6	露明处施半釉
3	2014GJXT0608：标16	14	7.9	2	露明处施半釉
4	2014GJXT0402：采2	7.2	7.8	2.1	2/3面施半釉，局部剥落
5	2014GJXT0406：采6-2	20	7.2	2.2	2/3面施半釉，局部剥落
6	2014GJXT0509：采1-1	19.8	7.7	1.7	2/3面施半釉，局部剥落
7	2014GJXT0406：采6-1	18.6	7.6	2	2/3面施半釉，局部剥落
8	2014GJXT0709：采1-3	19.4	7.7	1.9	施半釉，釉色基本剥落
9	2014GJXT0509：采1-4	19.1	7.7	1.9	施半釉，整面有流釉
10	2014GJX：采29	18.9	7.5	1.9	施半釉，整面有流釉，有缺损
11	2014GJXT0709：采1-2	19.1	7.6	1.7	1/3面施釉
12	2014GJXT0709：采1-1	18.3	7.9	2	1/3面施釉，局部剥落
13	2014GJX：采30-1	22.1	7.9	2	断开两截，釉色剥落殆尽

续表

序号	编号	长	宽	厚	备注
14	2014GJX：采28	21.6	7.7	2.2	釉全脱落
15	2014GJXT0406：采4-4	19	7.5	1.8	釉全脱落
16	2014GJXT0406：采4-1	18.9	7.5	1.9	釉全脱落
17	2014GJXT0406：采9-3	19.1	窄端7.4，宽端7.9	2.1	一端宽一端窄，施全釉，釉色稍有剥落
18	2014GJXT0504：采4	16.8	7.8	2.3	施半釉，右上部釉剥落
19	2014GJXT0509：采2-1	27	7.5	2	施半釉，整面有流釉
20	2014GJXT0203：采1-2	20.7（残）	7.8	2	施半釉，左下角有缺损
21	2014GJXT0506：采1	19	7.6	1.8	施半釉
22	2014GJXT0604：采2	22	7.9	2	施半釉，整面有流釉
23	2014GJXT0406：采9-2	18.9	8	1.8	施半釉，局部剥落
24	2014GJXT0606：采集	21.7	7.8	2.1	施半釉，局部剥落
25	2014GJXT0203：采1-1	19.8	7.8	2	施半釉，局部流釉
26	2014GJXT0306：采4	18.8	7.6	1.8	釉基本剥落殆尽
27	2014GJXT0203：采2	20.5	7.5	2	施半釉，断开两截
28	2014GJXT0203：采4	19.3	7.5	2.3	施半釉，有缺损
29	2014GJXT0409：采1	20	7.5	2	施半釉，有缺损

8. 灯笼砖出角（入角）

安装在灯笼锦花墙或屏护栏矮墙转角处的外侧，起装饰作用，外形呈曲尺形，用于灯笼锦花墙上需在露明的四面挂釉，用于屏护栏矮墙上则在两个露明面挂釉。出角和入角外形相似、功能相同，只是出角安装在外侧，而入角安装在内侧。

2014GJXT0406：采7-1，曲尺形，曲尺的一边完整，另一边残缺。黄偏白胎，两个露明面挂釉，表明是用于屏护栏矮墙上。通长16、通宽13（残）厘米，完整边长16、厚5厘米，残边长13、厚5.4厘米（图版五九，2）。

9. 脊兽

脊兽残件很多，可完整辨识的不多。有鸡首残件：2014GJXT0709：采1（图版五九，6）、2014GJXT0505：采6；脊兽身躯残件（2014GJXT0406：采13）；脊兽首部残件：2014GJXT0505：采1（图版六〇，1）；脊兽翼部残件：2014GJX：采集（图版六〇，2）；脊兽尾部残件：2014GJXT0406：采13；剑柄残件：2014GJX：采4。

（1）大吻

2014GJXT0402：标2，又称龙吻。大体完整。灰白胎，中空，满挂绿釉。外形为一龙头，龙头双眼激凸，炯炯有神，眉毛似蟹爪状向下曲，眉上有鳞甲纹饰，额头上有向上弯曲的犄角，两颊的鬃毛迎风向后披散，鼻孔翕张，龙口大张吞住屋脊，露出两排龙牙，上下各有一颗獠牙，神态凶猛，龙头顶部接近平顶，中央留有一方形中空的榫槽，底部平整，便于安置。通高30.5、宽33、厚13.5厘米（图版五九，3）。

2014GJXT0206：标14，残。灰白胎，中空，满挂绿釉。外形为一龙头，龙头造型与2014GJXT0402：标2一致，龙头顶部残损。通高36.5、残宽24、厚11厘米（图版五九，4）。

（2）仙人躯体

2014GJXT0505：采3，黄胎，绿釉。仙人身着长袍，两手环握于胸前，握处预留有孔眼，头部残损，手中所握之物散落，底部有榫槽。残高12.6、最宽9.1、厚7.3厘米（图版五九，5）。

10. 卷草纹花砖

大部分为素烧，少量施绿釉，纹饰皆为模印卷草纹，有的上下有边框，有的无，有多种规格（图一四~图一六；表五）。

0　2厘米

图一四　宪定王陵出土绿釉卷草纹花砖
（2014GJX：采6）

0　2厘米

图一五　宪定王陵出土素烧卷草纹花砖纹饰
（2014GJX：采26）

0　2厘米

图一六　宪定王陵出土卷草纹花砖
（2014GJXT0406：采11-1）

表五　宪定王陵出土卷草纹花砖登记表　　　　　单位：厘米

序号	釉色	编号	长	宽	厚
1	绿釉	2014GJXT0406：采11-1	32.5	14.6	2.3
2	绿釉	2014GJX：采集	17（残）	9.6	薄边2.1，厚边2.6
3	绿釉	2014GJX：采6	20.9（残）	11.8	2.3
4	素烧	2014GJXT0606：采3-1	24	10	3.3
5	素烧	2014GJXT0706：采2-1	24.5	10.5	3.4
6	素烧	2014GJXT0706：采2-2	24.5	10.7	3.5
7	素烧	2014GJX：采23	24	10.3	3.5
8	素烧	2014GJX：采24	24	10.4	3.4
9	素烧	2014GJXT0606：采3-2	22.8	10	3.3
10	素烧	2014GJXT0306：采1	23	10	3.3
11	素烧	2014GJX：采25	23	10	3.3
12	素烧	2014GJX：采26	22.7	10.8	2.6
13	素烧	2014GJX：采27	23	10	2.6
14	素烧	2014GJXT0606：采2	24	10.2	3
15	素烧	2014GJXT0206：采2	24.3	10.3	3.5
16	素烧	2014GJXT0613：采1	24.3	10.5	3.1
17	素烧	2014GJXT0307：采15	24.5	10.5	3.3
18	素烧	2014GJXT0605：采1-1	23.6	10	3.2
19	素烧	2014GJXT0605：采1-2	24.3	10.5	3.3

11. 青砖

规格众多（表六；图版六〇，3）。

表六　宪定王陵出土青砖登记表　　　　　单位：厘米

序号	编号	长	宽	厚
1	2014GJXT0613：采2	22.6	10.6	2
2	2014GJXT0502：采1-1	27	13.5	3.4
3	2014GJXT0502：采1-2	29.9	14.7	3.7
4	2014GJXT0303：采集	26.3	13.8	3.3
5	2014GJXT0303：采2	30	15	4.4
6	2014GJXT0203：采1-3	28.7	15.5	4.8
7	2014GJXT0804：采1	30.2	14.5	4.8
8	2014GJXT0605：采5	31	15.5	4
9	2014GJX：采集	28.5	15.5	4.1
10	2014GJX：采集	29.2	14	3.9
11	2014GJX：采集	31.7	16	5.1
12	2014GJX：采集	36	15.7	7.1
13	2014GJX：采集	28.6	14.8	3.8

续表

序号	编号	长	宽	厚
14	2014GJX：采集	27.3	11	2.4
15	2014GJX：采集	28.8	11.4	4.5
16	2014GJX：采集	28.3	14.2	4.3
17	2014GJX：采集	30	14.3	4.3
18	2014GJX：采集	30.7	14	4.7
19	2014GJX：采集	30.1	14.5	4.6
20	2014GJX：采集	30	14.4	5.1
21	2014GJX：采集	30	14.4	4.8

12. 异形青砖

有混砖、枭砖、楔形砖和刀把形砖等类型。皆素烧。

2014GJXT0203：采1，长边混砖。残断成两截，可拼合。灰胎。长30、宽14、厚4厘米。

2014GJX：采集：短边混砖。黄偏红胎。残长28、宽16、厚7厘米。

2014GJXT0605：采6，短边枭砖。灰胎。长29.8、宽15.5、厚4.4厘米。

2014GJX：采5，刀把形砖。灰胎。用长37厘米的条砖切割成曲尺刀把形（图版六〇，4）。

2014GJX：采集，楔形砖。灰胎。长25.8、大边宽14.7、小边宽13.5、厚3.1厘米。

（二）其他遗物

铜钱

3枚。

2014GJXT0506：标8，皇宋通宝，左下方有裂痕。直径2.5、穿宽0.8厘米（图版六〇，5）。

2014GJX：采集，天启通宝。左侧碑亭采集。直径2.1、穿宽0.6厘米（图版六〇，6）。

2014GJXT0506：采3，锈蚀严重，残破变形，字样无法辨认。直径2.4、穿宽0.7厘米。

六、结 语

宪定王陵修建于明代晚期，陵园远离之前所建的其他王陵陵区，突破了明代早中期的靖江王陵聚族而葬的格局，但并未改变陵园占地面积小于先王陵园的定势规律。其陵园营造于较为陡峭的山坡上，高差有3.5米左右，也与前期靖江王陵多葬于山前平冈的择地理念不同。宪定王陵在营造陵园时使用了大量的黄土夯筑填实垫平地面，耗费了巨大的工程量来改造地势地貌。从TG1和TG2的清理情况看，其中营建门前广场时填夯土四层；外陵门内侧靠近外陵墙的地面夯填两层。由于地势陡峭，中门和享堂的台基都是用黏土夹杂毛石随地势垒筑平台，在外包砌陡板、阶条石，形成阶梯状台基后，再建筑中门及享堂建筑，因此中门后端和享堂后端均无踏步；享堂与封土间有墁砖甬道。通过解剖享堂的柱础构筑结构，发现柱础下面有的有磉墩，磉墩顶部至少铺垫有三层平整料石。中门左右两侧的内陵墙和外陵墙之间依据地势建有挡水墙和排水孔，以疏导排水，减少了流水对中门前左右厢房的冲击。由于地表后期破坏严重，在外陵墙处未发现有排水口，但在外陵墙西南转角内侧发现两个方形沉砂井遗迹，推测陵园内的水分别汇聚于外陵墙左右两侧内转角后向外排出，可见宪定王陵具有完善的园内排泄水系统。

荣穆王陵陵园遗址考古清理报告

2014年12月中旬至2015年1月中旬，为配合桂林靖江王陵遗址保护工程的实施，广西文物保护与考古研究所与桂林市靖江王陵文物管理处组成联合考古队对靖江荣穆王陵陵园遗址进行了考古清理，广西文物保护与考古研究所韦革担任考古领队，桂林市靖江王陵文物管理处曾祥忠、张阳江、阳灵、李爱民、许彬彬、符荣兴、盘立、焦磊、阳荣桂等参与考古发掘清理工作全程。现将考古清理情况报告如下。

一、地理位置及环境

荣穆王陵是第十二任靖江王朱履祐及其妃的合葬墓。位于桂林市叠彩区大河乡阳家村委窑头前王坟岭，营建于明崇祯八年（1635年）。朱履祐，宪定王嫡次子，嘉靖四十二年（1563年）生，万历四十年（1612年）袭封，崇祯八年（1635年）薨，谥荣穆。

荣穆王陵坐东朝西建于尧山西麓山坡上，陵园前段主要建筑修建在相对平缓的坡底，封土则建在陡峭的山坡中段，前后高差较大。陵园范围内杂草灌木丛生。陵园东北两侧均为尧山山体，遍植茂密的松树林，林间有民坟分布；南侧是与陵园地面高差3米的山谷坡台地，台地下谷底有常年流水山涧；西侧是杂乱的灌木丛，右前方有一人工开挖的水塘（图一）。

二、遗址现状及发掘清理情况

1. 遗址分布及保存情况

荣穆王陵遗址包括外门、外陵墙、神道、中门、内陵墙、石像生、厢房、享堂、墓冢封土等，主要建筑遗址营建在陵园中央的神道中轴线上，其中外陵墙遗迹清晰，呈长方形，陵园狭长，前后高差较大，其南侧外陵墙修筑在山坡侧壁上，形成高坎。其他陵园建筑均已塌毁，尚

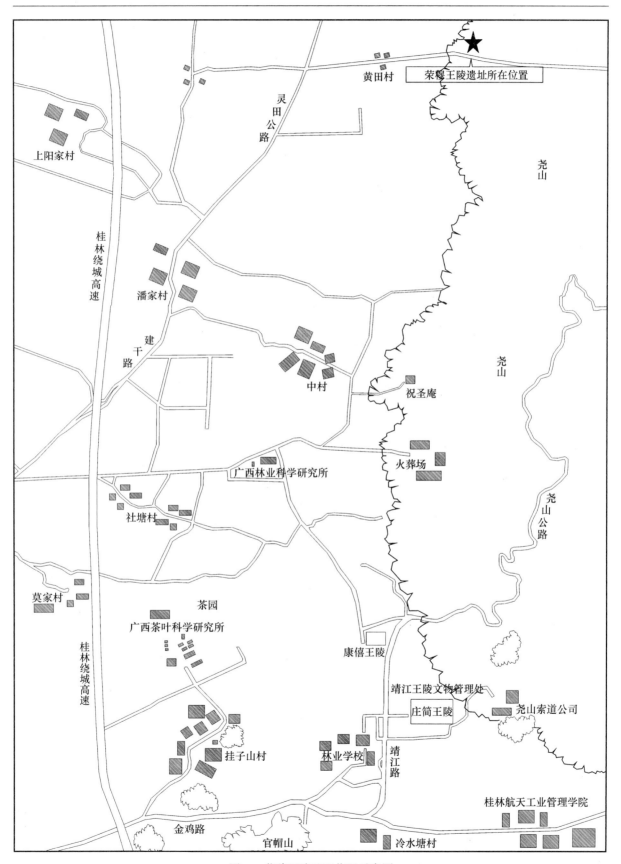

图一　荣穆王陵地理位置示意图

存建筑基址，但陵门、碑亭遗址被土覆盖掩埋，地表不见遗迹；中门遗址与陵门遗址间的神道上堆积有大量碎石，地面起伏不平；墓冢封土建在山坡中间，已坍塌。封土前砌筑有四级固土护坡的平台；石像生风化极其严重，个别已碎裂不成形。

2. 工作方法

荣穆王陵遗址的清理发掘工作按照《田野考古工作规程》的要求进行，清理地表之后使用全站仪进行工地布方，同时做好遗址地形图，总平面图，遗迹平、剖面图的测绘工作，工地总记录、探方记录等文字工作以及照相、录像等影像采集工作。

由于陵园呈长方形，东西纵向深，且封土在山坡上，封土与享堂前陵区高差大，南外陵墙建在山坡侧壁，与墙外地面垂直，南外陵墙30米外为密林区，西南角基点难以定点，所以布方以外陵墙西南角处南20米处选一定点，往北、东方向按照正南北方向进行布方，基点所在探方编号为T0401，往北的探方编号分别为T0501、T0601、T0701、T0801等，往东的探方编号分别为T0402、T0403、T0404等。总共布探方68个，探方规格为10米×10米（图二）。

在清理发掘过程中，根据探方在陵园位置的不同和遗址堆积的具体情况，我们分别进行考古揭露、清理、发掘和勘探，重点寻找可能存在的原有陵园附属建筑设施。着重清理被倒塌倾覆层覆盖的内外陵墙，了解墙体的结构、构筑方式以及墙角的具体位置，同时将墙体固有部分完整保留下来，以备展示之用。

此次发掘新发现神道右侧碑亭，在内陵园发掘出左右厢房等陵园附属建筑遗址，出土大量陵园建筑构件。

在清理发掘中，平、剖面结合，由上而下逐层揭露。出土标本全部以整个陵园清理发掘区为单位进行编号，同时对出土地点进行登记，采样则以探方为单位进行编号。

3. 地层堆积情况

荣穆王陵遗址的主体建于山岭坡地上，中门前至石像生区域以及中门至享堂前大致保持了原有的风貌，受到扰乱较少，清理发掘区的地层堆积比较简单。陵门与中门两侧以及封土前区域受到早期倒塌围墙和建筑遗迹倒塌堆积以及自然雨水冲刷的影响，地层比较厚并稍显复杂。陵门外村民挖有池塘，加之有山体滑坡，部分有扰乱。

清理发掘区域的地层经统一后可分为3层：

第1层：表土和现代扰乱层，为近现代自然沉积和挖池塘淤泥堆积。该层在全部发掘区均有分布，在陵门西北外陵墙墙角处最厚，中门至享堂之间的大部分地段则分布较浅。局部有蚂蚁洞穴，主要分布于陵门西北角及中门东南角。

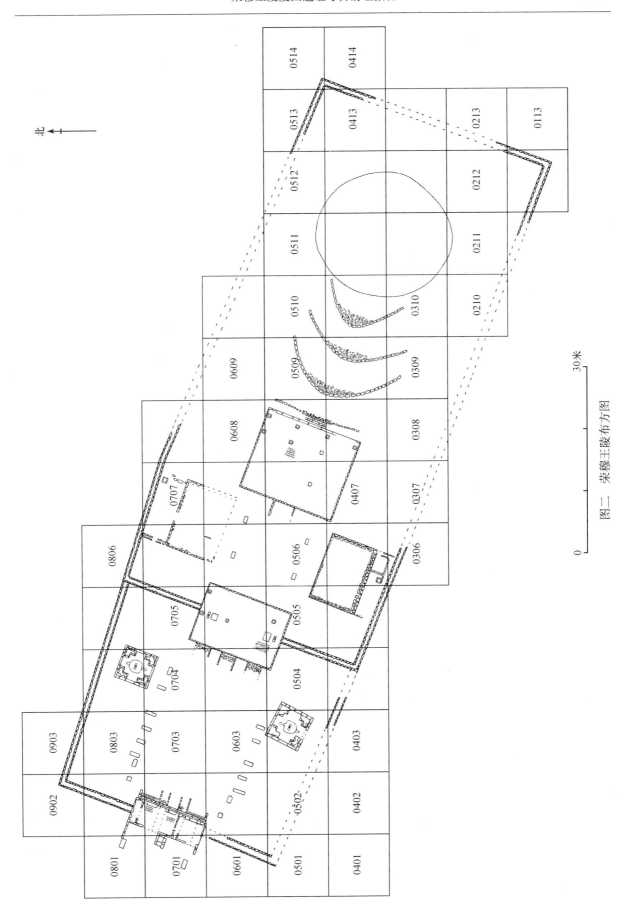

北

0514 0414

0513 0413 0213 0113

0512 0212

0511 0211

0510 0310 0210

0609 0509 0309

0608 0408 0308

0707 0407 0307

0806 0506 0306

0705 0505

0704 0504

0903 0803 0703 0603 0403

0902 0502 0402

0801 0701 0601 0501 0401

30米

0

图二　荣穆王陵布方图

第2层：明清时期文化堆积层，为陵园建造和倒塌形成的文化堆积。该层在中门地段、内陵园左右厢房和享堂两侧堆积最厚，中门前面至神道、享堂以后局部缺失。

第3层：原有腐殖质层。除了被各种建筑基础打破外，在整个内陵园均有分布。该层之上是原有陵园构筑时的建筑面。

第3层以下为生土。

三、陵园布局

荣穆王陵依山势坐东南朝西北，墓向285°，陵园由版筑夯土外陵墙围护，陵园内有内陵墙将陵园分隔成外陵园和内陵园两进院落，总平面呈"日"字形。陵园以神道为中轴线，主体建筑均建造于中轴线上，依次有外门、中门、享堂、墓冢封土。神道两侧对称置列石像生，外陵园石像生后建有左右碑亭，碑亭内各置龟趺圆首神道碑一通；内陵园石像生后对称建有左右厢房（图三；图版六一，1）。

1. 神道

神道位于陵园纵轴线上，以外门为起点，贯穿中门连接享堂。由于后期遭到人为破坏，铺地损毁严重，仅外门内侧有局部残存。平铺四列条石将神道分隔成三路，中路主径略宽，为3.97米，从残留遗迹显示为青灰色条砖墁"人"字纹路面；两侧陪径等宽，均为3.3米，从残留遗迹显示为红色条砖横向错缝平铺路面。铺地砖无论青砖或红砖，规格相同，砖面均为19厘米×13.5厘米（图版六一，2）。

2. 外陵墙

外陵墙平面呈不规则长方形，其中西侧（含外门）宽36.85米，东侧宽40米，北侧长123.6米，南侧长123.2米，周长约323.65米。其中西侧外陵墙大部分墙体已坍塌推平，其余三面墙体已坍塌，形成整条高0.2～0.5米龟背状隆起的梯形覆土堆，凸显出外陵墙的轮廓。

外陵墙均用双排料石做墙基，基石均直接暴露于地面，基槽不明显。因地势高低不同，基石垒筑层数各有多寡，其中北墙、东墙基石一层，露出地面约0.38米，双排基石宽1.1米；南墙沿着山坡边缘修筑，依地势用料石垒砌护坡石墙，再在护坡石墙基上面修筑外陵墙墙体，地势最低的位置护坡石墙垒砌高3米；外陵墙西南转角有坍塌缺口，暴露出西侧外陵墙南段的护坡石墙内部用不规则大块毛石和卵石垒砌5层，层层收分，外用规整料石平齐包边，石墙宽1.1

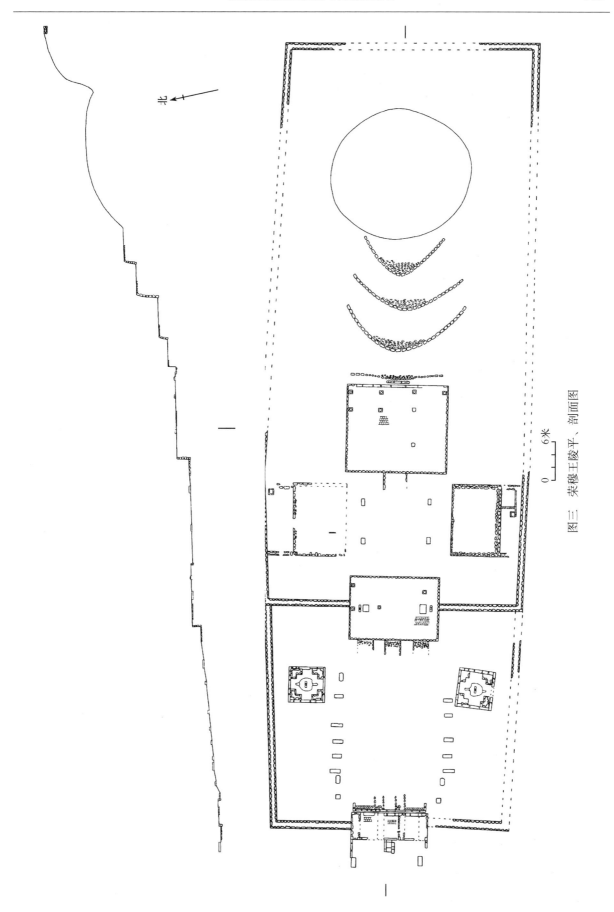

图三　荣穆王陵平、剖面图

米，围边外层厚0.45米，高出地面1.45米。西侧外陵墙北段墙基则用两层方正规整料石直接露明修筑，宽1米，基石露明面凿粗粉条纹，留5厘米金边后砌筑墙体，墙根残存一层。东侧外陵墙局部保留有较整齐的墙砖倒塌面，显示墙体为砖包土墙；在东北转角基石上局部残留有较厚的白色灰浆，墙脚保存一层横排竖砖，墙砖以红砖为多，其中夹杂青砖，在坍塌形成的土层里发现大量残碎的小青瓦和红色残砖。

外陵墙西北转角处西侧外陵墙墙基下建有排水孔，宽0.23、高约0.25米。排水孔左壁为西墙基的底层基石的侧面，右壁为北墙基底层基石的立面，底部铺砖（图版六二，1）。

3. 外门

外门为三开石座券拱门，残存台基，面阔12.25、进深4.08米，台基四周散落有拱券形料石。左路门道两边门垛已毁，只余垛底基石及混杂毛石的填心土，残存门栓石一块。右路门道两边门垛遗迹清晰，右侧山墙门垛残余两层墙基，局部有缺失，墙基宽度为1.35米，左侧门垛残余一层墙基，宽度为0.98米。中间门道宽2.4米，右侧门道宽2.2米，门道内保存有方砖地面，方砖规格为30厘米×30厘米（图四）。

外门前正中有青石板路，两侧铺条石路沿，左侧路沿残长2、宽0.4米；右侧路沿残长1.8、宽0.38米；中间横铺大块青石板，残存两块石板，尺寸分别是0.9米×0.78米和0.9×0.76米，连两边路沿；路面宽1.68米。由于地表破坏较严重，陵门外路面不见其他遗存，根据残存遗迹推测，在石板路两侧也应有砖铺路面。

在外门附近清理出土有素烧灰胎龙纹滴水、脊兽残件、砖制仿斗拱装饰构件和各种图案的砖雕等。我们推测，荣穆王陵外门是石垛青砖墙带砖仿斗拱的素瓦歇山顶建筑，且大量使用砖雕装饰。

4. 碑亭

碑亭两座，相向而建，分别位于外陵园神道两侧的文臣后侧，已坍塌。两座碑亭形制相同，平面基本呈正方形（图五）。

右侧碑亭坐北朝南，面阔5.82、进深5.66米。碑亭基座四周阶条石保存完整，宽度为0.35米。基座四角砌筑曲尺形石垛墙，垛墙残存围边料石一层，残高0.16～0.27米，局部两层，高0.57～0.64米。垛墙之间各为门洞，其中正面南、北门洞等宽为1.65米，侧面东、西门洞略窄，等宽为1.4米。亭内地面铺装残毁缺失，情况未明。碑亭中央残存龟趺，碑已缺失。龟趺长3.28、宽2.5、高0.53米。龟首微扬，龟背风化严重，图案隐约模糊，不可辨识，背中央有长方形碑座，也已风化残损。碑座中间有方形碑榫槽，边长0.36米（图版六二，2）。

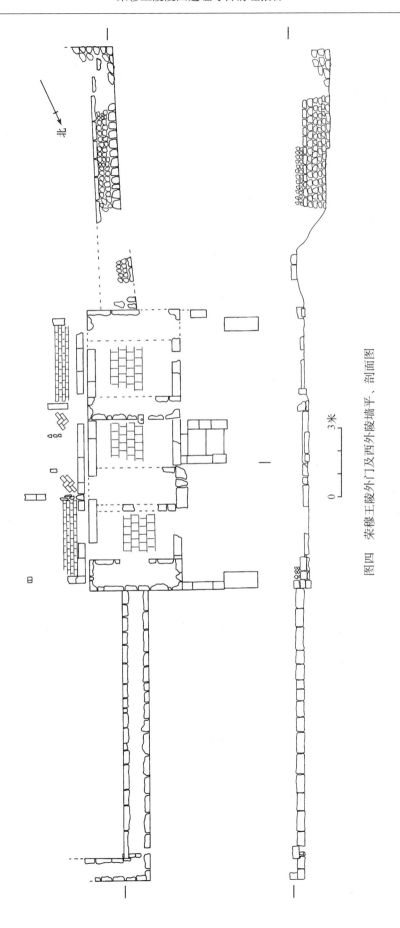

图四 荣穆王陵外门及西外陵墙平、剖面图

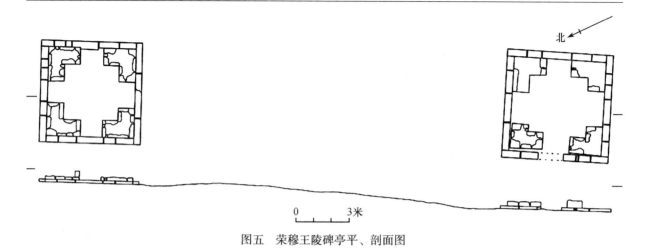

图五　荣穆王陵碑亭平、剖面图

左侧碑亭坐南朝北，面阔6.06、进深6.13米，遗存南侧边沿距外陵墙2.8米。碑亭基座四周阶条石局部缺失，宽度约为0.34米。基座四角砌筑曲尺形石垛墙，塌毁严重，垛墙西北角残存完整围边料石一层，残高0.27米，其余部位保存不完整，局部仅存墙脚土衬石。垛墙之间各为门洞，其中正面南、北门洞等宽为1.65米，东侧门洞宽1.6米，西侧门洞因墙垛缺损，无法测量准确数据。碑亭内地表塌陷，地面铺装残毁缺失，情况未明。碑亭中央残存龟趺，碑已缺失。龟趺龟首微扬，生有两角，紧贴龟首，双目圆睁，双唇微张，牙齿外露，四肢及尾部布满鳞甲，足爪锋利。龟背雕饰圆弧花瓣形铺地锦，锦四角刻有一个铜钱纹饰，铺地锦未覆盖处雕龟背纹，外沿雕饰一圈八卦纹。龟背中央有长方形碑座，长1.1、宽0.33、高0.2米；碑座中间有长方形碑榫槽，长0.35、宽0.2米。

在清理碑亭过程中，出土了大量素烧砖制仿斗拱装饰构件和各种图案的素烧砖雕。

5. 中门

中门面阔五间、进深两间，已坍塌损毁，仅存台明残基，面阔14.7、进深9.75米。台明依地势而建，四周阶条石都已缺失，暴露出大块毛石垒砌的台基填心层。台明前端高出外陵园神道路面1.14米，居中前出三路踏跺，仅存混杂砖石的填心土，形制不明。根据遗迹测量，三路踏跺基本等宽，约为2.7米，踏跺间距约为1.7米。中门地面残留有局部墁砖（皆已碎裂）、柱础石、门枕石、门心石等遗迹，其中右侧局部残存有山墙遗迹，山墙宽0.5米，半包柱础，柱础距台明残边0.25米；右侧山墙处保存第二进两个柱础，没有位移，柱距3.5米（图六；图版六三，1）。

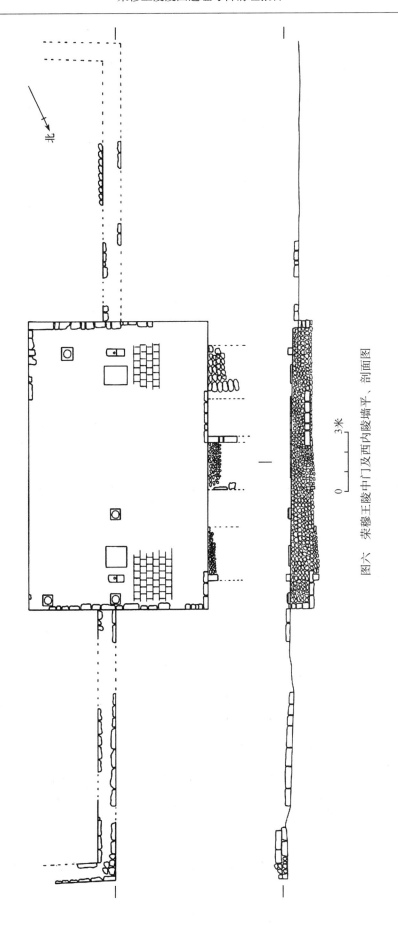

图六 荣穆王陵中门及西内陵墙平、剖面图

6. 内陵墙

荣穆王陵的内陵墙与其他陵园的内陵墙不同，没有构成其他陵园的"回"字形，而是依中门两侧山墙向两端延伸直接与外陵墙相连，使陵园形成"日"字结构。内陵墙墙体皆已被破坏殆尽，局部残存料石墙基。中门北侧陵墙长13.7米，墙基露明修筑，外壁料石，内填毛石、卵石，局部残存两层基石，宽0.92、高0.58米，立面规整；南侧陵墙长12.5米，因地势略低，墙基下垫有大块卵石和毛石找平。内陵墙墙体和外陵墙一样都为砖包土墙，料石墙基上局部残存一层竖砖墙脚，墙高不明。从内陵墙北侧与外陵墙北墙的结合处可以看到，内陵墙基石直接嵌入外陵墙墙基内，构成一体。

中门右侧内陵墙墙基上嵌有一长条形门枢石，推测中门右侧有侧门（图版六三，2）。

7. 厢房

内陵园石像生后对称建有厢房，残存遗迹。

右侧厢房面阔10.25、进深8.3米，为二进三开间建筑。房址东墙及西墙墙基均宽约0.5米，北墙基宽约0.45米。房址内地砖无存，西北角余方座鼓镜式柱础一个，方座边长0.33米，鼓面直径0.21、高0.045米；房址西侧残存一段长1.3、高约0.33米的槛墙。门向南侧，门前有砖砌踏跺遗迹。厢房后东西两侧分别有一道宽0.55米的墙基石，东段墙基长4.5米，西段墙基较完整，局部尚存一层墙砖，墙基长4.3米。两道墙基沿厢房的东、西墙向北延伸至北外陵墙形成闭合，在厢房后围筑成一个院落。院落东北角有一砖砌的方坑，距北外陵墙0.55米，距东院墙0.6米；坑口四周为单排平铺砖，坑口长0.68、宽0.5米，深0.43米，坑壁9层砖，坑内地面无其他遗迹。

左侧厢房墙基基石损毁严重，东、西、南三面墙基宽0.4~0.5米，北墙基缺失，但可看出其与右侧厢房结构相似，为面阔10.75、进深8米的二进三开间，门朝北开。厢房随地势而建，房基底部用了大块卵石和料石垫基固础找平。房内局部有隔墙遗迹。厢房后也有两道墙分别沿厢房的东西两侧向南延伸至南外陵墙形成闭合，在厢房后围筑成一个院落，现墙已毁，残余墙基，东墙基长3.4米，西墙基残长2.8米（图版六四，1）。

在院落的东北角有利用院落的东墙和厢房南墙用砖砌隔出的一个面积为2.55米×2.2米的小房间，用途不明。与此小房间的西南端平行，距离0.45米处有一砖砌方坑，其形制与右侧厢房相似，坑口长0.58、宽0.58米，深0.6米。

右侧厢房遗址中出土少量陶罐、碟、壶等残件，左侧厢房门前位置清理出少量青花瓷残片，多为碗底部。

8. 享堂

中门之后为享堂，地上建筑皆已塌毁，仅存台明及踏步遗迹（图七；图版六四，2）。

台明随地势而建，后端以原地面为基准，埋筑阶条石，往前逐层抬高垒砌毛石，夯土填平台明地面。除后侧残存局部阶条石外，其余陡板石和阶条石全部缺失，暴露出垒筑的毛石台心。台明四周土衬石基本完整，测量台明面阔16.5、进深13.9米，前端台帮高约1.2米。台明中部地面保存有较完整方砖地面，地表有凹陷，方砖表面有裂纹，地砖尺寸为35厘米×35厘米。柱础石缺失较多，残存8个，后檐柱和角柱保存完整，没有位移，从现存柱网判定，享堂建筑为面阔三间、进深三间的建筑，明间面阔为5.25米，两侧梢间面阔为4.8米，第三进进深为2.75米。柱础皆为方座鼓镜式，方座边长有0.63、0.57、0.47米三种，相应镜面直径分别为0.45、0.44、0.41米。

享堂前无月台，台明前端居中设置一路踏步。踏步残留混杂卵石和片石的垫层，底层土衬石局部残存，测量踏步长2.6、宽3.7米。

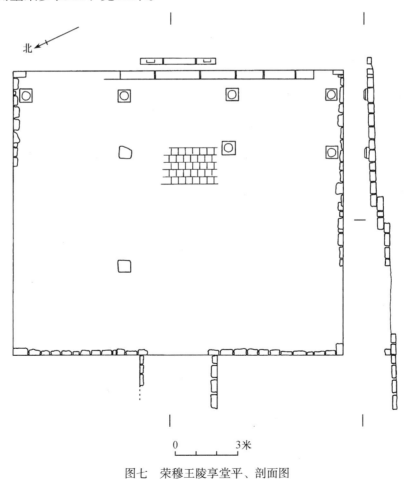

图七　荣穆王陵享堂平、剖面图

享堂和地宫间垒筑有四层台地，第一层台地略高于享堂地面，边缘垒砌毛石和卵石，与享堂基本等宽平行，距离享堂后端外沿约0.27米；第二层台地残长3.75、高1米，台地外侧砌平整条石，条石内侧垒砌两层或三层大块毛石和卵石，内部填土；第三层台地高1.65米，外缘呈弧形，宽4.95米，底部为规整料石，露明部分砌有规整方料石，大部分已缺失，暴露出台地内部垒砌更多的毛石及大块卵石；第四层台地高1.67米，呈弧形，台地面近封土前堆积。四层台地边缘都有向外崩塌的现象。

9. 墓冢封土

四层台地后面即为墓冢封土。封土已坍塌，墓室被淤土填埋。此次清理不包括地宫，故未对地宫进行探查，而在此之前也没有任何关于荣穆王陵地宫的调查记录，但根据荣穆王陵地表建筑规制及其他已清理的王墓地宫情况判断，荣穆王陵也应为夫妇合葬的双穴砖室墓。

四、石 像 生

神道两侧石像生有外门守门狮、望柱、控马官、马、羊、麒麟、虎、象、文臣各一对，内侍两对，共计十一对。石像生均用整块石灰岩巨石连带足托一并雕刻而成。荣穆王陵石像生所用石材民间叫作"槟榔石"，是一种发育不完全的石灰岩，石质酥松，容易呈块状或片状剥落散碎。石像生中羊、虎、麒麟、象等石兽另配须弥座墩。足托，一般都呈长方体，部分因受料石石材本身的限制，底部不是规整的平面，因此在摆放时，为了扶正需要填垫些碎石或泥土。而摆放石兽的须弥座，其外形也是呈长方体，上窄底宽，断面呈梯形，底部部分埋入地下，然后填垫些碎石或泥土（表一、表二）。

表一　荣穆王陵石像生基本信息一览表　　　　　　　　　单位：厘米

编号	名称	尺寸		残损情况
左1	守门狮	兽身	长149、宽64、高157	表面风化，座墩缺失
		足托	长149、宽62、高14	
右1	守门狮	兽身	长140、宽65、高167	局部缺损
		足托	长142、宽66、高15	
		座墩	长149、宽68、高46	
左2	望柱	柱身	直径60、残高260	下半部分缺失
右2	望柱	柱础	方座边长75；柱槽直径50、高8	柱身缺失，座残
左3	控马官	造像	高294、宽97、厚53	表面风化严重，部分缺失
		足托	长107、宽65、高20	

续表

编号	名称	尺寸		残损情况
右3	控马官	造像	高274、宽95、厚43	表面风化严重，局部缺损
		足托	长110、宽64、高18	
左4	马	兽身	长226、宽50、高204	表面风化严重
		足托	长175、宽54、高15	
右4	马	兽身	长220、宽39、高195	局部缺损
		足托	长157、宽56、高12	
左5	羊	兽身	长163、宽52、高114	表面风化严重，部分缺失
		足托	长136、宽44、高22	
		座墩	长144、宽55、高47	
右5	羊	兽身	长158、宽51、高106	表面风化，座墩缺失
		足托	长144、宽51、高14	
左6	麒麟	兽身	长158、宽55、高166	蹄、眼、颌须缺损
		足托	长145、宽53、高14	
		座墩	长148、宽55、高38	
右6	麒麟	兽身	长166、宽56、高150	表面风化
		足托	长157、宽48、高18	
		座墩	长150、宽50、高43	
左7	虎	兽身	长208、宽49、高142	表面风化，局部缺损
		足托	长133、宽49、高20	
		座墩	长133、宽49、高44	
右7	虎	兽身	长193、宽45、高122	局部缺损，足托缺失前部，座墩底部分缺失
		足托	残长60、宽42、高16	
		座墩	长183、宽49、高29	
左8	象	兽身	长142、宽57、高105	大部分风化
		足托	长141、宽40、高20	
		座墩	长148、宽54、高50	
右8	象	兽身	长187、宽56、高127	鼻前部缺失
		足托	长140、宽58、高16	
		座墩	长143、宽58、高35	
左9	文臣			风化碎裂坍塌成一堆乱石
右9	文臣	高261、宽130、厚60		头、手部缺失
左10	女内侍	高233、宽96、厚52		风化严重，局部缺损
右10	女内侍	高240、宽98、厚52		风化严重，局部缺损
左11	男内侍	高300、宽108、厚36		风化严重，局部缺损
右11	男内侍	高293、宽108、厚46		风化严重，局部缺损

表二　荣穆王陵石像生间距一览表　　　　　　　　　　　　　单位：米

测点	横向间距	测点	纵向间距	测点	纵向间距
左1—右1	10.1	左1—左2	9.3	右1—右2	9.3
左2—右2	15.3	左2—左3	4.5	右2—右3	3.9
左3—右3	16	左4—左5	2.3	右4—右5	2.3
左4—右4	16.3	左5—左6	2.5	右5—右6	2.5
左5—右5	16.08	左6—左7	3.9	右6—右7	2.7
左6—右6	16	左7—左8	2.4	右7—右8	4.8
左7—右7	16.2	左8—左9	3.8	右8—右9	3.1
左8—右8	15.97	左9—左10	20.4	右9—右10	20.1
左9—右9	16.6	左10—左11	4.9	右10—右11	4.7
左10—右10	9.9				
左11—右11	10.2				

1.守门狮

左侧为雄狮，呈蹲式，威猛矫健，头披卷鬃，嘴张开露出舌头和獠牙，脖下响铃，眉骨高耸，双眼突出，仰面右盼，右前足踩绣球，绣球、狮子、足托皆为整石雕刻，座墩无存（图版六五，1）。右侧为雌狮，亦呈蹲式，造型大致与雄狮相似，区别在于其足处攀附幼狮。

2. 望柱

柱身呈八边形，右侧望柱已缺失，只余柱座。柱身与柱座为榫卯结构。柱座为平面呈正四边形的须弥座。左侧望柱柱身下部残毁无存，仅存柱身上半部分，后期维修时将残存上半部分扶正立于柱座上，上部柱顶雕成三等分镂空半球形，柱头下方雕仰覆莲瓣纹饰。柱身浮雕一五爪龙，龙头微仰，嘴张开口含一龙珠，龙角缺失，龙须飞扬，龙右前爪握下颌龙须，左足踏一朵祥云，龙身鳞甲清晰。

3. 控马官

左侧控马官正面风化严重，面部残损，左手执马鞭置于胸前，右边肩膀及右臂缺损。右侧控马官，头戴无梁冠，身着盘领窄袖衫，腰系镶玉带，足着靴，面部表情凝重。双耳、鼻尖、嘴唇、下巴局部缺损，已修补。右手执马鞭置于胸前，左手执马缰，执马缰的手臂已缺失（图版六五，2）。

4. 马

呈站立状，头部微侧，嘴紧闭，双眼圆睁，两耳直竖。马身上络头、衔、镳、缰绳、鞍具、镫、胸带和鞧带等马具齐全，鞍具及鞍褥上都饰有如意图案。鞍下垫鞍褥，下有障泥。马镫呈"凸"字形，较大，便于乘者蹬踏。马的造型古朴，身量矮小，马腿较粗短，与身的比例不协调（图版六五，2）。

5. 羊

呈卧跪状，头微昂平视，嘴巴微闭，两耳立起，羊角围着耳朵内卷，尾巴肥大低垂于股间，体态匀称，神情温顺。全身素面无装饰。座墩圭角处饰如意云纹，其余部位为素面。右侧座墩缺失。

6. 麒麟

呈前立后坐式，头似龙头，披发及下颌胡须后期经过修补。头颈后部鬃毛发达，毛发顶部尖耸，有一双犄角，嘴唇紧闭，露出獠牙，下颌有圆柱须下垂，头微仰，直视前方，全身鳞甲，嘴角、前肩、臀部饰有火焰纹，背部有凸脊，蹄子像马掌，尾巴则从尾部沿着脊梁反卷至背上。座墩造型简化，只在中间刻有壸门，座上铺有铺地锦，锦角成倒三角形垂在座墩两侧中部，锦上面饰有如意云纹图案，其余部位为素面（图版六五，3）。

7. 虎

呈前立后坐式，头微昂，眼睛雕有眼皮、眼眶，嘴巴紧闭，露出獠牙，两耳直竖，身素面，前爪支起，样子温顺可爱，尾呈绳状，从尾部沿身体侧面沿伸至肩部。左虎尾巴朝右摆，右虎尾巴朝左摆。右虎右前肢残长0.3米，左前肢缺失，经后期修补，足托前部缺失，座墩断成两节，后期用混凝土黏合修补，修补时将虎缺失的前足修复后用混凝土粘全，直接置于座墩上，座墩前端饰有如意云纹，两侧做法与麒麟座墩一致。

8. 象

左侧象身损毁严重，头及右侧身躯被毁。右侧象呈跪跽状，头部朝前微昂，长鼻内卷下垂于胸前，双耳呈喇叭状下垂，长尾巴后垂摆向身体右侧，臀部有鞧带，背部有鞍褥，上饰有如意云纹。座墩中部饰如意云纹，其余部位为素面。象鼻为修补（图版六六，1）。

9. 文臣

左侧文臣缺失。右侧文臣呈站立状，头部缺失，朝服为上衣下裳制，上衣交领右衽，有领缘，腰间系带，前有蔽膝，两袖宽大下垂至脚面，足穿云头履，双手合胸，手中持笏（笏缺失），神态恭敬端庄。

10. 女内侍

头戴罩头帽，身着盘领窄袖长衫，衫前胸后背雕有补子，上饰有祥云纹，腰系带，穿足靴，袖手盘于胸前，神态恭敬（图版六六，2）。

11. 男内侍

头戴无梁帽，身着盘领窄袖长衫，衫前胸后背雕有补子，上饰有祥云纹，腰系带，穿足靴，神态恭敬（图版六六，3）。

五、出土遗物及标本

清理出土遗物（包括采集）以建筑构件为主，另有少量陶瓷器残片和钱币，下面按照出土遗物类型介绍如下。

（一）建筑构件

建筑构件有小板瓦、滴水、勾头、脊兽、模印砖饰、浮雕砖饰、砖仿斗拱构件等，全部为灰胎素烧。

1. 小板瓦

有两种类型，形制相同，规格略异。

2014GJRT0405：采1，青灰胎。长16.5、宽16、厚0.4厘米，矢高3厘米。

2014GJRT0405：采2，青灰胎。长16、宽14、厚0.3厘米，矢高2.05厘米。

2. 勾头

有圆形和如意形两种，胎质粗糙，纹饰模糊，器形有歪扭变形。圆形勾头图案皆为龙纹，如意形勾头有龙纹和花卉纹两种（表三、表四）。

表三　荣穆王陵出土龙纹圆形勾头登记表　　　　　　　　　　单位：厘米

序号	编号	当面直径	边郭宽	当面厚	瓦长
1	2014GJRT0503：标22	13.4	1.3	1.4	15.4
2	2014GJR：采集	10.6	1.2	1.3	缺
3	2014GJR：采集	12.5	1.4	1.2	缺

续表

序号	编号	当面直径	边郭宽	当面厚	瓦长
4	2014GJR：采集	13	1.4	1.2	缺
5	2014GJR：采集	12.3	1.2	1.4	12.8

表四　荣穆王陵出土如意形勾头登记表　　　　　　　　　单位：厘米

序号	纹饰	编号	当面宽	当面高	边郭宽	当面厚	瓦长
1	花卉纹	2014GJRT0602：标1	14.3	10.4	1	1.3	缺
2	龙纹	2014GJRT0506：采1	14.5	11.4	0.7	1.1	缺
3	龙纹	2014GJRT0804：采集	14.7	11.5	0.4	1.1	缺
4	龙纹	2014GJRT0804：采集	12.4	10.7	0.6	1.5	缺
5	龙纹	2014GJRT0705：采集	14（残）	10.9	0.6	1.3	缺
6	花卉纹	2014GJRT0804：采集	16	11.9	0.7	1	缺
7	花卉纹	2014GJRT0804：采集	14	9.9	0.7	1.2	缺
8	花卉纹	2014GJRT0804：采集	9.8（残）	10.5	0.7	1.2	缺
9	花卉纹	2014GJRT0702：采集	14.7	10（残）	0.9	1.1	8.3（残）
10	花卉纹	2014GJRT0702：采集	16	10.5（残）	1.5	1.1	缺
11	花卉纹	2014GJRT0702：采集	15	11.5	0.6	1.1	缺
12	花卉纹	2014GJRT0702：采集	15	9.5（残）	0.8	1.2	缺
13	花卉纹	2014GJRT0705：采集	13（残）	12	0.7	1.2	缺
14	花卉纹	2014GJRT0705：采集	16	12	0.5	1.1	缺
15	花卉纹	2014GJRT0705：采集	15.5	11	0.6	1.1	缺

3. 滴水

当面纹饰有龙纹和花卉纹两种（表五）。

表五　荣穆王陵出土滴水登记表　　　　　　　　　　　单位：厘米

序号	纹饰	编号	当面宽	当面高	边郭宽	当面厚	瓦长
1	龙纹	2014GJRT0601：标20	17	9.3	1.4	0.9	11.6（残）
2	龙纹	2014GJR：采集	15.2	8.6	0.7	0.8	6.2
3	龙纹	2014GJR：采集	18.6（残）	9.6	0.9	1.3	缺
4	龙纹	2014GJRT0601：采9	19	9.1	1.2	1.2	缺
5	龙纹	2014GJR：采集	15.4	9.2	0.9	1	缺
6	龙纹	2014GJR：采集	14.4	8.7	1	1	4.5（残）
7	龙纹	2014GJR：采集	16.4（残）	9.5	1	1.2	6.9（残）
8	龙纹	2014GJR：采集	15.1	9.1	0.7	0.7	缺
9	龙纹	2014GJRT0702：采2	11.2（残）	8.8	0.7	1.2	缺

续表

序号	纹饰	编号	当面宽	当面高	边郭宽	当面厚	瓦长
10	花卉纹	2014GJRT0605：标18	16.4	9.2	0.9	1.1	4.8（残）
11	花卉纹	2014GJRT0602：标2	15.5	7.7	0.7	0.9	缺
12	花卉纹	2014GJRT0804：采集	15.4	7.7	0.7	1	缺
13	花卉纹	2014GJRT0804：采集	15.5	7.7	0.7	1.1	缺
14	花卉纹	2014GJRT0804：采集	15.8	7.7	0.8	0.7	5.5（残）
15	花卉纹	2014GJRT0804：采集	15.5	7.7	0.7	0.9	缺
16	花卉纹	2014GJRT0804：采集	15.3（残）	8.5	0.8	0.9	缺
17	花卉纹	2014GJRT0705：采集	14（残）	7.5	0.6	1	7.7（残）
18	花卉纹	2014GJRT0602：采2	13.3（残）	7.4	0.9	0.8	5.5（残）
19	花卉纹	2014GJRT0705：采集	16.2（残）	8.2	1	0.8	缺
20	花卉纹	2014GJRT0705：采集	15.7	8.3	0.9	0.98	8.5（残）
21	花卉纹	2014GJRT0705：采集	14.4	7.4	0.5	1	16.5（残）
22	花卉纹	2014GJRT0705：采集	15.6	8.1	0.7	0.9	6.7（残）
23	花卉纹	2014GJRT0705：采集	15.4	7.7	0.8	0.8	9.6（残）
24	花卉纹	2014GJRT0705：采集	15.2	8.3	0.9	0.7	缺

2014GJRT0601：标20，当面饰龙纹，龙头向左（图版六七，1）。

2014GJRT0605：标18，当面饰花卉纹（图版六七，2）。

4. 脊兽

2014GJR：采6，鸱兽剑柄，顶部似三股波浪。残长16、最宽处10、最窄处7、厚4.2厘米。

2014GJR：采9，鸱兽剑柄，顶部似三股波浪。残长13.6、残最宽处6、最窄处5.5、厚2.6厘米。

5. 模印砖饰

2014GJRT0602：标4，贴饰砖。完整。近正方形。正面模印接续"卐"字纹。长32.7、宽31.5、厚4厘米，边框宽2.9厘米（图版六七，3）。

2014GJR：采2，残损。图案同2014GJRT0602：标4。残长30、宽16、厚5.4厘米。

2014GJRT0704：标7，长方形砖。完整。砖正面一端模印一直角三角形凹槽。两直角边长11、斜边长15、槽深1.5厘米（图版六七，4）。

6. 浮雕砖饰

出土大量浮雕砖饰，器形大，图案纹饰题材丰富，立体感极强。

2017GJRT0704：标13，砖面浮雕龙头纹，龙头朝向左，龙口张开衔灵芝草。长30、宽16、厚5.8厘米。

2014GJR：采1，砖面浮雕龙头纹，龙头朝右，龙目圆睁，龙口大张，獠牙锐利，口中喷出三注水。长30.8、宽15.8、左端厚8.3、右端厚6.5厘米。

2014GJRT0503：采3，残损。砖面浮雕龙头纹，图案与2017GJRT0704：标13一致。残长21.5、宽16.2、厚6.6厘米。

2014GJRT0704：标5，楔形砖。砖面浮雕花瓶祥云纹，图案为一宝瓶，瓶口飘升如意祥云纹，寓意平步青云。长31.1、上宽13.7、下宽14.2、厚6.6厘米，边框宽1.5厘米（图版六八，2）。

2014GJRT0503：标17，砖面浮雕卷枝花卉纹。长27、宽15.5、厚6厘米，边框宽1厘米（图版六八，3）。

2014GJR：采8-1、2014GJR：采8-2，断开两截，可拼合。砖面浮雕卷枝花卉纹。长27.2、宽15.5、厚4.7厘米。

2014GJRT0704：标6，正面左上角残损。砖面浮雕水波纹，水面跃出鲢鱼，水中有莲花、荷叶，寓意年年有余。长24.5、宽15、厚5厘米，边框宽1.2厘米（图版六八，4）。

2014GJR：采3，断裂成两截，可拼合。砖面浮雕莲池图，水中有莲蓬、莲花，寓意一品清廉。长27.2、宽15.6、厚6.3厘米。

2014GJRT0704：采2，长方形砖。完整。砖面浮雕卷草如意云纹。长31、宽13、厚6.4厘米，边框宽1.7厘米（图版六八，5）。

2014GJRT0504：采5，长方形砖。完整。砖面浮雕卷草如意花朵纹，三朵如意形花朵呈"品"字形排列。长30.5、宽16、厚4.7厘米。

2014GJR：采7-3，长方形砖。残损。砖面浮雕卷草如意云纹。残长16.4、宽16.3、厚5.5厘米。

2014GJRT0804：采17-1，长方形砖。一端残损。砖面浮雕兰花图。长28.1、宽16、厚6.7厘米。

2014GJRT0704：采1-1，断开两截，可拼合。砖面浮雕两朵相对排列的如意形花朵纹。长29.4、宽16.2、厚5.1厘米。

2014GJRT0504：采8-3，长方形砖。残损。砖面浮雕如意形中国结纹。残长17.3、宽15.5、厚6厘米，边框宽2.2厘米。

2014GJRT0503：采5-1、2014GJRT0503：采5-2，方形砖。一角残缺。砖面浮雕如意宝珠

纹。砖面残留朱砂。长33、宽28.5、厚3.6厘米（图版六八，6）。

2014GJRT0503：采1，长方形砖。完整。一侧长身面呈弧形，刻有卷叶纹。长31、宽15.1、厚6.6厘米。

7. 砖仿斗拱构件

（1）砖仿方座覆斗件

116件。形制、体量基本相同。方座覆斗形，通高7厘米，方座边长7、厚约4厘米，上连顶面边长为3厘米的覆斗（图版六七，5）。

（2）砖仿拱件

58件。有平底弧背、平底弧背带凹槽两种类型，底部长23.5、厚4厘米。状如卷草形托柱，形制基本相同。带有凹槽的，凹槽宽4、深2.8厘米（图版六七，6）。

（二）其他遗物

1. 陶器残片

采集出土少量陶器残片，可辨器形有罐盖、碗等。

2. 钱币

采集3枚，均为圆形方孔钱。

2014GJRT0604：标12，永历通宝。直径2、穿宽0.5厘米。

2014GJRT0603：标3，乾隆通宝。直径2.2、穿宽0.6厘米。

2014GJRT0602：采7，模糊难辨。直径2.4、穿宽0.6厘米。

3. 铁钉

2014GJRT0704：采9，长11厘米。

六、结　语

根据我们对荣穆王陵的清理勘探结果来看，荣穆王陵的建筑规制与其他藩王陵的建筑规制基本一致，但局部与其他藩王陵存在诸多不同，主要体现在以下几个方面：

（1）荣穆王陵修筑于陡峭的坡岭之上，高差较大，大体呈现东北高、西南低的特点，因此在建筑过程中使用大量填土找平地面；在坡边沿处修建的南侧外陵墙和西南转角处外陵墙的墙体还都建筑在用料石垒砌的护坡墙上。

（2）荣穆王陵有完善和科学的排水系统，尤其在防范山洪冲击方面，不仅在陵园最高的东侧外陵墙内辟有深排水沟，还在封土前砌有四层泄水平台，来减弱水流冲击力，这都是为避免山洪对陵园建筑造成直接冲击的排水泄洪保护措施。

（3）荣穆王陵营建于明代晚期，是历史上最后一座靖江王陵，其陵园规模也是历代靖江王陵中最小的，陵园占地面积约为6.9亩。其陵园布局也异于常规地建成"日"字形两进院落的格局，享堂前未建月台，并且只设一路踏步的做法也与常规有别。

（4）荣穆王陵遗址中没有发现任何琉璃瓦件。除在陵门、中门和碑亭处出土有素烧滴水、勾头外，其他如厢房及享堂建筑遗址上只发现了厚5～10厘米的残碎青瓦积压层。可见筒瓦、板瓦在荣穆王陵中的使用量也不多。

（5）在荣穆王陵中首次发现规模使用红砖。在陵门和碑亭位置出土了大量素烧浮雕砖饰、模印图案砖饰和砖仿"斗""拱"构件，说明在王陵陵门建筑及碑亭建筑大量使用了素烧花砖作为贴饰，为十一陵仅见。

（6）在荣穆王陵营建中，在不同的部位使用了不同质量等级的石灰岩石料，如砌筑陵门、围墙、碑亭等的露明部分使用的是发育完全、质地细密的石灰岩料石，而基础填垫层、石像生等则使用的是发育不完全、容易风化碎裂剥落的石灰岩"槟榔石"，因而石像生风化损毁严重。

综上所述，作为最后一个葬于尧山之原的藩王，荣穆王陵确实与其他诸陵存在诸多不同，造成这些差异的原因我们将做进一步的分析和研究。

桂林靖江王陵遗址考古的发现与收获

本次桂林靖江王陵遗址考古清理是针对靖江王陵陵园遗址群开展的第一次全面科学的考古工作，历经两年半的时间，先后完成了靖江昭和、温裕、安肃、悼僖、怀顺、宪定、荣穆七座王陵陵园遗址的考古发掘清理。靖江王陵的考古发现全面清晰地展现了靖江王陵墓区的整体面貌和各个时期的不同风格，在全国来说具有唯一性。靖江王陵从最初的陵墓营建，到规制形成、发展、基本模式固定以至后期衰落的变化过程，脉络清晰，规律明显；各个王陵风格迥异又互有关联，既有继承又有变化。此次的考古工作为全面了解和重新解读靖江王陵提供了比较完整的资料，为今后开展系列研究提供了坚实的基础，为考古遗址公园建设及遗址保护提供了科学依据。

（一）陵区选址与布局

纵观明朝帝陵，其在陵区总体布局上始终遵循"合族而居，合朝而葬"的理念，尤以十三陵最为典型。在陵墓选址上，明朝帝陵受风水理论的影响极大，陵区的选址，被认为是关系帝运盛衰、国祚绵长的大事。故而帝陵选址都是钦派重臣，攀登山峦，相度勘查，最后由皇帝亲自确定。也正因如此，明朝帝陵陵区都是乾坤聚秀、山川回环、风光优美的佳境胜地。而陵寝建筑依山而建，与自然风光有机结合，更使陵区具有神圣、永恒、崇高、庄严、肃穆的气氛，孝陵的独龙阜、十三陵的天寿山莫不如此。

十三陵中，诸陵虽各有独立的陵园建筑，但均集中营建于统一的陵区之内，而且主从分明，首葬的长陵"居中而尊"，地位崇高，嗣帝陵园则分列左右，同时共用长陵的引导神道及其附属建筑、石像生等。每座陵园都规模宏大，其建筑群由排列有序的牌楼、碑亭、神厨、神库、祾恩门、祾恩殿和配殿、方城明楼和宝城宝顶等组成。陵园建筑的复杂化大大提高了葬所的威严与神秘，体现了我国古代帝陵陵寝建制最后走向成熟。

靖江王陵在整体布局上，选址讲究、合朝而葬的特点明显，这与明十三陵的选址布局概念是一致的。桂林多石山，唯城东尧山是土岭。尧山是桂林最大和最高的山，它属于南岭中越城岭余脉，山势由北而南，沿绵而来，峰峦叠嶂，秀丽森然。山之西面，多为平冈，其左右石峰林立呈环拱之状，又有漓江蜿蜒流过，如玉带缠腰。靖江王陵悉造于尧山西麓，与尧山秀丽的自然风光相互衬托、相得益彰。

靖江王陵没有沿用十三陵中诸陵共用首陵神道及神道石像生的"总神道"制度，而是各自都有一套完全独立的神道、神道石像生和独立的陵园建筑，陵园前不设牌坊（牌楼），墓冢为圆形，没有宝城围护，不建方城明楼。显然，靖江王陵没有享用总神道、陵前牌坊（牌楼）、方城明楼和宝城宝顶这种规制的资格。

（二）早期靖江王陵陵园规制的解读

靖江王陵中，时代最早的是永乐六年的悼僖王陵，陵园依地势坐东朝西，地表遗存有外门遗址、外陵墙一周、神道石像生、中门基址、内陵墙一周、享堂基址、圆丘形墓冢。中门与享堂之间的神道已被损毁。中门左右两侧各辟有一排水孔将内陵园的水依地势向西排出陵园外。中门前面的神道平面呈"L"形，石像生全部在内陵墙外，由西而东呈折线形对称排列于神道两侧，有望柱、羊、虎、武士控马、文臣各一对。

悼僖王陵左前方约100米是怀顺王陵。怀顺王朱相承是悼僖王长孙，庄简王嫡长子，天顺二年冬十月薨逝。虽未袭王爵，但因成化七年"诏追封相承为靖江王，谥怀顺"，因此其陵墓也被列为王陵。怀顺王陵是尧山西麓入葬的第二座王陵，其陵园布局与悼僖王陵基本相同，只是较悼僖王陵多出神道碑一座，其神道呈曲尺形折向，石像生配置增加中门守门狮一对。

有关明朝藩王陵墓制度，有"凡王府造坟，永乐八年定：亲王坟茔，享堂七间，广十丈九尺五寸，高二丈九尺，深四丈三尺五寸；中门三间，广四丈五尺八寸，高二丈一尺，深二丈五尺五寸；外门三间，广四丈一尺九寸，高、深与中门同；神厨五间，广六丈七尺五寸，高一丈六尺二寸五分，深二丈一尺五寸；神库同；东、西厢及宰牲房各三间，广四丈一尺二寸，高、深与神厨同；焚帛亭一，方七尺，高一丈一尺；祭器亭一，方八尺，高与焚帛亭同；碑亭一，方二丈一尺，高三丈四尺五寸；周围墙二百九十丈；墙外为奉祠等房十二间……正统十三年定：亲王坟茔地五十亩，房十五间；郡王坟茔地三十亩，房九间；郡王之子地二十亩，房三间。天顺二年奏准：亲王以下依文武大臣例"（《明会典》卷二百三）等零星文献记载。

悼僖、怀顺二陵的陵园，建筑内容少且布局简单，对比文献，显然与亲王的相关规定有较大的出入。悼僖王陵建于永乐六年之前，其时，"王府造坟"的规定尚未出台，其陵墓的营建远远低于永乐八年的规定是可以理解的。而之前，明初洪武年间，藩王陵墓营造的各项规制尚不完善，只有"洪武五年六月，诏定官民婚丧仪物。礼部议：……坟茔，功臣殁后封王，茔地周围一百步，每面二十五步，坟高二丈，四周坟墙高一丈，石人四，文武各二，石虎、羊、马、望柱各二；一品，茔地周围九十步，每面二十步，坟高一丈八尺，坟墙高九尺，石人二，文武各一，石虎、羊、马、望柱各二；二品，茔地周围八十步，每面二十步，坟高一丈六尺，坟墙高八尺，石人、石虎、羊、马、望柱同一品……"（《明太祖实录》卷七十四）等记载，其中功臣殁后封王，基本是指为朱明王朝的建立立下不朽功业的部分开国元勋，虽是朱氏异姓，但死后也同列王爵，是朱氏皇族以外最高的等级，其坟茔制度当可资参考。从保存的悼僖王陵遗址看，已然超出洪武五年所议"功臣殁后封王"的规定，如"功臣殁后封王，茔地周围一百步"，古代计量单位一步为五尺，一尺合31～32厘米，由此推算，功臣殁后封王，茔地周围当为155～160米，而实测的悼僖王陵内陵墙遗址一周343.75米；"坟高二丈"，折算应为6.5米以下，而悼僖王陵墓冢经历近600年的水土流失，以享堂遗址地面算起目前仍高达12米，直径约40米。此外，藩王陵墓前置石像生，文献阙记，也只能以"功臣殁后封王"的规定来作比较，悼僖王陵神道石刻的题材与数目恰好与之相等（把武士控马分为武士和马）。因此推断悼僖王陵是依照洪武五年礼部议定的功臣殁后封王的坟茔制度而建，只是因地位的不同，在坟茔体量和规模上有所超出。

怀顺王因其是以长子的身份薨于天顺二年冬十月，在这一年，已经有了"亲王以下依文武大臣例"的规定，他的陵墓自然不能按照永乐八年制定的亲王规定营建，否则即为"僭越"。若按规定"依文武大臣例"，作为靖江王长子，身份和地位高于文武大臣，其陵墓也应与悼僖王陵一样，遵洪武五年礼部议定的"功臣殁后封王"的规定建造。从保留的陵园遗址分析，情况确实如此。

（三）悼僖王陵"园中园"现象的解读

据以前普查资料记载，悼僖王陵占地315亩，为十一座靖江王陵陵园中占地面积最大的。经过清理发现了悼僖王陵外陵墙的东北、西南、西北三个转角遗存，东南转角由于分布在私人的苗圃内，暂未开展清理工作，但整个外陵墙的规模已经清楚，北外陵墙长578.6米，西外陵墙（含外陵门）长418.7米，陵园的面积约为363.4亩，纠正了原来315亩的说法。

从所发现的陵园外陵墙来看，其圈围的范围极大，而悼僖王陵的主体建筑包括内陵墙（含中门）、享堂、墓冢以及中门前的石像生却位于外陵园的东部一隅，这样的陵园布局显然是极不协调的。

在悼僖王陵外陵园的西南角，圈围有怀顺王陵的陵园，其内陵园与悼僖王陵一样坐东朝西，但因神道被悼僖王陵西侧外陵墙阻挡而沿着外陵墙朝南折向，外门开辟在悼僖王陵西、南侧外陵墙交接处的南侧外陵墙上，也就是怀顺王陵的西、南侧外陵墙是与悼僖王陵共用的，在其西侧外陵墙内还新发现有一条南北走向的道路。在清理怀顺王陵外陵墙西北转角时，发现在其北侧外陵墙西端转角处开辟有门，且与新发现的这条道路连通，并延续向悼僖王陵外门所在位置。

在悼僖王陵外陵园西南部新发现一处院落式建筑群，从其位置来看，它紧邻怀顺王陵而相对远离悼僖王陵，而且其大门开在怀顺王陵陵园之内，我们认为这处建筑群是怀顺王陵的附属建筑。遗址清理区域内出土大量的生活用陶器、瓷器残件，有缸、罐、碗、碟等各种器形以及石舂等，能确定这是一处供人居住生活的院落。我们推测这处院落式建筑群是为朱相承夫人谷氏守孝居住而建。

与怀顺王陵相呼应，在悼僖王陵外陵园的西北侧还建有一座将军墓，除了占地规模较小、神道直向外，其建筑内容有神道石像生、中门、内围墙一周、享堂、圆丘形墓冢等与悼僖王陵完全相同，应是与悼僖王陵同一时期的高等级将军墓。这座将军墓没有外门，也没有外围墙。

目前发现悼僖王陵外陵墙圈围了悼僖王陵、怀顺王陵及其附属院落、靖江王府早期将军墓，形成了奇特的"园中园"格局，使悼僖王陵的整个陵园布局显得杂乱和草率。

根据此次考古清理情况综合推断悼僖王陵和其后营建的怀顺王陵（当时应该是按略高于靖江王府辅国将军规制建造的靖江王长子朱相承墓），最初没有外陵墙的建制。至于所发现的悼僖王陵外陵墙，周长近2000米，远远超过了永乐八年规定的亲王坟茔周围墙二百九十丈和正统十三年规定的亲王坟茔地五十亩、郡王坟茔地三十亩的规制，因此不应把其当作悼僖王陵的外陵墙，而将其视为该陵区的总围墙，陵墓之间建设有相应的陵区道路系统，本次发现的道路遗迹就是属于这一道路系统。

怀顺王陵的修筑分两个时期：第一个时期为天顺二年十月，怀顺王朱相承未袭王位而薨，以长子身份葬于其祖父悼僖王陵左前方。按当时的建制陵园为单院落式，没有外陵墙。第二个时期为成化年间，成化七年其长子继位第五代靖江王，朱相承得以追封为怀顺王，按当时的建制增置外门和外陵墙，由于怀顺王陵与悼僖王陵基本同一朝向，在补建的悼僖王陵西外墙上同时开辟祖孙二人陵园的陵门似乎不妥，于是怀顺王陵的神道和石像生紧沿着悼僖王陵的西外墙内侧向南折向，共用悼僖王陵的一段南外墙和西外墙，将外门开在了外陵墙西南转角处的南外陵墙上。怀顺王陵的分期修筑和同一段陵墙上不辟两座陵门，是形成这一奇特的"园中园"格局和怀顺王陵神道曲尺形折向的陵园布局的原因。

作为陵寝制度，应当是后世依此执行，不得随意更改的。悼僖、怀顺二陵显然还处在一个尚未成型的阶段。因此，我们在研究靖江王陵陵寝制度时，只能将悼僖、怀顺二陵看作是制度发展演变的一个过程，而还不能作为制度的典型代表来看待。

（四）靖江王陵陵园规制的确立、承袭与衰落

靖江王陵陵寝制度的确定，应当自庄简王陵起。在庄简王陵之后，靖江诸王陵除陵园面积和建筑规模有异，陵寝布局如出一辙。从陵园遗址来看，虽然对比永乐八年定制，较亲王陵墓的建制还是略有降杀，但已经可以明显看出永乐八年定制的影响。

靖江庄简王薨于成化五年，陵园以神道为中轴线，由外而内分别置左、右厢房，外门，中门，焚帛亭，享堂和圆丘形墓冢，借山涧水沟的自然地势，在神道中部建有三列石桥。神道笔直，两侧列十一对石像生，外门前为守门狮一对，中门前由外而内分别为望柱、狮、羊、虎、麒麟、武士控马、象、文臣各一对，享堂前有男、女内侍各一对。陵园以享堂为中心，依外门和中门圈以两重园墙围护，平面呈回字形，总面积达87亩，布局对称规整，体现了建设规划的大气与成熟。

在此次靖江王陵遗址考古工作中，第五任靖江王昭和王陵、第七任靖江王安肃王陵、第十任靖江王温裕王陵、第十一任靖江王宪定王陵的陵园建筑相比于庄简王陵，除缺少了就地势而建的石桥，增加了神道两侧的神道碑及碑亭，厢房类附属建筑各有增减外，其他主体建筑一应俱全，布局相同。

很显然，这一时期的时间虽然延续较长，时代的变化、王位世系的更迭，但靖江王陵的营造规制，除了陵园面积呈递减的规律外并没有大的变化。这一规制一直到明末崇祯八年营建的荣穆王陵才略有改变。

荣穆王朱履祐为第十一代靖江宪定王朱任晟的嫡次子，于万历四十年袭封，崇祯八年薨，谥号"荣穆"，葬于尧山西北麓其父朱任晟墓北面，是最后一个安葬在尧山靖江王陵区的靖江王。从大趋势上来看，荣穆王陵实际上并未脱离一直沿袭的营建规制，陵园坐东朝西，呈长方形，外门、中门、享堂、碑亭等主要建筑，神道石像生、附属厢房等基本配置和前期的王陵一样齐备。但荣穆王陵陵园建于尧山西麓地势陡峭的岭坡上，前后高差较大，因此陵园内针对性地建有防山洪冲刷的排水沟、泄水平台等设施，与前期陵园营建在山前地势平缓的平冈上截然不同；陵园的平面布局由前期的"回"字形的两重院落变成了"日"字形的两进院落，内陵墙从包围一周变成了一道隔墙；在建筑用材方面未发现琉璃构件，屋顶皆使用素烧瓦件，且规格

较小；其陵门、碑亭位置出土民间常见的砖雕构件；享堂只在台基前部设一路垂带踏跺式台阶等。从这些变化我们可以推断荣穆王陵陵园建筑的营建已经从规矩的官式建筑向民间建筑转变，这种转变最根本的原因是国力的衰落，这个时期的明王朝内忧外患、经济崩溃，无论是财力还是物力都已无法负担地方藩王按原有规制营建陵园。

（五）靖江王陵陵园规制的分期

通过对考古清理后的靖江王诸陵陵园建筑规制的对比研究，我们基本掌握了靖江王陵陵园建筑规制的基本状况和发展演变过程。将靖江王陵陵园建筑规制的发展演变分为三期，分别为初始期、固定期和衰落期。初始期有悼僖、怀顺王陵，时间从永乐六年（1408年）到天顺二年（1458年）；固定期有庄简、昭和、端懿、安肃、恭惠、康僖、温裕、宪定王陵，时间从成化五年（1469年）一直延续到万历三十六年（1608年）；衰落期是荣穆王陵，时间是崇祯八年（1635年）。

（六）小结

据《明史·诸王传》和《明史·诸王世表》统计，有明一代，共在全国各地建立了五十个亲王府。在这五十个藩王府系中，除去无子除封、因罪夺爵者外，均延续至明朝灭亡。两百多年间，共册封亲王289位（靖江王未列入计数），低一等级的郡王更是数不胜数。这些朱姓藩王，生则居于藩地，死亦葬于藩地。因此在明朝灭亡以前，全国各地藩王陵墓星罗棋布。由于明末战争及其后各个时期战乱、生产生活活动等因素的破坏，这些藩王陵墓大多数已被夷为平地销声匿迹了。

靖江王陵非常幸运地保存了下来，成为我国现存最为完整、规模最大、系列最全的明代藩王陵墓区，是研究明代藩王陵的墓仪规制最为完整的实物资料。诚然，封建等级制度的森严，即便是皇族的血统也有亲疏远近之分、等级高下之别，是必须讲究和遵循的原则。靖江王属于皇侄一脉，其地位低于皇子，虽同列王爵，但处于非亲非郡、似亲似郡的特殊地位。因此，在陵墓的营造规制上，靖江王陵代表的只是属于靖江王自己的等级，至于明朝亲王、郡王的陵园该又如何建制，是否与靖江王相同，除了参考文献进行分析，就再难有所为。无论如何，在资料缺乏的明朝藩王陵寝制度的研究中，靖江王陵保留相对完整的遗存，具有相当的代表性和参考价值。就明朝帝王陵墓体系而言，靖江王虽是朱明皇家血统中最远和最卑微的一支，但因为这些陵墓遗迹完整和真实的存在，而成为不可或缺的一员。

附录　1972年安肃王墓和宪定王墓发掘工作报告①

为了贯彻执行毛主席"古为今用"的方针，在广西壮族自治区党委和桂林市党委直接领导下，自治区博物馆和桂林市文物管理小组共同组织靖江王墓发掘工作组，得到有关部门和大河、朝阳两公社党委和社员的大力支援，从1972年9月11日起至10月7日，发掘了靖江王墓中的安肃王和宪定王两座墓葬，揭露了两座王墓的山墙、墓门及墓葬部分轮廓，清理了墓室，获得出土文物100余件，并做了绘图、照相、记录、集成资料等工作。这些文物资料，提供了解和研究明代封建皇朝典章制度和广西地区藩王的实物资料。

安肃、宪定两王墓相距约2公里，为了争取时间完成，我们把发掘组分成两个发掘工作小组，采取两墓同时发掘、分工负责、互相照顾的方法进行。

一、安肃王墓

墓葬位于桂林市东郊尧山西麓南段，距挂子山北面约300公尺，占地面积21余亩，墓向西偏南10度。

该墓历代均被破坏，1962年青狮潭水库东渠工程正通过封土前面，从而把封土和享堂隔开，也给发掘工作带来了困难。为了保护水渠，同时不使水流入墓室，发掘时只能在封土前端和渠道之间的狭窄地段挖掘一个长方形坑井式的槽沟，把王墓山墙整个暴露，现出墓室轮廓，可以出入墓室操作，由于环境限制，也只能是这样发掘。

发掘工作采取半揭开式，按照发掘砖室墓的方法，由封土前端切下寻找墓门。当下挖深约2公尺，发现墓室山墙脊顶，再从山墙檐面下挖30公分左右，出现大石块垒叠的一壁石墙与山墙平行，其厚度1～2公尺，深至平墓门底部，石与石之间填上石灰浆合固。这些石块的形状极

---

①　按1972年的手稿原文录入。

不规整，有尖状，有多角形的，全部拆掉共700多块，它是防盗用的"护门石"。

墓葬规制可分为地面和地下两部分。

（一）地面建置

外围墙原系土筑版墙，盖以琉璃瓦，高度不详，现存残基最高处1.5公尺左右；呈长方形，南北宽80公尺，东西长184公尺；正面开一大门，已毁，尚存石砌残基。门外两侧各置石蹲狮一座，门内庭院中央有通道，通道两侧陈设有华表、狮、羊、虎、麒麟、马夫及马、象、执笏翁仲、神道碑及碑亭各一座。

内围墙在外围墙内后段，也呈长方形，宽40公尺，长84.5公尺，现存残基；正面有中门，居于平台之上，有一石级和通道相接，门内庭院两侧各置男女侍者一座，再后为享堂。

从残存柱础看，宽作三间，进深也三间，共九间；享殿前面有一平台，平台前端砌一石级通往庭院；享堂之后为封土，封土基底围以石块，高50～60公分，其上填以土，呈尖状形，故整个封土形如圆帐篷，直径24公尺，高8公尺。

（二）地下建置

墓室埋没在封土下，系青砖砌建，结构精致，正面建一壁山墙，山墙脊顶及檐面均盖琉璃瓦，四面出檐。墓室分左右两室，两室门同一山墙，室内各有前室、甬道、中门、玄室、头龛和左右壁龛。玄室后段砌一棺床，长225公分，宽102公分，高42公分，前段作一平台，台基作座式，呈正方形，长、宽各50公分，正面镶以特别制作的塑花薄砖块；棺床中段和后段的中央，开一长槽，宽40公分，深30公分，这样的设施可能为死者流积腐水用的。

墓室底部系用正方形薄砖铺设，前室和玄室各有一个顶门石的槽，石槽系用石料凿的，顶门石条平倒于其旁，门扉系木质，已腐朽。

该墓被盗两次，盗洞均在左室，一从山墙脊顶中央挖下，毁及砖墙，避开"护门石"，沿墙壁左边拆一道墙砖，而后打破墓门顶部，洞穴呈曲尺形，宽约50公分；另一处从玄室后左上角挖下，成四方形的洞，宽50公分，洞口下因而堆积大量泥土，掩埋棺床及其四周，因此部分随葬品得以保存，未被盗走，从这些情况推测，系第一次盗挖。右室没有盗洞，但妃的随葬品则被盗一空，那是由左室右壁龛找一洞通过去的。

墓志石放在墓室甬道，贴于中门的地袱中央，志盖被打裂成数块。妃志石则斜放在墓门外，紧贴封门砖，志底在前，志盖在后面，两者合起，用两圈铜条束扎着，并加上四个铜楔塞紧，两墓志的文字被风化很严重，已模糊莫辨。

出土文物计有玉器、金器、银器、铜器、铁器、瓷器、陶器等类。但多已破碎不完整，位置也改变了，其陈列规制就无从获悉。

1. 玉器类

有长方形玉牌10件；小方形玉牌3件；鸡心形玉牌4件。各种玉牌的正面光滑，背面镂穿小孔3～4对，孔内残留银质线纽。这些玉牌当是佩戴饰物，如何用法、用意何在？尚待研究。

2. 金器类

"长生不老"大钱1枚、"长生不老，永寿无穷"小钱5枚、"不老"戒指半环、袋形刻花饰1件、镶珠饰1件（缺珠）。

3. 银器类

"长生不老"钱7枚、小香罐1件、小罐盖2件、筷子1件、小帐钩1件、"百年增福禄，千岁永团圆"牌1件。

4. 铜器类

圹志束2件、圹志楔7件、小铜锁5件、锁匙1件、长柄刀形器1件、小提梁8件、簪形器2对、勺形器1件、器骨架2件、鎏金饰件1截、活页箱牌5件。

5. 铁器类

铁环1件（已断裂数截）。

6. 瓷器类

青花人物瓶2件（1件破碎）。

7. 陶器类

陶瓶2件（均破）、流壶1件、釉陶碟6件、釉陶碗8件、镂空器座2件（已断碎）、陶壶1件（破缺）、陶缸2件（均破碎不完整）。

二、宪定王墓

墓葬位于尧山南麓北端，距祝圣庵北100公尺左右，高居于山坡之上，占地面积8亩多，墓向西偏南30度。

该墓系王墓中规模较小的一座，根据墓向方位，我们由封土西面发掘，切开其正面封土，使墓室山墙全面暴露，拆除墓门封砖，以此清理墓室。

从封土南侧挖深2.7公尺，即发现山墙脊顶，因而得知墓室埋土深2.7～4公尺。沿山墙脊顶南侧檐面下挖，挖深30公分，开始发现"护门石"，护门石砌叠颇规整，石块多系四角形，底面略平整；在近墓门处则较为大块，分层叠垒，从墓门脚起高至山墙滴檐，全部拆除共计500余块。石块中有些在底部凿有"天""子""千""万""刘""了""中""之""才"等字样，其中以"天"字较多，这些字是石工有意识的刻凿，其用意何在，不得而知。

该墓被盗一次，盗洞从山墙左角脊顶挖下，破坏一部分脊顶，沿壁墙直下，打破墓门顶部。1969年夏季，大河公社潘家大队第六生产队拟以之作防空洞，从封土后背挖下一个大洞，打破妃室左上角，致使大量的泥土从洞穴流入室内，把妃墓的棺床整个掩埋。

墓葬建制可分为地面和地下两部分。

（一）地面建置

外围墙呈长方形，南北宽48公尺，东西长120公尺，墙早已塌，仅存残基；墙的正前面有大门，已塌。门外两侧各有石蹲狮一座，门内庭院两侧陈列有华表、马夫及马、狻猊、羊、麒麟、虎、象、执笏翁仲、神道碑及碑亭（已塌）各一座。

内围墙在外围墙内后段，呈长方形，南北宽38公尺，东西长72公尺，正面开一中门，门居于平台之上，有一石级通外庭院，中门内庭院两侧各设有男女侍者一座，再上为享堂，堂基高于庭院约1.5公尺，柱础已被拆毁，间数无从得知。享堂前为一小平台，其前端设一石级与内庭通，享堂之背即系封土。

（二）地下建置

墓室埋在封土下，系用大砖砌建，分左右两室，正面建山墙，高4.44公尺，顶盖琉璃瓦，顶脊砌以薄琉璃砖片，脊的两端各饰鸱吻、两侧檐脊各饰悬兽。形制和安肃王墓没有什么不同之处。

左右两室各开墓门，同一山墙，结构相同，有墓门、前室、甬道、中门、玄室、头龛、左右壁龛。室内各部均作券顶。除各龛内鎏以红色灰沙外，其余部分则涂以青色灰沙，并以白灰浆划出砖块线条。玄室后段建一棺床，长2.5公尺，宽50公分，高56公分，前端为一正方形平台，宽50公分，作座式，正面镶以薄花砖。棺床中段和后段的中央开一长槽，宽20公分，深约30公分，底部筑以鸽蛋石混红土，这条槽沟可能给死者流积腐水用的。

墓室底部全用正方形青砖铺砌，前室和玄室各有一个顶门石的槽，槽系用石料凿成的，门已腐朽，存顶门石条侧倒于槽旁。

王和妃的圹志石均放在各自的中门外地袱中央，王的志盖被打破成三块，志底也被移动位置，妃志则倒下，位置也稍为变动。

由于被盗，随葬品被窃取一空，留下来的小件器物，是被石灰浆盖没了的。挖取时，要打碎石灰胶结层才能取出。未被盗走的瓷器和陶器，也被打碎了，仅残存部分碎片。

1. 玉器类

长方形小玉牌1件，器形小，正面光滑，背面钻半穿孔4个，当是佩饰物。残玉器半截，红白两色，刻划有纹线。

2. 铜器类

锁匙3件，1件存于王室，2件存于妃室，系墓门锁匙，锁已被盗。

圹志铜束1截，存于妃室。

鎏金镶边铜片2件，1件存王室，1件存妃室，系木器的镶边铜片，木器已朽。

3. 银器类

舌形银饰1件，正面刻字模糊。

4. 陶器类

小陶碗1件，酱釉色小盏1件。

5. 瓷器类

青花瓷瓶2件，均破碎不全。

附宪定王及妃圹志录文：

皇明靖江憲定王壙誌（篆盖）

欽賜壙誌文

王諱任晟，靖江恭惠王之庶次子，嫡母妃滕氏，生母次妃鄭氏。於嘉靖拾柒年拾月貳拾貳日生，嘉靖叁拾壹年叁月初玖日封輔國將軍，萬曆貳拾年捌月初陸日進封冊立為靖江王。萬曆叄拾陸年拾貳月貳拾陸日薨逝，享年柒拾壹歲。妃白氏。子貳人：壹子履祥，封長子，未襲而薨。次子履祐，改封長子，承襲王爵。女肆人：壹女殤卒，貳女封廬江鄉君，三女封金河鄉君，肆女封永新鄉君，俱已適配。訃聞，上輟朝一日，遣官諭祭，特謚曰"憲定"，命有司治喪如制。東宮及在京文武官皆致祭焉。以萬曆叄拾捌年拾貳月拾叄日葬於堯山之原。嗚呼！王以帝室懿親，為國藩輔，備享榮貴，以天年終，復何憾哉？爰述其槩，勒之幽礎，用垂不朽云。

靖江憲定王妃壙誌文（篆蓋）

欽賜靖江憲定王妃白氏壙誌文

　　妃白氏，原任湖廣永州府道州永明縣儒學教諭白驥之女。母張氏。以嘉靖拾捌年叄月貳拾玖日生，嘉靖叄拾叄年貳月貳拾陸日封夫人，萬曆貳拾年捌月初陸日冊封為靖江王妃，萬曆叄拾柒年捌月初拾日薨逝，享年柒拾壹歲。子貳人：壹子履祥，封長子，未襲而薨。次子履祐，改封長子，承襲王爵。女肆人：壹女殤卒，貳女封廬江鄉君，叄女封金河鄉君，肆女封永新鄉君，俱已適配。訃聞，上賜祭，命有司營葬如制。聖母中宮、東宮皆遣祭焉。以萬曆叄拾捌年拾貳月拾叄日合葬堯山之原。嗚呼！妃以淑德，作儷宗藩，今茲令終，夫復何憾？爰述其槩，納之幽壙，用垂不朽云。

三、结　论

从两座王墓发掘资料和安肃王神道碑记述，靖江王官属亲王之半，禄视郡王。按《明史》和《续文献通考》记载：正统十三年定亲王茔地为五十亩，房十五间；郡王茔地为三十亩，房九间，安肃、宪定两墓，系正统以后，其营建基本是符合规制的。

靖江王由朱守谦起，共传十四代，第二代朱赞仪才定居桂林，也从朱赞仪起，这一支朱家王族死后埋葬于尧山一带。尧山也就成为他们的陵园。从已发掘了的两座王墓和过去调查了解的资料，王墓是十一座。朱守谦早期来过桂林，后来被调了回去，一个时期又去云南，再被调回南京，晚年被劾职禁锢在南京，王位也丢掉了。洪武二十五年死于南京，未见有谥。就其情况分析，朱赞仪来桂林，即使运来桂林埋葬，也不能以王制营葬，这是可以理解的。最后一代朱亨嘉，虽然袭了王位，后被瞿式耜所杀。一说押去福建被杀。姑无论死于何处，当时明已亡了，靖江王也就随之湮灭了，当然也就没有给他谥，这也是可以理解的。从这些情况和现存的十一座王墓，即可互证。

《明史》记述靖江王历代王传，第三代"庄简王于成化五年薨，子相承先卒，孙昭和王规裕嗣"，是朱相承未袭王而先死，当然也就没有谥。但在安肃王神道碑刻载的靖江王世系，有"庄简生怀顺王，怀顺生昭和王"，则朱相承是袭了王位后死的，这两个记述各异。神道碑文是当时的最高统治者——嘉靖皇帝批谕的，不会是错的，认为是正确的。再从另一方面分析，也许是以后其子给他追封。靖江王虽系朱明宗室，如果追封，也只能是"世子"，而不可能是"王"。《明史》或《续文献通考》记载有明一代，郡王未袭位而死，有追谥册王的未见有例。从这些情况分析，追谥之说，是不可能的。明史系清代所作，记述不那么全面也是可以理解的。

安肃、宪定两王墓的规制是王墓中比较小的，但其营建和陈设耗费的人力物力是极可观的。地面上的石雕，可能是取材于附近石山，硕大的石兽和翁仲，每座重量在2吨以上，用当时的运载工具从附近石山运到墓地，是不可想象的。再说凿琢工夫，据现在的石匠技工估计，加工细琢，每座需时为150~200工日左右，每座刻工费就需300元，一座王墓有26座石雕，单刻凿工费就需8000元，再加上部分建筑和材料费、运输费，一座王墓所需经费就难于计算了。

靖江王墓发掘工作组

1972年12月15日

后　记

　　冬去春来，寒暑易节，从2012年10月开始，历经近五年半的时间，桂林靖江王陵的田野考古工作及资料整理工作今天终于告一段落。

　　回顾五年来的历程，在国家文物局、广西壮族自治区文化厅、广西壮族自治区文物局、桂林市人民政府、桂林市文化新闻出版广电局等各级单位的高度重视及大力支持下，我们不辞劳苦、持之以恒，先后完成了桂林靖江昭和、温裕、安肃、悼僖、怀顺、宪定、荣穆七处王陵及部分陵园附属建筑遗址的考古发掘清理工作，考古发掘清理面积近5万平方米，工作量之大可想而知。在此，向每一位关心支持桂林靖江王陵考古工作的领导、每一位参与其中并辛苦付出的同志致以诚挚的谢意！

　　同时，这些年来的考古工作也收获颇丰，主要体现在以下几方面：靖江王陵的考古新发现填补了我国明代藩王陵寝制度部分缺失的空白，并丰富了其文化内涵，在全国来说具有唯一性；从多方面揭示了其陵寝制度从最初的形成到基本的模式固定再到后期衰落的变化过程，为研究明王朝的兴衰及当地社会经济的发展变化提供了新的材料；为我们研究明代藩王陵的墓仪规制提供了一套较为完整的实物资料，为今后开展系列研究提供了坚实的基础，为考古遗址公园建设及遗址保护提供了科学依据；相关考古成果及时转化，遗址保护工作及时开展，并向公众开放保护成果，实现了考古工作、大遗址保护及利用密切结合的良好目标。因此，"广西桂林靖江王陵"发掘项目作为25个候选项目之一入围2015年度全国十大考古新发现终评，也是其价值的体现，我们倍感荣耀。

　　本报告的编写，主要是汇集除昭和王陵（已单独出版）以外的其他六处王陵（包括1972年的发掘资料）及部分陵园附属建筑遗址的考古发掘资料。

　　参加资料整理及编写工作的主要是桂林市靖江王陵文物管理处参与考古发掘工作的同志。本书开篇的《概述》及总结性的《桂林靖江王陵遗址考古的发现与收获》由曾祥忠执笔；《悼僖王陵陵园遗址考古清理报告》第一部分由许彬彬执笔，第二、三、六部分由盘立执笔，第四部分由阳荣桂执笔，第五部分由覃顺顺执笔；《怀顺王陵陵园遗址考古清理报告》第一、二、

三、六部分由张阳江执笔，第四部分由符荣兴执笔，第五部分由钟嘉瑞执笔；《怀顺王陵外陵墙处其他建筑遗址考古清理报告》第一部分，第二部分（一）（二）（四），第三部分（一）（二）（三）（五）由张阳江执笔，第二部分（三）、第三部分（四）部分由钟嘉瑞执笔；《安肃王陵陵园遗址考古清理报告》的第一、二部分由徐艳执笔；第三、六部分由曾祥忠执笔；第四、五部分由周彤莘执笔；《温裕王陵陵园遗址考古清理报告》第一部分由伍勇进执笔，第二部分由阳灵、伍勇进执笔，第三部分由阳灵、许彬彬执笔，第四部分由许彬彬执笔，第五部分由周彤莘执笔，第六部分由阳灵执笔；《宪定王陵陵园遗址考古清理报告》的第一、二、五、六部分由张阳江执笔，第三部分由安泉州执笔，第四部分由符荣兴执笔；《荣穆王陵陵园遗址考古清理报告》的第一、二、五部分由盘立执笔，第三、六部分由阳灵执笔，第四部分由焦磊执笔。

陈晓颖同志负责所有工地的全站仪布方工作；阳灵、盘立、张阳江负责摄影工作；曾祥忠、岳永军负责绘图工作；张阳江、阳灵负责拓片工作。全书由曾祥忠、张阳江进行文字统稿、修改及编排，张阳江负责所有图版的选编，由韦革进行审稿。

目前，田野考古及资料整理工作虽已基本完成，但是对于靖江王陵的一系列研究工作还是刚刚起步，未来随着考古遗址公园的建设我们还将加大学术研究力度。另外，待相关土地问题解决之后，对悼僖王陵及靖江各王陵妃子墓、将军墓、宗亲墓的进一步发掘也是我们亟待开展的工作。

由于时间仓促，加之水平有限，书中不足之处，恳求读者及各位专家指正。

靖江王陵考古发掘领队　韦革

1.外陵墙西北转角

2.外陵墙东北转角

3.内陵墙

悼僖王陵外陵墙西北转角、东北转角以及内陵墙

图版二

1. 中门

2. 享堂

悼僖王陵中门、享堂

1. 北侧散水

2. 南侧散水

悼僖王陵享堂台基散水

1. 神道及石像生全貌

2. 右侧石羊左侧视

悼僖王陵神道及石像生

1. 右侧虎左侧视

2. 右侧武士控马正视

3. 右侧文臣正视

悼僖王陵石像生

图版六

1. 黑釉筒瓦（2014GJDT0503：标1）

2. 绿釉筒瓦（2014GJD：采59）

3. 素烧板瓦（2014GJDT0507：标16）

4. 绿釉板瓦（2014GJD：采126）

5. 绿釉龙纹圆形勾头（2014GJDT0503：标2）

6. 绿釉龙纹圆形勾头（2014GJD：采19）

悼僖王陵出土筒瓦、板瓦、勾头

1. 素烧龙纹圆形勾头（2014GJDT0704：标10）

2. 素烧龙纹圆形勾头（2014GJD：采90）

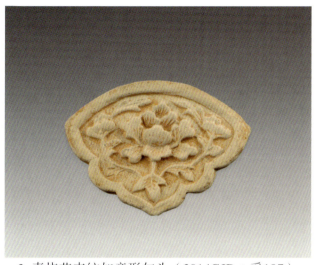

3. 素烧花卉纹如意形勾头（2014GJD：采107）

4. 素烧花卉纹圆形勾头（2014GJD：采89）

5. 绿釉龙纹滴水（2014GJDT0403：标15）

6. 绿釉龙纹滴水（2014GJDT0704：标8）

悼僖王陵出土勾头、滴水

图版八

1.绿釉龙纹滴水（2014GJDT0503：标4）

2.素烧龙纹滴水（2014GJD：采4）

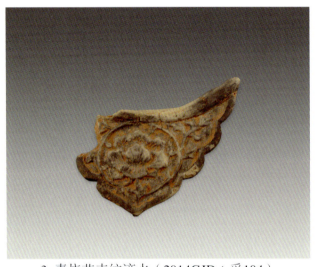

3.素烧花卉纹滴水（2014GJD：采104）

4.绿釉正当沟（2014GJDT0503：标5）

5.绿釉正当沟（2014GJDT0503：标12）

6.绿釉斜当沟（2014GJDT0503：标11）

悼僖王陵出土滴水、正当沟、斜当沟

1. 绿釉灵霄盘子（2014GJDT0704：标9）

2. 绿釉正脊筒（2014GJDT0607：标17）

3. 绿釉平口条（2014GJD：采36、2014GJD：采33）

4. 绿釉压带条（2014GJDT0503：采5-1）

5. 绿釉卷草纹花砖（2014GJDT0503：标6）

6. 素烧卷草纹花砖（2014GJD：采40）

悼僖王陵出土建筑构件

1. 绿釉垂兽（2014GJDT0704：标7）

2. 绿釉脊兽残件

3. 素烧异形砖（2014GJD：采11）

4. 素烧异形砖（2014GJD：采12）

5. 素烧异形砖（2014GJDT0503：标3）

6. 素烧铺地金砖（2014GJD：采14）

悼僖王陵出土脊兽、异形砖、铺地金砖

1. 全景

2. 中门前右侧地层堆积

怀顺王陵全景、中门前右侧地层堆积

1. 西外陵墙排水孔

2. 外陵墙西北转角及排水孔

3. 北外陵墙与拱门台基

怀顺王陵外陵墙遗迹与拱门台基

1.怀顺王陵、悼僖王陵西外陵墙与拱门台基、怀顺王陵北外陵墙的关系

2.怀顺王陵外陵墙东南转角，怀顺王陵东外陵墙基叠压于悼僖王陵南外陵墙基上

悼僖王陵与怀顺王陵外陵墙关系

1. 陵门

2. 神道碑及碑亭

3. 碑亭神道碑右侧视

怀顺王陵陵门、神道碑及碑亭

1.东北转角外侧

2.右侧排水孔

3.左侧排水孔

怀顺王陵内陵墙

1. 左侧散水

2. 右侧散水

3. 残存的封土与享堂间散水

怀顺王陵享堂散水

1. 左侧望柱正视

2. 右侧羊左侧视

3. 右侧虎正视

4. 右侧武士牵马正视

怀顺王陵石像生

1.左侧武士控马右侧视

2.右侧文臣正视

3.中门右侧守门狮正视

怀顺王陵石像生

1. 酱釉筒瓦（2014GJHTG3：标10）

2. 素烧筒瓦（2014GJHT0606：采1）

3. 黑釉板瓦（2014GJHTG1：标8-4）

4. 绿釉板瓦（2014GJHTG1：标8-2）

5. 绿釉龙纹如意形勾头（2014GJHT0809：标5）

6. 素烧花卉纹如意形勾头（2014GJH：采1）

怀顺王陵出土筒瓦、板瓦、勾头

1.绿釉龙纹滴水（2014GJHT0809：标4）

2.绿釉龙纹滴水（2014GJHT0809：标6）

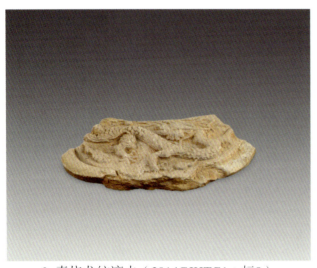

3.素烧龙纹滴水（2014GJHTG1：标9）

4.素烧花卉纹滴水（2014GJH：采3）

5.绿釉压带条（2014GJHT0708：标1）

6.绿釉平口条（2014GJH：采6）

怀顺王陵出土滴水、压带条、平口条

1. 三处建筑遗址与怀顺王陵位置关系图

2. 方形单券石座拱门台基遗址全景

怀顺王陵外陵墙处三处建筑遗址

1. T0802、T0902内砖道

2. TG10水沟北侧的墁砖道

怀顺王陵陵园内贴近西侧外陵墙的道路遗址

1.南侧墁砖道

2.北侧排水沟和蹬道

方形单券石座拱门台基遗址周边遗迹

1. 方形单券石座拱门台基遗址西侧与悼僖王陵、怀顺王陵西外陵墙间排水孔

2. 方形单券石座拱门台基遗址东侧的怀顺王陵北外陵墙

方形单券石座拱门台基遗址与悼僖王陵、怀顺王陵关系

1.绿釉平口条（2014GJHTG11：采31）

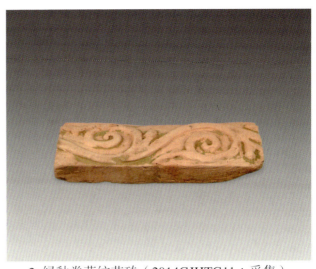

2.绿釉卷草纹花砖（2014GJHTG11：采集）

3.素烧垂兽头部残件（2014GJHTG11：采集）

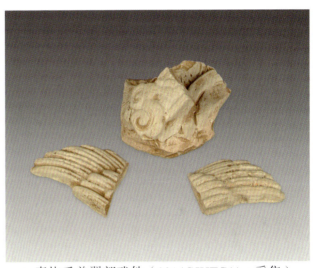

4.素烧垂兽翼部残件（2014GJHTG11：采集）

5.素烧吻兽残件（2014GJHTG11：标14）

6.素烧仙人身躯残件（2014GJHTG11：采集）

方形单券石座拱门台基遗址出土建筑构件

1. 全景

2. 中门（F2）

院落式建筑群遗址全景、中门

1. 柱础

2. 墁砖地面

院落式建筑群遗址正房

1. 北侧厢房F1、F6

2. 南侧厢房F5

3. 北侧小型附属房屋

院落式建筑群遗址厢房及小型附属房屋

1. 第一间附属房屋砖坑遗迹

2. 第三间附属房屋砖坑遗迹

3. 第三间与第四间附属房屋内遗迹

院落式建筑群遗址小型附属房屋

1. 南侧排水沟折向北段遗迹

2. 北侧排水沟折向南段遗迹

院落式建筑群遗址排水沟

1. 北面围墙

2. 围墙西南转角遗迹

院落式建筑群遗址围墙

1. 青砖

2. 筒瓦

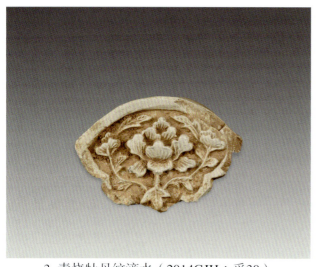

3. 素烧牡丹纹滴水（2014GJH：采30）

4. 绿釉龙纹滴水（2014GJH：采29）

5. 陶罐（2014GJHT0715：标12）

6. 缠枝花卉纹青花瓷罐（2014GJH：采集）

院落式建筑群遗址出土建筑构件、陶器、青花瓷器

1.青花福（寿）字纹碗残片

2.青花碗残片

3.青花碟残片

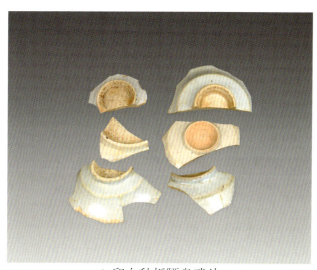

4.卵白釉折腰盘残片

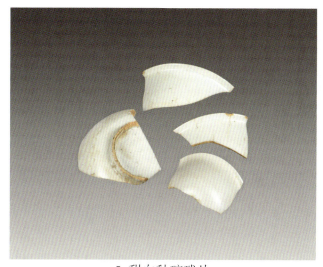

5.甜白釉碗残片

6.龙泉青瓷高足碗、杯、瓶残片

院落式建筑群遗址出土瓷器

1. 全景

2. 左侧神道碑及碑亭

安肃王陵全景、左侧神道碑及碑亭

1. 外陵墙解剖

2. 西北转角

安肃王陵外陵墙

1. 东南转角

2. 中门左侧内陵墙排水口

安肃王陵内陵墙

1. 全景

2. 月台后部建筑

3. 月台左前方焚帛炉

安肃王陵享堂

安肃王陵石像生

1. 右侧守门狮

3. 左侧虎

2. 右侧望柱

4. 右侧麒麟

1. 左侧武士控马

3. 右侧女内侍

2. 左侧象

4. 左侧男内侍

安肃王陵石像生

1. 素烧筒瓦（2014GJAT0603：标2）

2. 绿釉筒瓦（2014GJAT0603：标5）

3. 绿釉板瓦（2014GJAT1012：采2）

4. 素烧龙纹圆形勾头（2014GJAT0811：标14）

5. 素烧龙纹圆形勾头（2014GJAT1109：标9）

6. 绿釉龙纹如意形勾头（2014GJAT0811：采11）

安肃王陵出土筒瓦、板瓦、勾头

1. 绿釉龙纹如意形勾头（2014GJAT1112：采1）

2. 素烧龙纹滴水（2014GJAT0811：标12）

3. 绿釉龙纹滴水（2014GJAT1012：采4）

4. 绿釉平口条（2014GJAT0603：标4）

5. 素烧平口条（2014GJAT0810：标11）

6. 素烧正当沟（2014GJAT1109：标8）

安肃王陵出土建筑构件

1. 绿釉正当沟（2014GJAT0403：标19）

2. 绿釉卷草纹花砖（2014GJAT0603：标1）

3. 素烧卷草纹花砖（2014GJAT1311：采1）

4. 绿釉剑柄（2014GJAT0405：采1）

5. 素烧残脊兽尾部（2014GJAT0304：采1）

6. 绿釉脊兽残片（2014GJAT1012：采5）

安肃王陵出土建筑构件

1. F1地层剖面

2. F2地层剖面

3. TG1地层剖面

温裕王陵F1、F2、TG1地层剖面

1. 全景

2. 享堂铺地

温裕王陵全景、享堂铺地

1. F1

2. F2

3. F3

4. F4

温裕王陵厢房

1. 右侧守门狮正视

2. 左侧獬豸正视

3. 左侧文臣正视

4. 左侧女内侍正视

温裕王陵石像生

1. 右侧麒麟右侧视

2. 右侧象左侧视

3. 右侧望柱

4. 左侧武士控马正视

温裕王陵石像生

1. 绿釉龙纹圆形勾头（2012GJWT0406：采4）

2. 绿釉龙纹如意形勾头（2012GJWT0705：采1）

3. 绿釉龙纹滴水（2012GJWT0406：采12）

4. 绿釉龙纹滴水（2012GJWT0406：采2）

5. 绿釉压带条（2012GJWT0603：采6）

6. 绿釉平口条（2012GJWT0502：采2）

温裕王陵出土建筑构件

1. 素烧卷草纹花砖（2012GJWT1108：采9）

2. 绿釉卷草纹花砖（2012GJWT0204：采2）

3. 素烧脊兽残件

4. 绿釉脊兽残件

温裕王陵出土建筑构件

1. 素烧剑柄（2012GJWT1108：采15）

2. 素烧吻兽尾部（2012GJWT0603：采4）

3. 绿釉灯笼砖出角（入角）（2012GJWT0604：采3）

4. 铜镜残件（2012GJW：采集）

5. 铜钱

6. 玉器残件（2012GJWT0706：采1）

温裕王陵出土建筑构件、铜器、玉器

1. 全景

2. 陵门前广场以及西外陵墙的土层构造

宪定王陵全景、陵门前广场以及西外陵墙的土层构造

宪定王陵外陵墙西南转角处蓄水池

1. 左侧厢房

2. 右侧碑亭

宪定王陵左侧厢房、右侧碑亭

1. 内陵墙西北转角外侧与外陵墙间的排水遗迹

2. 享堂东南角台基随地势抬升的垫层

宪定王陵内陵墙西北转角外侧与外陵墙间的排水遗迹、享堂东南角台基随地势抬升的垫层

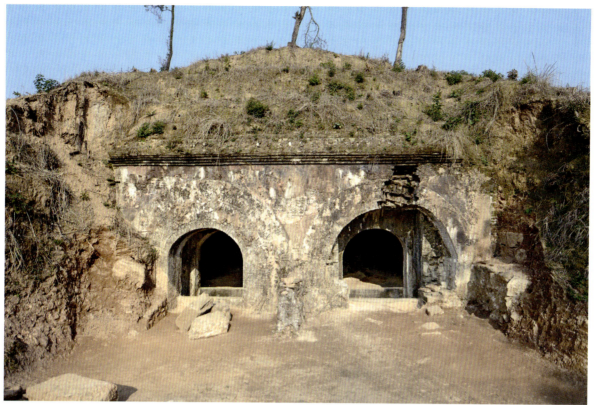

1. 地宫外景

2. 左墓室内景

宪定王陵地宫外景、左墓室内景

1.左侧望柱正视

2.右侧武士控马正视

3.左侧獬豸左侧视

4.左侧麒麟右侧视

宪定王陵石像生

1. 右侧文臣正视

2. 右侧男内侍正视

宪定王陵石像生

1. 绿釉龙纹圆形勾头（2014GJX：采3）

2. 素烧龙纹圆形勾头（2014GJXT0506：标13）

3. 绿釉龙纹如意形勾头（2014GJXT0709：采2）

4. 素烧花卉纹如意形勾头（2014GJX：采8）

5. 绿釉龙纹如意形滴水（2014GJXT0206：标15）

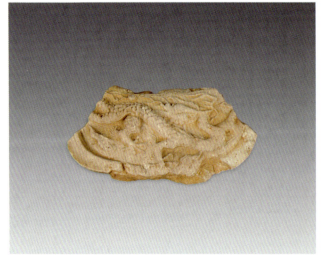

6. 素烧龙纹如意形滴水（2014GJX：采17）

宪定王陵出土勾头、滴水

1.绿釉正当沟（2014GJXT0605：标12）

2.绿釉灯笼砖出角（2014GJXT0406：采7-1）

3.绿釉大吻残件（2014GJXT0402：标2）

4.绿釉大吻残件（2014GJXT0206：标14）

5.绿釉仙人身躯残件（2014GJXT0505：采3）

6.绿釉鸡首（2014GJXT0709：采1）

宪定王陵出土建筑构件

1.绿釉脊兽首部（2014GJXT0505：采1）

2.绿釉脊兽翼部（2014GJX：采集）

3.素烧青砖

4.素烧异形青砖（2014GJX：采5）

5.皇宋通宝钱（2014GJXT0506：标8）

6.天启通宝钱（2014GJX：采集）

宪定王陵出土建筑构件、铜钱

1. 全景

2. 神道墁砖面

荣穆王陵全景、神道墁砖面

1. 外陵墙西北角

2. 右侧碑亭

荣穆王陵外陵墙西北角、右侧碑亭

1. 中门左侧门心石、门枢石

2. 内陵墙侧门

荣穆王陵中门、内陵墙侧门

1. 左侧厢房

2. 享堂全景及封土前四层挡土墙

荣穆王陵左侧厢房、享堂全景及封土前四层挡土墙

1. 左侧守门狮右侧视

2. 右侧武士控马正视

3. 右侧麒麟右侧视

荣穆王陵石像生

1.右侧象右侧视

2.左侧女内侍正视

3.右侧男内侍正视

荣穆王陵石像生

1. 龙纹滴水（2014GJRT0601：标20）

2. 花卉纹滴水（2014GJRT0605：标18）

3. "卍"字纹砖（2014GJRT0602：标4）

4. 带三角形凹槽长方形砖（2014GJRT0704：标7）

5. 砖仿方座覆斗构件

6. 砖仿斗拱构件

荣穆王陵出土素烧建筑构件

1. 龙头纹（2014GJRT0704：标13）

2. 花瓶祥云纹（2014GJRT0704：标5）

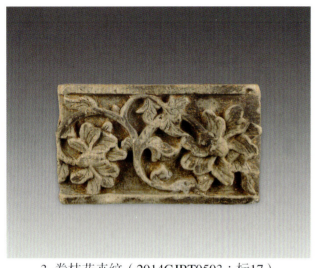

3. 卷枝花卉纹（2014GJRT0503：标17）

4. 莲池纹（2014GJRT0704：标6）

5. 卷草如意云纹（2014GJRT0704：采2）

6. 如意宝珠纹（2014GJRT0503：采5-1、
2014GJRT0503：采5-2）

荣穆王陵出土素烧砖雕